国家社科基金丛书

GUOJIA SHEKE JIJIN CONGSHU

基于信息治理视阈的
档案服务质量优化控制研究

Research on Optimizing Control of Archive Service Quality
from the Perspective of Information Governance

周林兴　著

人民出版社

责任编辑：贺　畅

图书在版编目（CIP）数据

基于信息治理视阈的档案服务质量优化控制研究 /
　周林兴著 . — 北京：人民出版社，2024.6
ISBN 978 - 7 - 01 - 026550 - 6

Ⅰ．①基⋯　Ⅱ．①周⋯　Ⅲ．①档案工作－社会服务－

　服务质量－研究－中国　Ⅳ．① G279.2

中国国家版本馆 CIP 数据核字（2024）第 095355 号

基于信息治理视阈的档案服务质量优化控制研究

JIYU XINXI ZHILI SHIYU DE DANG'AN FUWU ZHILIANG YOUHUA KONGZHI YANJIU

周林兴　著

人 民 出 版 社　出版发行

（100706　北京市东城区隆福寺街 99 号）

北京九州迅驰传媒文化有限公司印刷　新华书店经销

2024 年 6 月第 1 版　2024 年 6 月北京第 1 次印刷
开本：710 毫米 ×1000 毫米 1/16　印张：20.5
字数：291 千字

ISBN 978 - 7 - 01 - 026550 - 6　定价：93.00 元

邮购地址 100706　北京市东城区隆福寺街 99 号
人民东方图书销售中心　电话（010）65250042　65289539

目　录

第一章 导 论

第一节 研究背景

一、社会背景

档案服务的提出以及不断被强化，有其深刻的社会背景和现实动因。一是我国档案事业和档案工作正经历前所未有的巨变。从宏观上看，20世纪80年代末90年代初，受西方档案学思想的影响，再加上我国政治、经济、文化转型发展的需要，档案机构参与文化建设、拓展服务功能的实践活动逐渐开始萌动。进入21世纪以来，信息技术的发展及广泛应用，从根本上改变了人类社会的发展轨迹、思维逻辑和行为方式，也给档案管理带来了许多新的观念和挑战。从微观上看，自20世纪80年代以来，在落实政策及编史修志的社会需求下，档案利用开始被社会公众所熟悉，出现了一个档案利用需求高峰。时至今日，档案利用更是成为政府决策、学术研究、寻根问祖、休闲娱乐等主要依据之一。有"档案利用"就必须要有"档案服务"。而且，必须具有科学、完善、合适的"档案服务"才能不断地满足来自于不同社会主体的"档案利用"需求。正是在这样的社会背景下，"档案服务"才不断地受到档案学界的关注与探讨。二是社会转型和经济转轨带来的社会流动性不断增强、社会分化日益加深。目前我国正在由"总体性社会"过渡到"个体化社会",其为档案服务的发展提供了新的社会学基础。它宽松的社会环境、理性的经济环境和开明的文化环境促成了社会的差异性、多元性,也促使社会档案意识的提高,档案用户数量也呈显著增长趋势,档案机构的角色也逐渐实现了从传统的管理型机构向服务型机构的转变。档案机构如何在档案事业和信息技术日益发展的前提下,在倡导服务型政府,逐步提升国家治理体系和治理能力的背景下,向用户提供高质量的、个性化的、集成化的"一站式"服务逐渐成为档案服务领域的研究重点。

(一)社会转型的凸显

自改革开放以来,我国社会呈现出了剧烈的转型特征,并在转型过程中,社会各项建设事业取得了显著成就,人民生活方式、生活水平有了很大的改变与提高。但同时,社会转型过程也带来了一些复杂的社会问题或社会变化,特别是我国在特定历史条件下的社会转型,呈现出了一种非常少见的"双转"交织过程,"既面临复杂的社会转型任务,同时又面临体制转轨使命"[①]。正是基于这种背景,我国档案机构正在实现由"国家模式"向"社会模式",由"服务政府"向"服务政府与民众",由"档案管理"向"档案治理"的方向转变。档案服务在档案事业发展中变得越来越重要,但如何来解决其在我国档案事业发展实践中所碰到的问题是值得思考的。1993—2018年,作为档案管理机构的国家各级档案馆与作为档案事业行政管理机构的各级档案局实行的是"局馆合一"的管理机制与办事方式,大多数局馆都是局长兼馆长的任职方式。这种管理方式可能有一定的管理优势,减少了一些管理上的分歧,使管理效率在某些方面可能会有所提高,但是这种"裁判兼运动员"的形式,也在很大程度上制约了档案机构公共服务能力、公共服务意

---

① 金波等:《数字档案馆生态系统研究》,学习出版社2014年版,第13页。

识的提升。在这种体制之下，作为档案管理机构的档案馆工作人员在工作中有意无意地存在着一种"管理者"的工作作风与思维惯性，无形之中忽视了其"服务"的本质属性。这与我国当前所倡导的"服务型政府"建设理念相左，不符合当前社会发展趋势，这种工作的思维惯性也无法开展好档案机构服务工作。令人欣慰的是，这种"局馆合一"的管理机制已得到了改变，2018年2月26日至28日，按照我国中国共产党和政府机构改革的进程，2018年的机构改革将是在"破"和"立"的基础上实现的"重构"。具体到档案管理机构上，其作为深化党和国家机构改革的重要组成部分，在这次机构改革中基本实现了"局馆分设"，解决了"政事分开"的问题。截至2018年11月，全国31个省级档案机构改革方案都已"落地"，除上海市等少数地方保留了档案局机构建制之外，大多数省、自治区、直辖市档案局的"牌子"挂于党委办公厅，各级档案馆则成为各级党委管理的一个单位，市县级档案机构改革方向也基本是套用各省级方案。此次档案机构改革实现了档案职业体系中"行政功能"的剥离，使档案局在办公厅的统筹管理下，专司其行政管理职责，提升其宏观管理能力；也使档案馆成为名副其实的收集、整理、保护和利用档案的机构，使档案馆的人员真正"回归""专业技术人员"，并以此为契机全面提升档案专业化水平[1]，从而有利于档案馆档案服务质量的全面提升。

此外，随着我国民主化进程的推进，促进社会公平正义逐渐成为社会健康发展的指示器。只有切实维护和实现社会公平，才能调动社会公众的积极性与创造性，使各种社会要素相互作用，各种社会关系更加融洽与协调，为社会的和谐发展提供良好的现实基础。在当前信息化加速发展的过程中，信息显然已成为战略性资源，谁拥有更多的信息，谁就掌握着主动权。因此，要想缩小社会所在的各种不公平就必须要做到以缩小信息的不公平为前

---

[1] 胡鸿杰：《我国档案机构改革与档案职业发展》，《浙江档案》2019年第5期。

提，这种观点正在被更多的人所接受与认同。档案作为一种带有公益属性的重要公共资源，在为各社会主体了解历史、服务现实、规划未来、维护和保障各种权益等方面有着十分重要的价值。因此，在当前社会转型的大背景之下，档案管理机构必须要认清楚其所面临的形势，制定符合其自身优势以及发展方向的战略规划，优化档案服务效能并科学地控制其服务质量，从而获得更好的发展机会，争取到更多的社会资源，使自己不断地增强服务能力并提升社会影响力与社会地位。

（二）政府政策的支持

档案服务现状与档案政策演进互为条件又互为基础，相生相息又相依相靠。档案开放利用的每一次飞跃都离不开档案服务政策的变革创新，档案服务工作的每一次重大进步也都见证了档案服务政策"坚冰"的破除[①]。从档案事业的"十五"计划到"十四五"规划以及国家档案行政管理部门领导的讲话可以说明我国这些年来档案服务政策一直在不断地完善，以及其在档案服务质量持续完善中的推进作用。如在《全国档案事业发展"十五"计划》中，将"维护最广大人民的根本利用服务的方向"写入指导思想。此后，为了适应广大人民群众日益增长的档案利用需求，档案管理机构不断提高档案服务水平，不断地更新各种服务手段以及采取灵活多样的服务方式，而且，大力地开展各种形式的服务创新。在民生档案服务领域，通过建立家庭档案服务中心，服务于社区居民的档案管理需求；建立档案教育社会实践基地来开展历史传统教育；2006年12月，《全国档案事业"十一五"规划》更是提出各级综合档案馆要"丰富利用形式，扩展服务范围，提高服务水平……拓展档案馆的公共服务功能"；2009年10月，国家档案局原局长杨冬权在全国档案馆工作会议上提出：把各级国家档案馆建设成为"五位一体"的

---

① 李扬新：《我国档案公共服务政策研究》，《档案学通讯》2009年第2期。

公共档案馆。"五位一体"理论为档案服务发展指向更确切的方向；2011 年 1 月,《全国档案事业发展"十二五"规划》将"提高档案工作为国家科学发展服务的能力和水平"作为主要目标；2016 年 4 月,《全国档案事业发展"十三五"规划纲要》将"坚持以人为本、服务为先"列为档案事业发展的基本原则,将"方便人民群众的档案利用体系更加完善"定为发展目标,将"深化和拓展档案利用服务"列为主要任务；2021 年 6 月,《全国档案事业发展"十四五"规划纲要》更是明确提出"深入推进档案利用体系建设,充分实现档案对国家和社会的价值"列为重要任务。从这些表述中可以看出,进一步凸显出了"档案服务"在档案事业发展中的重要地位。这些政策性文件表明档案服务对于推动我国经济发展、社会进步、促进精神文明建设和民主法制建设起着越来越重要的作用,传递出国家对档案服务建设的重视。因此,档案管理机构在制定发展战略的过程中,必须读懂国家政策所体现的精神与内涵,并以此作为基础来科学规划档案服务的发展方向,不断通过优化控制来提升档案服务的质量。

(三)信息技术的推动

档案服务质量提升和优化离不开信息技术的驱动,各种信息技术的充分运用无疑让档案服务工作锦上添花。网络技术、多媒体技术以及大数据、人工智能、区块链等新兴技术在档案领域的运用,致使档案服务工作发生着巨大的变化,并不断地推动档案服务工作的创新发展。首先,信息技术在档案服务工作上的应用突破了档案服务的时空限制,使得档案信息的获取从未如此简单与便捷。在网络环境下,输入关键词,点击一下鼠标,便可以搭乘"网络快车"直达各个档案信息网站,获取相关的档案资讯。同时,这样的档案利用方式也为档案服务工作提出了更高的要求和挑战,使得档案管理机构及其工作人员必须顺应时代发展的步伐,不仅要做出必要的调整以适应利用者的档案利用需求及其变化,而且还要加紧跟上信息技术发展的步伐,积极而适当地运用各种信息技术，使档案服务更"给力"。其次，信息技术在突破档案服务时空局限的同时，也打破了"信息孤岛"，使得全国各地区档案机构真正实现了互联互通，"一网通办"已经"落地"，在不久的将来便会"遍地开花"。且在全国各地档案机构互联互通的基础上，部分地区还在进一步尝试档案的异地联动服务。如 2018 年 3 月 14 日，上海市、江苏省、浙江省、安徽省档案局签订《开展民生档案"异地查档、便民服务"工作合作协议》，在全国范围内首创了区域联动档案服务机制，"沪苏浙皖"三省一市240 家国家综合档案馆均可提供"异地查档"服务①。更为可喜的是"全国档案查询利用服务平台"也于 2022 年 7 月 6 日正式上线试运行，社会公众可以通过该平台查询全国范围内已上线的档案信息。再次，信息技术的应用和多种技术的融合不仅改变了档案服务方式，也让档案服务由被动转向主动。我国 31 个省份（除港、澳、台外）都建立了档案信息网站，提供档案的在线查阅利用等服务。不仅如此，部分省份和地区还建立了相应的微信公众号，如北京市"北京市档案馆"、上海市金山区"金山记忆"、江苏省吴江区"吴江通"和福建省"福建档案"等，这些官方微信公众号的设立和内容的不断更新与推送是档案机构向社会公众主动提供档案信息服务的有力体现。最后，信息技术在助推各项档案工作发展的同时，也使得档案服务质量得到了进一步优化，档案服务更加"深入人心"。如运用大数据技术分析与挖掘档案利用者的潜在利用需求，适时开发档案信息资源，为其提供更加具体而精确的档案服务，满足其利用需求，可有效避免档案利用者因需求不满足而对档案机构产生的"失望"情绪。因此，在当前信息技术广泛应用于档案管理各个程度的社会大背景下，各级综合档案馆要充分运用信息技术，夯实信息治理技术，实现信息的互联互通、确保信息的安全可用，以此来提升档案

---

① 杨红：《长三角地区民生档案"异地查档、便民服务"办事指南正式发布》，2018 年 11 月 1 日，见 http://www.zgdazxw.com.cn/news/2018-11/01/content_252533.html。

服务的服务水平，同时也要积极应对信息技术可能给档案服务工作带来的各种挑战与危机。只有这样才能真正做到有效地提升档案服务的效率与效果，从而实现档案服务质量的优化与提升，最终实现为社会公众提供精准化、高效化档案服务的目标与宗旨，使档案服务更加"到位"、更加合理。

二、实践背景

我国档案服务实践能力建设工作已经初具规模，围绕政治、经济、文化、民生等方面的档案服务能力发展取得了深层次的突破与提高。2014年出台的《关于加强和改进新形势下档案工作的意见》明确提出了档案工作"三个体系"构建方案；2016年《全国档案事业"十三五"规划纲要》提出"深化和拓展档案利用服务"，一是重点推进各级国家档案馆依法开放，并于2022年7月4日，公布了《国家档案馆档案开放办法》，自2022年8月1日起施行，对档案开放政策、开放机制和程序、权力与责任等进行了明确的规定。二是加大国家重点档案开发力度。强调实施各种级别档案保护与开发项目的开展，并鼓励各级档案馆加大区域合作开发力度。三是提高档案公共服务能力。为"五位一体"建设提供便利的档案服务，通过创新服务方式、服务手段以及提升档案服务能力，实现对档案用户满意度的提升目标[1]。为此，实践领域的相关实践活动为档案服务主体、客体、手段等方面的优化提升提供了相应实践基础与条件。

（一）档案服务意识不断增强

档案服务意识影响档案服务工作的好坏，也直接关系到档案价值的最大实现与档案工作的可持续发展。档案服务意识不断增强最明显的表现就

---

[1]　中华人民共和国国家档案局：《全国档案事业发展"十三五"规划纲要》，2016年4月7日，见 https://www.saac.gov.cn/daj/xxgk/201604/4596bddd364641129d7c878a80d0f800.shtml。

是以各级综合档案馆为服务主体的档案服务机构正在不断地改变传统的"被动"服务方式，向更加体现其社会价值与责任意识的"主动"服务转化，由过去单一的、相对静态的档案服务逐步向更加多元、动态的档案服务转向。如浙江宁波市档案馆近年来坚持以"三个走向"为根本遵循，深入实施"五档共建"，重视加强"五大窗口"建设，使其档案服务水平、质量以及服务能力、服务规范等都得到极大的提升，获得了社会的好评。并且，其"首问负责制""办结评议制""现场办结制""一口答清制"等服务机制，以及在开放档案查阅上"最多跑一次"的制度设计，深受社会公众的好评与认同。此外，他们充分利用信息技术，打造特色鲜明的网上服务之窗，其网站还向社会公众提供目录信息、咨询服务、下载服务、培训服务等多种服务模块。推出的微信公众号，从社会公众的角度出发来进行相关档案信息资源的推送服务，所选择档案信息资源主要以社会公众感兴趣的主题为主，同时注意挖掘其中所隐含的文化深度[1]。另外还有内蒙古鄂温克族自治旗档案史志局，主动参与旗庆活动，在筹备阶段，旗档案史志局积极与旗庆办、旗宣传部对接，为主办单位提供大量珍贵馆藏档案，并对照片档案的分类和展出工作进行指导。活动结束后，第一时间对旗庆重大活动档案的收集、整理工作进行指导，及时将纸质及电子档案接收进旗档案馆，确保重大活动档案规范、完整、安全[2]。广东江门则在不断加快社保业务档案信息化步伐，参保人员足不出户就可在门户网站上查询到自己的相关社保档案资料，无须前往窗口办理就能完成相关业务工作的办理，不仅方便了参保人员，而且在减轻现场经办人员工作压力的同时，提升了社保档案的利用效率，充分发挥了服务群众

---

① 中国档案资讯网：《加强"窗口"建设 提升档案公共服务能力》，2018 年 9 月 14 日，见 http://www.zgdazxw.com.cn/news/2018-09/14/content_248082.html。

② 中国档案资讯网：《内蒙古鄂温克旗主动服务旗庆活动》，2018 年 9 月 14 日，见 www.zgdazxw.com.cn/news/2018-09/14/content_248091.htm。

的积极作用[①]；广东省珠海市档案局馆与杭州市档案局馆签订民生档案"异地查档、跨馆服务"工作合作协议，市民在珠海就可申请查阅保存在杭州市档案馆的民生档案，避免了异地往返奔波，是落实"高效便捷、优质服务"档案服务理念的典型代表[②]。从这些不同地区、不同层级档案机构开展的各类档案服务来看，我国档案机构服务意识不断增强。

（二）档案服务能力显著提升

档案服务在经济建设和社会发展中发挥着越来越重要的作用。在国家的政策支持下，我国档案事业得到巨大发展，档案机构在服务范围、服务理念、服务方式等方面发生了很大的变化，档案服务能力逐步提高。主要表现在以下四个方面：一是档案服务中心工作成绩突出。档案部门围绕社会重大问题的决策需求，深化档案编研工作，如编纂《抗日战争档案汇编》等相关成果。根据不同的重要时间节点，如建党 95 周年、新中国成立 65 周年、毛泽东诞辰 120 周年、邓小平诞辰 110 周年等，通过举办展览、拍摄电视文献专题片、网络视频等方式广泛开展相关宣传活动，展现档案服务工作的存在与价值。二是档案服务经济建设持续深入。根据当前社会发展的需要以及随着电子载体容量的不断增长，不断地调整与完善其归档范围、保管期限，并以全新的视角去判定档案材料可能存在的显性价值与隐性价值。三是服务民生领域不断拓展。各级档案管理机构应该持续加大民生档案信息资源的管理力度与完善管理方式，在条件允许情况下，优先安排对民生档案信息资源的管理，积极创新民生档案信息资源的开发与利用机制，切实为保障和改善

---

① 中国档案资讯网：《利用网站和社保终端机自助查档 228 万次》，2018 年 9 月 14 日，见 www.zgdazxw.com.cn/news/2018-09/14/content_248103.htm。

② 中国档案资讯网：《珠海、杭州两市档案局馆开展〈BR〉跨省民生档案"异地查档、跨馆服务"合作》，2018 年 9 月 13 日，见 http://www.zgdazxw.com.cn/news/2018-09/13/content_247898.htm。

民生服务提供强有力的保障与支持①。四是档案公共文化服务能力不断提升。档案馆借助于信息技术、网络技术，深入挖掘档案背后蕴藏的历史文化，通过制作一些喜闻乐见的网站视频传播档案文化，如《共和国脚步》《新四军》等网站视频资料就获得了很高的评价，使"沉睡的档案"变成一种"鲜活的文化"。这些传播方式极大地宣传了档案文化，增强了社会公众的档案意识，引起了他们对利用档案的兴趣、热情，也是档案服务质量不断优化的体现。

第二节 国内外研究现状梳理

一、国内研究现状述评

最早关于档案服务质量问题的研究是颜送贵 1982 年发表的《建立土壤档案 服务农业生产》，2000 年是档案服务领域研究的分界点，此后关于档案服务的研究文献逐步增加并保持总体上升趋势。这表明进入 21 世纪后，服务型政府的推进和信息技术的发展使档案服务越来越受到学者的关注。

（一）档案服务机制研究

档案服务机制是一个涉及档案事业全面进步的科学体系，它对补充和完善档案管理体制，更好发挥档案价值具有积极的意义。颜海、曹莉皎以社会公众这一群体为研究对象，厘清社会公众档案需求特点，并在此基础上对现有档案服务机制存在的问题进行揭示，提出我国档案服务机制的创新路径，包括完善档案服务组织机制、构建快捷灵敏的服务响应机制、创建高效协调的服务运作机制、建立科学的服务评价机制等②。孙俐丽、吴建华着眼

---

① 中华人民共和国国家档案局：《基础更扎实 治理更规范 服务更有力——党的十八大以来我国档案事业实现跨越式发展》，2017 年 6 月 30 日，见 www.saac.gov.cn/news/2017-06/30/content_196800.htm。

② 颜海、曹莉皎：《基于公众需求的档案服务机制创新》，《湖北档案》2012 年第 9 期。

于档案信息化建设，针对我国档案资源数字化建设过程中缺少从国家层面顶层规划的现状，提出由"国家数字档案资源调查方案、整合模式、服务机制、保障体系"所组成的、具有普适性的国家数字档案资源整合与档案服务机制[①]。薛鹤婵等关注档案服务机制创新的内外环境变化，基于这些变化提出档案服务机制创新的方法，认为应从服务观念与管理体制的创新，以及服务手段、服务方式完善与服务队伍优化等维度对传统的档案服务机制进行改革，建立与当前社会经济发展相适应的档案服务新机制[②]。樊继红指出随着社会信息化进程的加快，档案服务机制必须相应创新才能适应时代和社会发展的客观要求，强调要更新档案工作管理手段，从而提高档案工作效率，确保档案服务工作质量，并且提出要发挥档案人员的创新主体作用，档案人员应当转变服务意识、练就过硬的业务技能，成为一名掌握科学先进的工作方法、一专多能的档案工作人才，从源头上解决档案服务机制创新的根本问题[③]。

可以看出，档案服务机制研究主要从社会公众、档案人员、服务观念、顶层规划等视角来展开，档案信息资源开发和其他档案服务工作的有序推进，良好的机制是前提和保证，完善高效的机制能促进档案事业的快速发展。因此，档案工作服务机制创新研究是档案事业发展的必然要求。

（二）档案服务问题及对策

资蕙认为信息公平视野下我国档案服务存在以下几个突出问题：一是档案信息垄断问题，档案作为公共信息资源，其垄断行为主要表现为对已开放的档案不予公布和对外利用。二是信息歧视问题，即档案工作者在受理档

① 孙俐丽、吴建华：《关于国家数字档案资源整合与服务机制顶层设计的初步思考》，《档案学研究》2016 年第 1 期。
② 薛鹤婵、薛鹤娟：《浅谈档案服务机制创新》，《科技创新导报》2009 年第 7 期。
③ 樊继红：《整合档案信息资源创新档案服务机制》，《黑龙江史志》2011 年第 15 期。

案利用者对已开放档案所提出的利用申请时实行差别对待。三是信息不对称，即社会公众对档案馆往往存在一定程度上的陌生感、神秘感，他们对于档案馆所拥有的馆藏结构和馆藏内容应该来说基本不太了解。档案机构同样不了解社会公众的档案需求，造成公众一方面需要利用，另一方面又难以利用或无从利用的矛盾。四是"信息鸿沟"，即档案信息服务中"无障碍服务"在网络环境下并未完全实现，导致档案信息资源在不同利用者之间的不平等分配[①]。陈健指出我国档案服务能力建设工作中，存在档案服务理念上的公共化、均等化认识还不够；现有档案资源体系与社会档案资源需求不匹配；档案信息化建设与当前用户的需求未能达到步调一致；现有档案队伍整体素质不协调、不平衡等问题[②]。另外，面对日益复杂的社会环境，张卫东从档案服务的理念变迁入手，创新性地提出档案服务大众化定位、小众化实施策略。通过强化档案用户行为的研究，并采用科学合理的方法培育档案馆工作人员的档案服务意识，实现在尊重档案用户需求的基础之上，通过优化档案服务手段以此来提升档案服务质量，并推动档案事业整体向前发展[③]。倪丽娟强调通过档案信息服务评价体系的建立及作用的发挥来推动档案服务质量的根本性提升[④]。解决档案服务质量问题的核心思想包括强化档案服务意识，同时要建立档案服务评价指标体系和监督反馈机制，在思想和制度上打下档案服务质量优化控制的基础。

总体来说，目前我国档案服务存在问题可划分为三个层次，一是思想层面，即档案服务意识、公平意识、用户为先意识等存在不足；二是物质层面，档案信息化建设、档案服务平台建设仍有待提升；三是人才和实际工作

---

① 资蕙：《信息公平与档案服务体系建设研究》，硕士学位论文，安徽大学，2007 年，第18 页。

② 陈健：《论我国档案服务能力的建设》，硕士学位论文，安徽大学，2011 年，第20 页。

③ 张卫东：《论档案服务的大众化与小众化》，《档案学通讯》2010 年第2 期。

④ 倪丽娟：《信息化背景下高校档案服务策略研究》，《档案学通讯》2011 年第5 期。

层面，表现在人才匮乏，服务手段单一，造成实际工作远落后于理论先导。

（三）档案服务模式研究

以用户为导向、以馆员为纽带、以内容为基础、以服务策略为保障的活动，对用户、服务者、服务内容和服务策略等要素及其相互关系的描述构成了一种模式①。因此，档案服务模式的构建也多是调整各要素之间关系组合而成。贾晓青在"以用户为中心"理念下提出了基于用户行为关联规则的档案信息服务模式②。周耀林从整体性、动态性、需求优先原则出发提出"联动模式"，注重公众需求对档案资源建设、档案服务工作的"联动性"影响。李娟娟指出民生档案服务的主要模式有三种：一是馆藏民生档案服务模式；二是民生档案跨馆服务模式；三是民生档案在线服务模式③。杨智勇、周枫提出了面向智慧城市的档案信息服务模式，包括用户型、知识型、智能型及理念型档案信息服务模式四种④。

不难看出，对于档案服务模式的构建研究中大多融入了以用户需求为中心的理念，主要偏向从优化用户体验出发，嵌入了先进的信息技术考虑。

（四）档案服务基础理论研究

早期文献多注重从实践领域探讨各类档案对生产发展的促进作用，如通过加强人才档案、科技档案、会计档案等的收集保管，使之更好为经济建设服务，因此对于档案服务的理论研究还处于萌芽阶段。

随着社会发展的加快，档案服务实践逐渐走向现代化和多样化，档案

① 陈建龙：《信息服务模式研究》，《北京大学学报》（哲学社会科学版）2003年第3期。
② 贾晓青：《基于用户行为关联规则的档案信息服务模式研究》，硕士学位论文，吉林大学管理学院，2014年，第4页。
③ 李娟娟：《民生档案服务模式研究》，硕士学位论文，华中师范大学，2017年，第23页。
④ 杨智勇、周枫：《面向智慧城市的档案信息服务模式探究》，《档案学通讯》2016年第4期。

服务如何更好融入社会，完成其使命，并能承担更多的社会发展责任，这就要求档案领域必须从战略的层次来建设自身的核心能力——档案服务能力[①]，也正是基于这种原因与动力，档案服务基础理论研究由此深入。黄霄羽从对档案社会化服务概念入手，提出其理论依据，并阐述了相对应的理论基础[②]。莫丽彬从顾客价值理论出发，探讨其对档案信息服务工作的启示，指出档案信息服务的顾客就是"档案利用者"，要求档案工作者重新审视档案信息服务工作[③]。刘永等将嵌入性理论应用于档案服务之中，从三个层面对嵌入性档案服务的内容进行了探讨[④]。尚姗等依据信息经济学中的信息不对称理论，探讨现代档案咨询服务中的信息不对称现象，分析现代档案咨询服务过程中信息不对称的表现与成因，并提出相应的改善策略[⑤]。

档案服务各领域的发展都离不开正确的理论依据，综合众多学者观点，多关注于公共服务理论、顾客价值理论、信息不对称理论等相近学科理论。虽然档案服务理论方面已经有了相关研究，但能看出这些理论尚未完全体系化，且与实践的紧密度还有强化的空间。

（五）档案服务质量研究

朱晓红、纪庆晓从品牌文化视角强调要利用独特的档案资源优势提升档案服务质量[⑥]；宋雪雁等通过统计分析近 30 年来相关文献，总结出国内外对档案服务质量的重点内容主要集中在档案服务能力、档案服务质量评价以及

---

① 丁华东：《档案服务能力建设：档案事业发展的战略选择》，《中国档案》2010 年第 2 期。
② 黄霄羽：《档案社会化服务的理论依据》，《北京档案》2014 年第 10 期。
③ 莫丽彬：《顾客价值理论对档案信息服务工作的启示》，《价值工程》2010 年第 14 期。
④ 刘永、周文迪、许烨婧：《嵌入性理论在档案管理与服务中的应用探讨》，《档案管理》2015 年第 1 期。
⑤ 尚珊、朱丽波：《基于信息不对称理论的现代档案咨询服务研究》，《档案与建设》2012 年第 10 期。
⑥ 朱晓红、纪庆晓：《基于品牌文化视角提升高校档案服务质量》，《兰台世界》2018 年第 5 期。

档案知识服务等方面①；宋雪雁、朱立香等通过引入知识治理理论，从优化环境、优化目标、优化的内部动能、优化的外部动力和优化过程几方面使复杂的档案服务质量优化问题获得更本质的理解和更有效的解决途径②；张巨峰从档案用户感知的角度分析了档案服务质量的影响因素，并构建了档案用户感知服务质量影响因素模型，提出了具有针对性的对策③。

可见，档案服务质量研究内容关注了档案服务质量影响因素、档案服务质量的控制、档案服务质量评价及档案服务优化等领域。档案服务质量评价的研究整体上还处于探索与发展阶段，研究的主题与内容还停留在对档案机构或档案本身的研究，有待向利用主体和社会用户等方面深化与扩展④。

总体而言，国内研究现状呈现如下特点：

1. 从研究进程来看

早期对"档案服务"的研究主要是聚焦于某一行业，以专业实践研究为主，基本是处于"述而不作"阶段。至 20 世纪末，随着信息科学、管理科学以及服务科学的不断兴起，在这些学科相关理论的带动与引导之下，档案服务研究逐步向理论研究深入和拓展。

2. 从研究内容来看

更多的是对相关概念以及一些服务方式、服务方法等的简单描述，描述的是一种被动式的"档案服务"，是一种单向服务理念。而且，多数从档案服务提供者的角度来开展研究，而没有给予利用者足够的关注与考量，没有考虑到档案信息资源消费者（利用者）、投资者（政府）以及相关业务合作

---

① 宋雪雁、张岩琛、孟欣欣、邓君：《国内外档案馆服务质量研究进展》，《图书情报工作》2016 年第 16 期。

② 宋雪雁、朱立香、盛盼盼、孙振嘉：《基于知识治理的公共档案馆服务质量优化机制研究》，《图书情报工作》2018 年第 1 期。

③ 张巨峰：《公共档案馆用户感知服务质量影响因素研究》，硕士学位论文，吉林大学管理学院，2016 年，第 1 页。

④ 邓君、马晓君、张巨峰：《档案馆服务质量评价研究述评》，《档案学研究》2014 年第 3 期。

者（图书馆、博物馆等）等的利用需求。

3. 从研究的具体角度来看

多数从"档案服务"的数量层面或从形式层面来探讨"档案服务"的开展，对于档案服务质量评价的研究和制度落实研究还有较大提升空间，即如何做到在档案服务过程中不仅要有数量与形式作为基础，更要以服务质量作为最终目的。

二、国外研究现状述评

国外与这个主题的研究主要集中在以下几个方面：

（一）档案服务影响因素

莎拉·霍顿（Sarah Horton）分析了英国档案部门服务的发展历程，并指出档案机构等公共部门不可避免会受国家政策、法规、财政制度等环境的影响[①]；G. 欧格娜等着重探索早期用户接受视听遗产档案服务的决定因素[②]。

（二）档案服务功能研究

F. 奥唐纳专门论述了档案服务在学术研究中的重要作用[③]。托拜厄斯·布兰科（Tobias Blanke）等人则提出了档案开放资源评价模型[④]。卡洛琳

---

① Sarah Horton, "Social capital, government policy and public value: implications for archive service delivery", New Information Perspectives, No. 58（2006）, pp. 502–512.

② Ongena G., Wijngaert L. V. D., "Huizer E.Exploring determinants of early user acceptance for an audio-visual heritage archive service using the vignette method", *Behaviour & Information Technology*, Vol. 32, No. 12（2013）, pp. 1216–1224.

③ O'Donnell F., "Reference service in an academic archives", *Journal of Academic Librarianship*, Vol.26, No. 2（2000）, pp. 110–118.

④ Tobias Blanke, Michael Bryant & Mark Hedges, "Open source optical character recognition for historical research", *Journal of Documentation*, No. 68（2012）, pp. 659–683.

（Caroline）则主要采用实证研究对档案学者在数字档案资源利用上所投入大量时间和资源的原因进行了详细的分析[1]。

（三）档案服务模式研究

KIM Y. 等通过研究移动 SNS 目前在图书馆和档案馆中的使用情况，基于这些结果，提出一个为韩国档案信息服务（AIS）量身定制的移动 SNS 系统，为此设计并实现了用户界面和数据库。它可以通过与用户的双向通信渠道引起活跃的用户参与，形成双向交流机制[2]。保拉·肯萨尔（Paula Kensal）等提出了一种档案服务新模式[3]。奥德龙（Audrone）等则将顾客服务质量纳入研究体系，并提出档案机构在未来研究和实践活动中能够实现可用性管理的部分活动[4]。

（四）改进档案服务的具体策略和手段

P. J. 西利托（P. J. Sillitoe）提出运用法律手段来协调公民隐私保护和档案信息资源开发之间的矛盾，包括采用标准化检索步骤来保证运行管理的科学有效性[5]；F. 拉古坦（F. Lagutaine）和 S. 马蒂诺蒂（S. Martinotti）提出从集成管理视角，提供文献从形成到销毁的全过程档案咨询服务，使文档便于

[1]　Caroline Brown，"Digitization projects at the University of Dundee Archive Services"，*Program：electronic library and information systems*，No. 40（2006），pp. 168–177.

[2]　KIM Y., KANG H. K., KIM E., et al., "Archival information services based on social networking services in a mobile environment：a case study of South Korea"，*Library hitech*，Vol. 32，No. 1（2014），pp. 28–49.

[3]　Paula Kensal, Elizabeth Onyszko, "Interlibrary loan services at Library and Archives Canada"，*INTERLENDING &DOCUMENT SUPPLY*，Vol. 38，No. 1（2010），pp. 17–21.

[4]　Audrone Glosiene, Zina Ida Mansukh, "Towards a usability framework for memory institutions"，*New Library* World，（2005），pp. 303–319.

[5]　Sillitoe P. J., "Privacy in a public place：Managing public access to personal information controlled by archives services1"，*Journal of the Society of Archivists*，Vol. 19，No. 1（1998），pp. 5–15.

利用，从而优化档案业务流程①。

国外学者已敏锐地认识到在当前信息大爆炸时代，档案服务为了提升服务质量，有必要引入"信息治理"理论来管理档案记录。特里·库克（Terry Cook）指出一种宏观评估概念，它包括一种新的评估理论、战略和方法。这是 20 世纪 90 年代加拿大国家档案馆首次采用的，他指出宏观评估中的档案管理员应该关注治理问题②。国外研究主要集中于数字档案资源服务，虽然涉及档案服务质量影响因素等内容，但研究成果数量不多，对于档案服务质量优化控制的研究主要是基于用户角度来展开。

总体而言，国外对于档案服务研究主要呈现出以下特点：首先，从研究路径选择上来看。国外的做法是以社会需求为导向，而不是以利益为导向来开展相关研究，更加注意与强调服务与利用的一种互动，注重相关主体的利用需求，更注重双向意愿的表达。其次，档案服务领域实践发展较成熟，但理论研究较薄弱。对于档案服务质量的优化主要从充分运用信息技术，建立各种服务平台，如建立网站、开发各种档案信息数据库，开展档案信息资源的在线服务展开。最后，缺乏档案服务宏观层面的总结，对于档案服务的研究多从行业角度切入。国外虽然对信息治理与档案服务二者关系有所涉及，但具体该如何来优化档案服务质量以及如何来形成一套行之有效的控制机制，如何从"信息治理"理论视域去优化档案服务质量鲜有涉及。

尽管学界在档案服务研究方面已取得一定的成果，但是针对优化档案服务流程、优化档案信息治理制度、优化档案服务平台、优化档案服务策略、优化档案服务评价以及优化档案服务制度等领域的研究还有待深入。而这些领域不仅涉及政府又关系到公众，既涉及理论认知又关乎实践操作，对相关

---

① Lagutaine F., Martinotti S., "Better print and document services: A hidden source of value", *McKinsey Quarteril*, No. 3 (2009), pp. 22–23.

② Terry Cook, "Macro - appraisal and functional analysis: documenting governance rather than government1", Journal *of the Society of Archivists*, Vol. 25, No. 1 (2004), pp. 5–18.

问题进行全面、系统、深入考察很有必要。特别是在当前各主体信息权利得到全面保护的大环境之下，从信息治理视阈来考量档案服务质量优化控制的研究，并构建一个有效的控制模型，将有利于以下问题的解决，第一，满足组织内部的利益相关者和组织外部的利益相关者的利用诉求，使社会信息公平、公正得到更好的保障，在一定程度上达到平衡社会主体利益的目的；第二，能够更好地控制档案信息服务过程中的风险，为档案信息资源特别是数字档案信息资源的安全保护提供保障；第三，通过服务环节、服务方式等方面的优化控制，实现冗繁手续的简化，能够极大地提高档案服务效率与效果。

第三节　研究价值

一、理论价值

从信息治理视角作为一个切入点来探讨档案服务质量的优化控制，将使传统研究档案服务的理念得到拓展与延伸，使档案服务的理论研究视野更加具有多元性与开放性。

（一）促进档案学理论与实践的良性互动

有助于突破传统档案服务理论研究中的单一思维模式，即跳出档案管理机构的范式，嵌入信息治理理念去考量档案服务的问题，从宏观层面去探讨档案服务在实践领域的优化控制问题，使档案服务质量优化机制与档案服务的长期实践活动产生一种无形的吻合，使理论研究与实际工作紧密结合，使理论更能指导实践工作，形成一种理论与实践良性互动发展态势。

（二）促进档案学理论与相关理论的融合

借助信息治理论来探讨档案服务质量优化研究，这是一个前人鲜有涉及的研究领域，具有丰富档案学术理论体系的学术价值。一方面可以借助于信息治理理论中的信息服务理念形成档案服务理论。档案学理论不仅可以拓宽分析视野，产生理论创新力，而且还可以借助于社会不断发展的推动力，使档案学研究从静态研究模式走向动态研究模式，使档案学学科理论体系更加成熟与完善，开辟出档案管理理论体系的一个全新理论领域，即档案服务科学。另一方面，也有利于档案服务领域科学地融入整个社会信息服务理论体系中去，实现理论的无缝链接，将使档案学理论研究成果向其他学科领域扩张，使档案学理论的影响力与辐射力得到进一步提升，从而提升档案学科在学科群中的地位。

（三）促进相关学科理论的发展与成熟

加强对档案服务质量优化控制的理论研究，不仅可以促进档案学理论体系的发展与完善，还将在一定程度上促进相关学科的科学发展。由于信息治理视阈下档案服务质量优化控制的研究是一个涉及众多学科的复杂的系统工程，如信息经济学理论、信息资源规划理论、公共服务理论等，对档案服务各方面的研究必然会使相关研究更加丰富与具体，促进其研究更加贴近现实，使其朝着更加科学的方向发展。

二、实践价值

借助信息治理领域的模型建构思维，构建档案服务质量优化控制模型。这将使档案信息资源采集、组织、开发等各环节在有序化中推进，最大限度地消除冗余程序，实现环节之间的流程化管理，有助于档案信息流顺畅流动，档案服务效率及服务效果的提升，具有极高的实践价值。

（一）促进档案服务意识不断提升

从信息治理的角度来考量机构的服务功能，将有利于改变档案工作人员长期以来所形成的局限性资政服务意识以及行政化的服务意识。使工作人员意识到档案机构不能仅把政府行政机关作为单一服务对象，服务于政策咨询、行政管理只是其社会功能之一，还有更多的其他服务对象需要其提供服务，还有其他更多的社会功能需要去发挥。因此，尽量提供档案用户满意的档案服务，在社会经济发展的同时促进社会的和谐发展，是其必须要履行的社会使命。

（二）促进档案服务体系更加完善

借助信息治理理论的协同管理思想，构建档案管理机构各部门之间的协同化配合。信息治理不仅是一种理论，也是一种管理方式。一方面它能促进档案管理机构各部门之间的工作协调，理顺其管理程序、管理方式及管理方法；另一方面也能协调档案管理机构与其他相关信息管理主体之间的关系，使所有信息利益相关者的利用需求都能得到合理的满足，从而更好促进档案服务体系建设。

（三）促进档案馆竞争力不断提高

社会发展中的任何规律都是同一个道理，即不进则退。当前我国大力倡导档案服务能力建设，是期望档案服务能给日益繁荣的经济发展提供源源不断的动力。因此，这就是一个"信息能量"竞赛游戏，谁为社会公共服务建设贡献了更多的力量，做出了更多的贡献，谁就必然会得到更多的社会认同与发展资源，并且，谁就能在这个过程中更好地扩大其社会影响力与辐射力。档案服务质量建设更是一个考量社会各服务主体社会竞争力提升或下降的问题。档案部门必须要抓住这种大好机会，在这种激烈的社会竞争中展现自己的力量，为自己竞争力的提升赢得机会与条件。

第二章　信息治理视阈下档案服务质量优化控制的意蕴诠释

　　国家治理体系建设内容正在不断完善与深化，作为国家治理体系内容的一个重要组成部分，档案治理水平也正在得到改善与提升，主要表现在档案数字资源整合发展化、档案信息技术运用融合化、档案信息服务质量改良化等方面。尤其在档案服务质量优化控制方面，社会需求与用户反馈对档案服务提出了全新的要求，档案工作人员必须要不断地改善档案服务理念、优化档案文化产品用户体验、加大档案的宣传力度，并且要对档案文化氛围进行全方位、立体式的塑造，形成一种全新的档案文化模式，不断重视档案服务质量的优化控制，改善档案服务的内外环境，并且用信息治理的理念与方法，为档案服务的转型提供新思路，在国家信息化战略的背景下实现档案的社会功用。

第一节　信息治理的概念、功能及背景

一、信息治理的概念

近年来，澳大利亚、美国等国家都将信息治理能力构建等列为一个国家的重要战略。据不完全统计，"信息治理"的概念阐释、内涵范畴、理论框架、实现路径等已成为广泛讨论的对象[①]。

（一）信息治理的定义

信息治理（Information Governance）主要是指具有社会、经济、技术、教育、管理、信息等多学科综合集成管理视角，从管理的理念、机制和工具多维度进行社会协同创新和共同治理，维护数据主权、挖掘数据价值，创新数据应用[②]。信息治理是决策权和责任框架的规范，其意是鼓励在对信息进行评价、创建、存储、使用、归档和删除等过程中做出合意的行为。它包括过程，角色，标准和指标，确保组织机构在实现其目标过程中有效率和有效果地利用信息。信息治理本身是一个综合概念，涵盖了来自内容管理、数据管理、数据隐私、风险管理、法规遵从、数字长期保存以及人工智能等相关核心概念[③]。

（二）信息治理框架模型

信息治理框架主要包括总体框架、公共政策、业务流程、标准规范和控

[①]　Robert F., Small Wood, *Information Governance*: *Concepts*, *Strategies*, *and Best Practices*, New York: Wiley, 2014, p. 46.

[②]　安小米、毛春阳：《大数据时代的政府信息治理》，《中国建设信息》2015年第12期。

[③]　周文泓、张宁、加小双：《澳大利亚的信息治理能力构建研究与启示》，《情报科学》2017年第8期。

制手段等内容，分为宏观层、中观层、微观层等①。其中，微观层包括责任、角色、政策、规程、业务流程、标准和系统技术等。针对各因素进行量化操作，制定了信息工作者的角色和责任以及相应的管理标准和流程规范。中观层包括风险管理、策略规划、报告执行、基础设施以及问责制等内容。宏观层涵盖风险控制、文化氛围和基础设施建设等多个领域，具有普遍性和实用性。众所周知，信息治理的业务因素在很大程度上决定着公共信息的行动路线，而国家政策因素则是信息治理的基本原则，用户因素则是决定信息服务的目标取向，法律规章决定了信息治理的实现框架②。

（三）信息治理的目标

从档案服务领域的角度来关注信息治理问题，首先是如何来优化档案信息资源的管理问题，以及如何来提升档案信息资源的质量与可用性。并借助于技术与管理的融合来提升档案信息资源检索的准确率与检索效率。其次，借助于信息技术把相关的理念与意识深度嵌入档案信息资源管理业务的全过程中，以提高可问责性，从而降低风险，获得更多的机遇和效益。最后，以信息治理实现整体政府的协同与创新③。从档案服务的角度出发，信息治理目标可以分为以下几个层面④。

1. 总体目标

国家层面要将档案服务质量优化问题作为文化事业的重点工作来设计。应该从宏观层面着手，做好相关的顶层规划设计，提升国家对档案服务质量

---

① 王露露、徐拥军：《澳大利亚政府信息治理框架的特点研究及启示》，《图书情报工作》2017 年第 8 期。

② 王露露、徐拥军：《澳大利亚政府信息治理框架的特点研究及启示》，《图书情报工作》2017 年第 8 期。

③ 周文泓、张宁、加小双：《澳大利亚的信息治理能力构建研究与启示》，《情报科学》2017 年第 8 期。

④ 源自项目组阶段性研究成果之一。

问题的重视，甚至从国家层面强调对整个国家档案事业的重点扶持，如"档案事业"反复写入各级政府工作相关报告，敦促各级政府相关部门加大对我国档案服务事业的投入。

2. 内部目标

档案系统自身主动开展档案服务质量优化计划，将"档案服务"重点写入《档案法》，并在相关的规章制度中进行细化，使之具有科学的可操作性，同时制定"档案服务质量评价与准入"标准和数字环境下档案服务质量标准。除此之外，档案机构应当考虑档案服务优化的创新，引进具有数字技术的档案复合人才，投入相关资金开展档案文化创意产业开发。档案院系开设"档案服务与优化"的专门课程，培养具有档案归属与档案质量优化情怀的专门人才，档案研究所可以重点将"档案服务优化"作为优化项目重点研究，学术期刊开设"档案服务提升与优化"专栏，促进档案学术生态可持续发展。

3. 外部目标

增强外界对档案服务工作的认同与支持，如果说内部治理是档案馆信息转移、共享和利用的最优化，那么外部治理是为争取更大的外部认知度和公众参与度。建议档案人员积极参与信息管理相关会议论坛，发出"档案声音"，如数字档案馆与数字图书馆、数字博物馆联合开发数字信息仓储，举办"6·9档案日活动"和档案讲座融合外部力量，争取更多的资金与技术。同时，公众对档案服务的体验与需求也是优化外部目标的参考内容，档案用户对档案服务提出需求，以此协同档案服务优化目标的拟定。

二、信息治理的功能

（一）信息管理优化的功能

信息治理对于信息具有科学地优化功能，可以极大地提升信息的质量及其可用性。如澳大利亚2015年发布的《数字连续性2020》指导了优化政府项目和职能，为经济与社会发展提供了可持续利用的相关信息，保障了澳大利亚社会公众的权益[①]，形成了有布局、有统筹、有严密规划的顶层设计。避免造成"垃圾数据进，垃圾数据出"的尴尬局面，对信息进行统筹管理，并做到合理开放和利用，发挥信息的最大价值，提升信息的质量。特别是综合知识环境方法论的运用，为信息管理创建了最为有效的方法、原理和规则[②]。

（二）信息规范整合的功能

信息治理过程中，制定相应的标准规范，不仅便于信息管理，也利于规范信息数据。在信息治理体系中，社会组织不仅需要对数据标准、元数据等建设、运用以及日常维护，更要规定发现、修正和总结已经出现的数据标准问题，以此保证数据标准在组织内得到遵守。标准的制定使得信息的真实性、完整性、可靠性以及安全性更容易得到维护。同时，对违法犯罪信息行为、违反道德伦理信息行为、偏差性信息行为等进行治理，肃清信息来源和传播路径，在法律范围内规范信息，使其达到标准化、有序化、有效化、规范化。

（三）信息风险降低的功能

信息风险不仅来自外部，也来自内部。

1. 外部风险

主要来自相关工作人员的有意和无意的行为，如未经授权的访问、病毒攻击等，和来自各种物理层面的风险，如硬件设备故障、软件系统的兼

---

① 周文泓、张宁、加小双：《澳大利亚的信息治理能力构建研究与启示》，《情报科学》2017年第8期。

② 潘竑：《信息治理金融企业制胜利器》，《金融时报》2008年12月17日。

容性等问题而引起的崩溃等，以及由于火灾、水灾、地震等自然灾害引发的风险。

2. 内部风险

因为社会主体受教育程度、职业习惯以及社会经验等因素的影响，他们对信息价值的认知会有很大的不同。在对哪些信息有价值以及哪些信息无价值的问题上，总是存在很大程度的分歧。这就必然会导致那些未被开发的潜在信息和偏差性信息的价值存在风险。信息治理过程中不仅可以规范信息数据标准和格式，减少外部入侵风险，也有利于开发有潜在价值的信息，降低内部风险；同时能够实现从多方面维护数据主权、挖掘数据价值、保护数据安全。通过对信息的治理使得国家机密、商业机密和个人隐私得到保护，以信息提高可问责性与降低风险。

三、信息治理的背景

（一）政策法规支持

国内外出台了比较有力度的相关法律法规。如 1966 年美国出台的《信息自由法》规定行政部门的记录，"公开是原则，不公开是例外"；2007 年我国公布的《政府信息公开条例》规定"各级人民政府应当加强对政府信息公开工作的组织领导"；2020 年我国新修订的《档案法》更是对相关问题从法律层面进行了相应的明确。而且，随着"互联网 +"、云计算、智慧城市、智慧大数据等前沿技术理论的不断推进，我国已从整体上开始倡导公共治理，并在数据、信息文件以及档案等领域陆续出台相关配套管理办法与要求 ①。此外，既有政府出台《国务院关于积极推进"互联网 +"行动的指导意见》，亦有《知识产权法》《通信法》等相关法律法规作为参考和依据，也有

---

① 周文泓、张宁、加小双：《澳大利亚的信息治理能力构建研究与启示》，《情报科学》2017年第 8 期。

数据管理、信息安全和风险管理相关标准，共同成为信息技术和管理的规范，成为协同推动信息治理的保障与依据。

（二）社会公众关注

1. 客观分析

价值是物对于主体的积极的意义，信息的客观属性具有多维性，主体的需要也具有多维性，因为主体的信息需要、信息兴趣以及各方面能力、素质等的不同，使信息价值客体对主体分层次，不同层次的需求相对应有不同的信息理解和利用。因此，信息价值相对于不同用户群体表现出来具有多维性和层次性，以及信息价值的客观存在及其特征，为信息治理中划分和识别核心信息资产提供了重要指导。

2. 主观需求

用户的心理需求和行为特征，从终端上形成信息治理和公开服务的战略目标。新媒体时代，网络传播信息具有效果性强、传播迅速、内容多样等特征，受众对信息有自身的需求。公众主体对信息的接收和传送，有消愁解闷、人际关系、自我确认、监视环境等心理需求，有效地对公众信息治理和及时地了解公众需求，有利于各个信息环节可以更加衔接有序、有的放矢[1]。

3. 环境驱动

在"快餐消费"时代，公众面临的信息选择和信息传递多种多样，但正确地利用信息能力和甄别信息能力不足，各层面信息治理的出现，有利于保护公众的利益和隐私，减少因信息杂乱而带来的风险。

---

[1]　王捍忠：《新媒体时代用户使用心理与需求分析》，《科技传播》2009 年第 4 期。

（三）技术环境支撑

1. 社交媒体的大量运用

随着信息技术的快速发展以及社交媒体的广泛使用，如微博、微信、QQ、问答社区等，为大量信息和数据①的产生提供了条件与基础，为信息治理理念、理论及方法的快速发展提供了必要的土壤。

2. 云计算技术的快速兴起

云计算作为互联网时代的一种重要信息技术，能提供动态的、易扩展的虚拟化资源，具有每秒高达 10 万亿次的运算能力，拥有高速高效处理信息的能力，对信息的存储和处理产生巨大效果。

3. 移动服务的深入发展

移动设备可以随时随地访问获得各种信息。传统的控件如按钮、文字框、日期等也增加了对移动设备平台的支持，成为日常传播信息最为广泛的平台之一。技术的发展，使得信息传播具有多向性和复杂性，但同时也使信息能更好被管理和规范，信息治理在受其挑战的同时，也能突破原有方式，拥有更多机遇。

（四）风险防护需求

便利的移动社交媒体方便了人与人之间的联系，但也降低了不法分子利用网络信息进行牟利甚至犯罪的难度，成为新的社会危害。2018 年 8 月 28 日，华住被爆出集团旗下所有酒店的用户信息被人放到了一个神秘网站公开叫卖，数据庞大，且信息非常具体，1.23 亿条华住官网注册信息、1.3 亿条入住登记信息以及 2.4 亿条开房记录，这个规模是近年来信息被泄露

---

① 周春雷、王涵墨：《新媒体环境下的信息治理问题研究》，《现代情报》2016 年第 9 期。

得最厉害的一次 ①。大数据背景下信息治理应充分考虑社会因素、经济因素、技术因素、管理因素等，从多学科综合集成管理的视角着手，进行多维度的社会协同创新和社会共治，科学地保障数据安全 ②。总之，信息治理是一个多视角的、立体化的、综合性的系统工程，需要社会各个领域主体的共同参与，以促进信息治理能力和水平的提高。

第二节　档案服务的概念及原则

一、档案服务的概念

档案信息资源作为重要信息资源之一，对国家、社会公众都是具有十分重要的价值。而信息资源价值的发挥需要通过各种形式的档案服务才能实现，只有借助档案服务的载体，才能对社会产生有用性。

（一）档案服务的内容

档案服务作为档案工作的重要环节，主要是以提供档案信息资源为社会实践服务的特殊性服务型工作 ③，被纳入信息服务（Information Service）的研究视阈 ④。它是以档案资料（或其他媒体文件）为核心的服务业务，体现出强烈的社会服务特性，是人类文明发展的结果。随着社会环境的变化而出现新的情况、新的要求，要求档案服务者必须不断地深化对档案服务属性的认知，更新档案信息服务的形式、方式以及途径，拓宽档案信息资源服务的新领域，充分挖掘档案信息资源服务的潜在需求，大力实现档案知识性服

①　新浪微博：《华住集团旗下酒店客户信息遭兜售？》，2018 年 8 月 29 日，见 http://jiangsu.sina.com.cn/news/s/2018-08-29/detail-ihikcahf0687816.shtml。

②　安小米、毛春阳：《大数据时代的政府信息治理》，《中国建设信息》2015 年第 12 期。

③　冯惠玲、张辑哲：《档案学概论》（第二版），中国人民大学出版社 2006 年版，第 101 页。

④　马费成、宋恩梅：《信息管理学基础》（第二版），武汉大学出版社 2011 年版，第 293 页。

务、增值性服务。

档案服务是一个各服务要素相互联系、相互作用形成的有机体[①]。第一，档案用户，即档案服务工作的客体。档案用户提出信息需求，按照规定的程序，展开档案信息查询服务，获知所需的档案信息。第二，档案服务人员，即直接开展档案服务工作的主体。在政府信息公开条例的环境下，档案工作者一方面要树立全心全意为社会服务的思想，另一方面要坚持按照党和国家的法律、法规和政策办事，确保档案服务流程获得效益，达到提高档案服务的质量、维护档案实体完整和安全目的。第三，档案服务环境。它对档案服务质量具有重要的影响，关乎档案服务质量优化体系构建。因此，要优化整个档案服务质量需要服务环境的支撑与辅助，包括档案馆基础建设的硬环境和馆员服务能力。第四，档案服务方式。它是整个档案服务工作中最具活力的环节。传统的档案信息服务方式包括工作查考、学术研究、普遍利用、休闲利用等。信息治理视阈下的档案服务质量优化，则要求对档案信息资源展开精准的分类，针对不同档案用户群体的档案信息需求，为他们提供具有个性化特征的档案服务。第五，档案信息资源是档案服务的基础。需要不断挖掘、组配、提供档案信息资源，它是提升档案服务的基础与前提，如果缺失则会陷入"巧妇难为无米之炊"的尴尬境地[②]。

（二）档案服务的理论研究

档案服务研究热点集中于以下几方面：第一，档案服务理论探讨。档案管理机构为社会公众提供良好的公共服务不仅可以促进民主建设的发展，也可以丰富社会的公共文化，以及促进社会信息公平利用等价值[③]。更是未来

---

① 李财富、杨晓晴：《档案服务社会化的伦理解读》，《档案学通讯》2010 年第 1 期。

② 档案服务体系的建构与优化，是本课题的阶段性研究成果之一，在后续章节将深入展开。

③ 苏君华：《基于公共空间的档案馆社会价值研究》，《档案管理》2014 年第 6 期。

档案服务的趋势与方向①。也有学者从"嵌入式理论"入手②，提出档案服务不是独立的专业领域的研究，而是具有社会根植性和社会嵌入性。第二，创新档案服务模式。在智慧大数据、"互联网+"、云计算等社会热议话题下，档案服务方式的探讨逐渐升温。提出"联动"服务模式③，即以社会公众为中心，关注社会公众的需求，以及这种需求可能对档案信息资源建设、档案服务带来的"联动性"影响。并且，档案服务正逐步朝着线上和线下相结合，重点发展虚拟服务与实体服务相结合④。第三，融媒介环境下的档案服务。应该看到移动 APP 服务方式对用户具吸引力，是新时代下扩大档案服务范围的一大趋势。

（三）档案服务的社会实践

档案服务的实践从国际范畴来看，西方起步较早，且更好地将档案服务理论贯穿至实践当中。第一，美国档案服务实践重视档案利用的流程⑤⑥⑦。制定了一系列针对档案信息资源利用的相关利用流程，如开放时间、开放范围、利用程序等。如《信息自由法》规定⑧：除了对涉及国家安全和

---

① 黄霄羽：《档案社会化服务的理论依据》，《北京档案》2014 年第 10 期。

② 刘永、周文迪、许烨婧：《嵌入性理论在档案管理与服务中的应用探讨》，《档案管理》2015 年第 1 期。

③ 周耀林、赵跃：《档案资源建设与服务联动模式探析》，《档案学通讯》2015 年第 5 期。

④ 田忠强、陈江鸿：《"互联网+"背景下的档案 O2O 服务模式研究》，《北京档案》2016 年第 1 期。

⑤ 罗宝勇、乔健：《哈佛档案网站的特色及其对我国高校档案网站建设的启示》，《档案学研究》2011 年第 2 期。

⑥ National Archives："Teachers' resources"，2018 年 2 月 4 日， 见 http：//www.archives.gov/education。

⑦ National Archives and Records Administration："The strategic information resources management plan of the national archives and records administration"，2018 年 2 月 4 日，见 http：//www.archives.gov/about/plans-reports/info -resources/nara-irm-strategic-plan-2013.pdf。

⑧ 朱伶杰：《美国的档案法规体系及其特点研究》，《辽宁大学学报》（哲学社会科学版）2011 年第 5 期。

个人隐私的九大类信息严格控制开放期外，联邦政府的记录和档案原则上向所有人开放，并且应该减少限制，其他相关程序也做出了严格的明确且清晰的规定。可见，其关于档案信息服务的程序作出清晰的划分。第二，英国大力发展档案休闲服务 [①]。在档案用户体验、档案馆开放时间、档案查询利用手续方面，以及在档案技术嵌入式发展等方面都做出非常人性化的规定 [②]，目的明确即方便社会公众的档案利用。第三，加拿大则更加注重馆藏的层次性、全面性和特色化 [③]。推崇"大档案"概念，档案管理机构所保存的档案信息资源不仅仅是来自政府机构所形成，更有来自民间等私人领域所形成的档案信息资源，可以说其所收集的范围涵盖了全社会历史的全部档案，如安大略省档案馆的档案馆藏总量中有 20% 的档案信息资源是涉及民间资料，约 80% 为官方资料 [④]。另外，加拿大档案机构与其他信息资源部门（如图书馆、博物馆、文化宫等）结合，通过现代通信技术向用户提供查询、借阅、咨询等服务，形成庞大的档案信息资源体系。

二、档案服务的原则

档案服务的原则主要包括：服务性要求，即遵循客户导向原则；专业性要求，即遵循安全保密原则；效益性要求遵循高效益与高效率并重原则 [⑤]。结合信息治理嵌入档案服务工作的表现，总结出相关服务原则。

---

① 黄霄羽：《国外档案利用服务社会化的理论认识和实践特点》，《档案学通讯》2010 年第 6 期。

② 颜川梅：《英国"档案意识提升运动"的启示》，《中国档案》2007 年第 10 期。

③ 李财富：《西方发达国家档案服务的实践及启示》，《档案学通讯》2016 年第 2 期。

④ Archives of Ontario："Tracing Your Family History"，2018 年 2 月 4 日，见 http://www.archives.gov.on.ca/en/tracing/index.aspx。

⑤ 黄霄羽：《档案社会化服务的特征、功能和原则》，《北京档案》2015 年第 5 期。

（一）用户需求为导向的原则

用户服务性原则源自"客户服务"原则[1]，为用户提供可靠、安全、便捷、高效的优质档案服务，方能获得较高的档案用户满意度，方能显示与体现档案事业的社会价值与社会存在。在信息治理视阈下，档案服务只有坚持以档案用户需求为导向的原则，才能有助于及时了解档案用户的实际体验情况，并根据馆藏的条件，合理调度档案信息资源，深入开展档案资源开发，如档案文化衍生产品的开发[2][3][4]、档案社交媒体的发展[5][6][7]；等等。

（二）安全保密性优先的原则

档案的机要性决定了档案服务需要坚持安全保密原则。互联网时代，信息技术广泛运用给档案服务工作提供了许多更为有效的服务方式与服务手段，但也给档案信息的保密工作带来了一定的隐患。一方面可能造成对实体档案管理服务的不到位，造成档案信息的不完整[8]。另一方面，随着电子档案保存面临的"信息风险"越来越多，除了受到格式、版本、系统兼容等因素的限制外，还受到网络黑客攻击或者病毒干扰，造成信息失真。因此，信息治理理念下的档案服务机构必须注意不仅要考虑到实体档案的物理安全，

---

[1] 黄霄羽：《档案社会化服务的特征、功能和原则》，《北京档案》2015 年第 5 期。

[2] 郭辉、谭必勇：《美国国家档案馆网上商店档案文化产品研究》，《浙江档案》2016 年第 12 期。

[3] 王贞：《档案文化创意产品的开发》，《中国档案》2015 年第 1 期。

[4] 王玉珏、洪泽文、李子林等：《档案文化创意产品开发的理论依据》，《档案学研究》2018 年第 4 期。

[5] 王玉珏：《社交媒体工具在档案馆服务中的应用可行性与案例分析》，《档案管理》2014 年第 2 期。

[6] 黄霄羽、郭煜晗、王丹等：《国外典型档案馆应用社交媒体创新档案服务的实践特点》，《档案学通讯》2016 年第 3 期。

[7] 周耀林、路江曼：《论社交媒体下档案服务的创新》，《档案学通讯》2014 年第 6 期。

[8] 董萍、王冠群、张艳：《对信息化条件下档案保密工作的几点建议》，《中国管理信息化》2016 年第 21 期。

还必须要考虑到数字档案信息资源的安全问题，包括数字档案内容安全、系统安全、硬件安全等方方面面的因素。

（三）效益与效率并重的原则

由于档案用户需求千差万别，因此档案服务要从全面性、全局性、全要素考虑。首先，档案服务要有针对性，满足特定的档案用户在特定的时间内的需求。掌握档案用户利用档案信息的行为习惯，选择符合用户需求的信息内容、载体、传播渠道，提供针对性很强的档案服务，这与"用户画像"[①]原理一致。其次，档案服务要做到及时性。表现为在特定的时间范围内发挥其效用，一般说来，档案信息提供过早，档案用户此时并未产生需求反应，信息效用不可能实现；提供过晚，档案信息处于滞后状态，信息的发挥价值削弱明显。再次，档案服务要做到易用性。档案服务机构在考虑档案用户利用档案信息时，必须考虑档案用户是否方便使用该档案信息，减少无用功的耗费。最后，档案服务要做到兼顾成本与效益。档案服务过程中不仅需要充分考虑其社会效益，当然也需要衡量其经济效益。因为有时档案价值的发挥存在着延迟性，无论对于档案馆（室）还是档案用户而言，都需要花费一定成本，因此力求花最小的成本实现效益最大化。如国外知名商业性文件中心之一的 Recall 就擅长通过创新和经验积累来控制成本，节约经费并提高效率[②]。

第三节　档案服务的理念与方式

无论对国家、地区还是民族来说，档案馆都是其不可或缺的文化事业机

---

① 黄文彬、徐山川、吴家辉、王军：《移动用户画像构建研究》，《现代情报》2016 年第10 期。

② Recall：《通过创新和经验节省时间和金钱，并提高效率》，2018 年 8 月 30 日，见 http：//www.recall.com.cn/why-recall/efficiency。

构[1]，应该来讲，当前对档案馆定位成"五位一体"的综合体[2] 最能说明它对于社会各主体的重要意义所在。可见，档案服务在档案文化事业的建构中扮演着重要角色，其理念的贯彻需要档案工作者不断践行；通过创新档案服务的方式，实现档案信息资源的活态化；借助多种途径的档案服务手段，增强档案信息的创造性、知识性，实现档案服务的内容由"信息"迈向"智慧"。

一、档案服务理念

（一）档案服务的社会性

近年来，"档案中介服务""档案外包服务""档案服务市场化""档案服务社会化""档案社会化服务"[3] 等概念的兴起，或许最能说明档案服务的社会性属性。档案服务的社会性要求档案服务机构在开展档案服务工作中必须要注意以档案系统为切入点，强调服务社会的主体[4]，必须要做到以社会公众的档案信息需求为导向，以提高档案服务质量为宗旨，以提升档案服务效率为目标，以降低档案服务成本为出发点，实现档案服务的社会效益和经济效益的最大化。同时，在档案服务的过程中要充分运用市场机制的社会力量，积极开展社会领域的多方位合作，实现以档案服务机构为主导、多种形式参与的档案服务提供机制，形成一种良性的运转环境，使档案服务真正成为一项满足全社会主体需要的"社会性"服务。

（二）档案服务的公共性

公共文化服务体系建设是推动我国社会主义文化大发展、大繁荣的内

---

① 何振、易臣何、杨文：《档案公共服务的理念创新与功能拓展》，《档案学研究》2015 年第 3 期。

② 徐建国：《国家档案馆"五位一体"功能定位诠释》，2018 年 5 月 8 日，见 http：//old.12371.gov.cn/n102327c723.aspx。

③ 黄霄羽：《档案社会化服务的概念解读》，《档案学研究》2013 年第 3 期。

④ 王国兴：《档案社会化服务问题略论》，《档案管理》1992 年第 5 期。

在要求，也是保障公众文化权利的基本方式，因此，档案服务作为公共文化服务的主要力量之一，必须要秉承公共性的理念。第一，要构建完整的档案公共服务体系。各级综合档案馆作为我国公益性文化事业机构，必须要积极地融入公共文化服务体系的建构中[①]，并承担其相应的社会责任与履行其社会使命。第二，在档案服务过程中要保障用户的权利。各级综合档案馆要自觉地参与公共文化服务建设，为社会公众文化权益的实现做出其应有的贡献[②]。作为保障公民文化权利的一种制度安排，在保障公民文化权利方面综合档案馆具有不可推卸的责任与义务，是公众文化权益保障的中坚力量[③]。第三，档案服务坚持促进社会主义的大发展大繁荣。中国五千多年的文化多半都是以档案的形式记录下来，在我国文化大繁荣、大发展的进程中，档案服务亦扮演了不可或缺的重要角色，档案服务的方向要与社会主义的发展导向相一致，尊重国家历史与存在，维护党的秘密与尊严，坚持促进我国社会主义大发展、大繁荣为首要目标与宗旨。

（三）档案服务的治理性

信息治理嵌入档案服务质量优化控制之中，既是弥补信息服务领域的空白，又是增强档案事业发展的助推力。因为，档案服务质量的好坏在很大程度上会影响到档案利用者的体验感以及其对档案认知的理解。尤其在《政府信息公开条例》的推动下，社会公众的档案利用意识不断被唤醒，必然要求档案服务人员的服务意识不断强化，弱化"坐等利用者上门"的服务意识，使档案"资政"机构向"服务"机构转变，这样一来，档案服务质量自

---

① 周林兴：《公共档案馆与制度公正——关于公共档案馆的制度视角研究》，《北京档案》2005 年第 8 期。

② 周林兴：《论档案馆的文化自觉》，《山西档案》2010 年第 6 期。

③ 周林兴：《公共档案馆与制度公正——关于公共档案馆的制度视角研究》，《北京档案》2005 年第 8 期。

然就有了更高的要求①。因此，引入信息治理理念从管理、机制、工具等多维度对档案服务人员的服务理念进行培育，不仅有利于塑造具有"和谐治理意识"的档案服务环境，以此来促进档案服务质量的提升，更有助于强化"服务至上""用户为先"的档案服务宗旨。

二、档案服务的方式

档案服务方式是多种多样的，其有不同的划分方式：第一，按照信息加工方式不同，可以分为一次档案文献服务、二次档案文献服务和三次档案文献服务。第二，按照服务设施和方法的不同，档案服务可以分为现场阅览、外借、咨询服务、开具证明等相关服务方式。第三，按照参与程度和服务属性划分，档案服务可以划分为主动的档案服务与被动的档案服务。档案服务在不同时期有不同的表现，传统的档案服务主要是局限于档案馆内的查询或咨询服务，然而，随着互联网时代的纵横发展，现代档案服务方式跨越了时空局限，更多地呈现于社交媒体平台之上，更加凸显档案机构对档案信息治理的结果与成效。

（一）传统的档案利用服务

传统的档案利用服务主要是指档案利用者利用阅览室提供的条件和各种特殊设备，如查阅各种档案工具书、参考指南、使用缩微阅读设备等，实现档案信息资源的利用，满足其利用需求。利用方式主要包括：第一，档案查询服务。为了解决实际工作与生活中遇到的问题，到档案馆办理相关证明等凭证材料。第二，档案展览服务。档案管理机构根据其馆藏情况，结合重大纪念时间节点开展档案展览服务工作，通过形式生动、直观的档案服务方

---

① 本书阶段性研究成果之一。

式吸引公众①。如 2018 年 6 月 9 日（国际档案日），全国各地围绕"档案见证改革"主题，举办颇具特色的档案展览②。第三，开设不同类别的档案主题讲座或论坛，邀请档案专家或档案业务部门管理者，讲授不同内容，使更多的社会公众更为直观地了解档案知识，它不仅给社会公众普及了档案相关理论与知识，更是在很大程度上弘扬了档案文化与增强了社会公众的档案意识。

（二）新媒体式档案利用服务

社交媒体广泛运用极大地改变了知识与信息的传播方式、传播途径以及传播手段，催生出了不少全新的档案信息服务方式③。第一，档案服务手段得到创新性进步。如美国国家档案馆的总统图书馆在 Twitter 和 Instagram 上举办"竞选收集"（Selection Collection）活动，进一步强化了档案服务机构、服务人员与档案利用者之间的档案信息双向传播的效果④。第二，档案服务效果有了很大的提升。当前档案服务中有着大量的新媒体运用，在很大程度上解决了档案服务过程中缺乏互动性、内容更新缺乏及时性、功能规范缺乏统一标准规范等问题。当然，为了不断地提升新媒体环境下档案服务的效果，还必须要不断地明确档案社交媒体运营的制约因素，制定相应的优化策略，助推社交媒体环境下档案工作的开展⑤⑥。第三，档案服务的公众参与

---

① 林燕：《市级档案馆便民服务的开发建设》，《城建档案》2018 年第 1 期。

② 扬州日报：《见证改革开放 记录美好生活》，2018 年 6 月 10 日，见 http://www.sohu.com/a/234758073_269289。

③ 张江珊：《美国国家档案馆社交媒体策略发展的比较研究及启示》，《档案学研究》2018 年第 4 期。

④ 美国国家档案馆："Social Media Campains"，2018 年 9 月 10 日，见 https://www.archives.gov/campaigns。

⑤ 周耀林、常大伟、姬荣伟：《我国档案社交媒体运营的制约因素及优化策略》，《浙江档案》2018 年第 7 期。

⑥ 张江珊：《社交媒体背景下档案领域公众参与模式研究》，《浙江档案》2018 年第 6 期。

度有了很大提升。美国档案学者希尔顿（Shilton）、斯里尼瓦桑（Srinivasan）明确论证赋权公众参与档案文献鉴定、整理和描述的影响及价值发挥效用 ①；加拿大档案学者休梅克（Shoemaker）认为赋权公众参与馆藏档案描述，可以提升档案馆的文献处理能力 ②；等等。可以看到，新媒体环境下，其开放性、互动性、便利性、低成本性等属性，正好与社会公众参与所追求的公平、公正、高效低廉不谋而合，使社会公众参与的广度、深度、效能得到全面提升。将不断为档案服务提供增值服务，深化档案用户对档案信息的获取程度，提升服务感知和服务体验。

---

① Shilton K., Srinivasan R., "Participatory appraisal and arrangement for multicultural archival collections", *Archivaria*, No.63（2007）.

② Shoemaker R., "Digital London: Creating a searchable web of interlinked sources on eighteenth century London", *Program*, No.4（2005）.

第三章　信息治理视阈下档案服务质量优化控制的理论依据

第一节　信息经济学理论

信息经济学是通过对经济领域中与信息相关的各种影响因素进行探讨，分析其对经济的影响的一门学科，其产生具有明显的社会背景与时代特征。即 20 世纪 40 年代，令人瞩目的信息革命开辟了信息时代。档案信息作为信息时代的一项重要社会信息服务内容，对其进行认知、测度、描述、传递以及再生产等已成为一项重要的社会工作。一方面，为信息经济学提供了强大的思想武器；另一方面，也促进了对档案信息本质及运动规律的研究，扩展了人类信息功能特别是智力功能。

一、信息经济学理论的发展沿革

（一）信息经济学理论发展轨迹

人类经济行为存在着两种经济活动：一是与物质和能量的转换有关；二是与信息形态的转换有关。前者主要是构成物质经济，后者主要是构成信息经济①。随着信息社会的到来，信息的各种价值逐步被社会公众不断地认识，信息所体现出来的商品化属性越来越明显，其正在大踏步地进入了商品的生产、分配、流通和消费领域。各种信息商品的规模正在变得越来越大，通过与相关商品的融合与关联，其价值越来越高，围绕信息商品的生产、加工和传递正在逐步形成一个完整的新兴的产业。经济学日益关注信息的经济特征以及其运行规律，不断地重视信息可能对社会经济活动的影响，也就是在这样的社会大背景下信息经济学应运而生。1921年，奈特（Knight）在《风险、不确定性和利润》中提出了不确定性概念，认为一部分人通过努力获取信息从而寻求比他人更多的获利机会②；1937年，科斯在《厂商的本质》一文中创造"交易成本"的概念，认为信息成本是交易成本的重要组成部分③。1959年，美国经济学家马尔萨克（Marschak）在《信息经济学评论》一文中正式提出"信息经济学"（Economics of information），指出：一项观察信号的后验分布一般与先验分布有差别，这种概率的差别正是获得信息的结果。1961年，G. J. 斯蒂格勒（G. J.Stigler）发表了以"信息经济学"为题的著名学术成果，探讨了信息可能存在的成本以及可能会拥有的价值，还分析了信息对商品价格、人员工资及其他相关生产要素可能产生的影响④。首先将信息作为经济活动要素加以研究，取得很大的影响。从斯蒂格勒的研究成果出发，逐步形成了微观信息经济学的研究体系。在此基础上，一些学者将信息作为经济活动的要素和经济运行的机制加以研究，许多经典的信息经济学理论被提出。如1970年乔治·阿克尔洛

---

① 马费成：《信息经济学综论》，《图书与情报》1991年第3期。

② Knight F. Risk, *Uncertainty and Profit*, Boston: Houghton Mifflin, 1921, p.28.

③ Corse R., "The nature of the firm", *.Economica*, No.11（1937），pp.37-40.

④ Stigler G. J, "The Economics of Information", *Journal of Political Economy*, No.3（1961），pp.213-225.

夫（George Akerlof）的柠檬市场理论[①]、1971 年赫什雷弗（Hirshleifer）的信息市场理论[②]、1972 年马尔萨克和拉德纳完善的团队经济理论、1973 年斯宾塞（Spence）的信号理论[③]、1976 年格罗斯曼（Grossman）和斯蒂格利茨（Stiglitz）的格罗斯曼 – 斯蒂格利茨悖论（Grossman–Stiglitz paradox）[④]、20 世纪 70 年代由詹姆斯·莫里斯（James Mirrlees）等发展起来的"委托 – 代理"理论[⑤]、1962 年斯蒂格勒的搜寻理论、1968 年马尔萨克的信息系统选择理论等，它们共同被称为微观层次上最为基本的八大理论形式。

此后，经济学家开始进入信息经济学研究领域，使宏观信息经济学在国外得到了广泛的发展。这些经济学家就信息的不对称性和不完全性[⑥]、相关的制度安排及机制设计等问题展开深入研究。最有代表性的是马克卢普的《美国的知识生产与分配》，首次提出了知识产业（knowledge industry）的完整概念以及知识产业的一般范畴和分类模式，并在此基础上建立了知识生产最早的测度体系[⑦]。马克卢普的知识产业理论具有重要的意义，被认为是现代信息技术、信息社会发展以及信息政策制定的理论基础。而波拉特的《信息经济：定义与测算》则对知识产业和信息产业做了信息统计测算研究[⑧]，建立波拉特测算体系，从而引起世界范围内的信息经济测算活动。

---

① Akerlof G., *The Market for "Lemons": Quality Uncertainty and the Market Mechanism*，UK：Macmillan Education UK，1995，pp.88–500.

② Hirshleifer J., "Economics of Information：Where are We in the Theory of Information?"，*American Economic Review*，No.2（1973），pp.31–39.

③ Spence M., "Job Market Signaling"，*Quarterly Journal of Economics*，No.3（1973），pp.355–374.

④ 谢康、乌家培主编：《阿克洛夫、斯彭斯和斯蒂格利茨论文精选》，商务印书馆 2002 年版，第 84~120 页。

⑤ Mirrlees J. A., *"The Optimal Structure of Incentives and Authority within an Organization"*，The Bell Journal of Economics，No.1（1976），pp.105–131.

⑥ AKERLOF G., "The markrt for Lemons：Quality Uncertainty and the Market Mechanism"，*Quarterly Journal of Economics*，No.84（1970），pp.1485–5001.

⑦ 马克卢普：《美国的知识生产与分配》，中国人民大学出版社 2007 年版，第 89 页。

⑧ 朱靖：《信息经济学研究综述》，《情报科学》2015 年第 5 期。

我国信息经济学起步较晚，1989 年 8 月中国信息经济学会成立，标志着我国信息经济学的研究开始全面兴起。20 世纪 90 年代开始到 21 世纪初，我国步入引进外国信息经济学理论和界别"什么是信息经济学、信息经济学到底研究什么"过程中。在这个时期，中国信息经济学会创始人乌家培和武汉大学马费成对国外信息经济学作出了开创性介绍和研究，随后张守一、张维迎、谢康、王则柯、娄策群等学者也都对信息经济学进行了深入的研究[①]。

（二）信息经济学理论内容阐释

"信息学与经济学是共同构成信息经济学的理论基础，二者缺一不可"[②]，信息本质上是一种描述，经济学探讨资源配置问题，信息经济学就是针对"信息"这一对象分析如何优化资源配置的问题。它主要涉及两个层次：其一，信息资源是如何配置的，涉及信息本身的产生、交换、分配或交易等问题；其二，涉及某种规则下掌握和不掌握信息的人相互作用，以及在此作用下其他资源的配置状况[③]。信息经济学不仅要从经济的角度去研究信息和信息活动，同时也要从信息的角度研究经济现象和经济活动，即在运用经济学理论、原理和方法考察社会信息及信息活动的经济机制和经济规律的同时，运用信息科学的理论、原理和方法去揭示社会经济活动中信息的功能[④]。信息经济学由微观个体经济向外扩展，形成了一定信息条件下的经济研究、信息的经济分析研究、信息资源与信息系统研究、信息产业研究等。

1. 不确定性信息理论

在短期决策市场上，决策者总面临不确定性和信息缺乏的困扰。杰

---

① 朱靖：《信息经济学研究综述》，《情报科学》2015 年第 5 期。
② 乌家培：《信息经济学若干问题》，《华侨大学学报》（社会科学版）2002 年第 2 期。
③ 陈燕、屈莉莉：《信息经济学》，东北财经大学出版社 2017 年版，第 4 页。
④ 马费成：《信息经济学》，武汉大学出版社 2012 年版，第 11 页。

克·赫什雷弗认为，信息经济学是经济不确定性理论自然发展的结果。信息不确定性是因信息获取不足或信息质量不高、信息不充分等原因所导致的不确定性，即对市场的"无知"。信息的传输过程是主客体相互作用的过程，源信息在能量的作用下向外发射，通过信道——人类获取信息的途径（认识标准、传输过程等）将原信息传输到接收系统，人类所获取的信息只能是接收系统所呈现的信息——宿信息。在信息的传输过程中，信源的复杂性会影响源信息的发射状态，各种噪声的干扰会影响源信息的真实传输，接收系统能力的限制会影响人类对信息真实度的认识，造成不同方面、不同程度的失真，而失真的信息显然不能本源地反映事物的本质，这就必须会产生信息的不确定性问题[①]。

2. 信息不对称与机制设计理论

信息经济学研究的核心是信息不对称理论，它包括因事前信息不对称导致的"逆向选择"问题和因事后信息不对称导致的"道德风险"问题[②]。信息不对称（Asymetric Information）是指信息在相互对应的经济个体之间呈不均匀、不对称的分布状态，即有些人对关于某些事情的信息比另外一些人掌握得多一些，那些掌握了信息比较充分的人员必然就会处于更为有利的地位，而那些信息贫乏的人员必须就会处于相对不利的地位，并有可能影响到他们各种权益的获得。信息不对称主要有三个表现，一是所掌握的静态状态信息不一致使得对信息获取成本形成显著差异；二是对共有信息价值认知不一样，对于同样的信息，不同参与者具有不同的价值判断和效用水平；三是对未知信息的动态获取或预知期望显著的差异形成的信息不对称[③]。信息不对称理论对于经济主体寻求缓解或消除信息不完全和非对称前提下的经济风

---

① 王清印、刘志勇、赵秀恒：《不确定性信息概念的内涵及外延》，《浙江万里学院学报》2003 年第 2 期。

② 王万山、伍世安：《马歇尔后的价格机制理论的发展述评》，《经济评论》2004 年第 2 期。

③ 裴雷：《信息经济学》，南京大学出版社 2015 年版，第 124 页。

险，实现信息公平，提高市场运作效率的途径具有重要现实意义 [1]。

3. 信息资源配置理论

信息资源有效利用必须通过科学合理的信息资源配置来实现。信息的分布具有时间、空间和数量特性，就信息自身而言还具有类型特征。在讨论信息资源的有效配置时，需要讨论三个方面的内容，即信息资源时间矢量、空间矢量、数量矢量配置，这三个方面既有不同的特征和要求，又需要相互之间紧密配合 [2]。信息资源配置的原则包括社会经济福利最大化原则、需求导向原则、信息公平原则和市场手段与政府手段互补原则等 [3]。当前，信息资源配置主要包括确立信息资源配置管理模式、运行机制与制度安排的信息资源配置体制研究，以及在信息资源共建共享的基础之上所开展的对传统信息资源配置流程、模式的优化协同配置研究。并且，依托网络和信息技术进行网络化采集、动态分配和自动获取的网络动态信息资源配置等研究。

4. 信息经济与信息产业研究理论

随着以互联网技术为代表的第三次工业革命的兴起，世界各国为抢占未来竞争制高点，纷纷加快部署信息经济发展。信息产业与信息经济研究包括两个方面：一是信息产业、信息经济的结构与规律，包括信息产业分析相关理论，涵盖信息产业分类理论、信息产业结构理论、信息产业发展与经济增长理论等 [4]。二是信息经济与信息产业的发展战略和发展条件。主要是研究如何提高产品和劳务中的信息比重，探讨在整个产业链中的信息成分，以及如何来实现物质经济向信息经济的转变；如何实现对信息的生产、加工以及产业化等问题 [5]。

① 马费成：《信息经济学》，武汉大学出版社 2012 年版，第 46 页。
② 贾晋：《信息资源配置的理论研究》，硕士学位论文，华中师范大学，2005 年，第 12 页。
③ 孙建军：《信息资源管理概论》，东南大学出版社 2008 年版，第 8 页。
④ 裴雷：《信息经济学》，南京大学出版社 2015 年版，第 331~347 页。
⑤ 马费成：《信息经济学》，武汉大学出版社 2012 年版，第 15 页。

二、信息经济学理论对档案服务质量优化的价值

（一）促进档案信息价值认知的深化

"对过去文物的关心，是衡量一个国家文明水平的最好尺度。而这类文物中在价值和重要性方面全都居于首位的就是档案。"[1] 可见，档案作为社会发展的重要资源，是任何情况下都不可缺少的重要存在，档案也是开展档案服务的物质基础。然而，社会上绝大多数人对档案价值缺乏全面完整的认识[2]。联合国教科文组织的文件中明确写道："今天，人们普遍认为信息是国家发展必不可少的基本资源。那些强调某类信息对国家发展具有特殊作用的计划正在执行中。遗憾的是，过去和现在，几乎没有什么计划充分注意到社会最基本、最熟悉、与信息最相关的资源——政府的文件与档案。"[3] 但社会公众对档案信息价值的认知更多的是仅停留在其工具价值层面，即凭证价值与情报价值。档案作为载体和信息的结合体，以借托于实在的物质载体形式，被视作统治阶级治国理政的一种辅助手段。而且，因为档案工具价值具有相对较高的稳定性，不受主体的使用目的或相关因素的干扰而呈现出不同的形态[4]。并且工具价值是反映物质自身价值的直接形式，对于信息的工具价值的直接认识是低一级的信息活动，所以此时社会对于档案的利用也仅仅作为查考依据或作为凭证依据。而档案服务也与这种社会需求相对应，围绕档案实体保管展开日常工作。

随着市场经济的不断发展，社会信息的更新和流动速度不断增快，以及

---

① 谢伦伯格：《现代档案——原则与技术》，档案出版社 1983 年版。

② 倪丽娟：《档案信息价值定位》，《档案与建设》1997 年第 2 期。

③ 中国档案学会外国档案学术委员会：《〈文件与档案管理规划〉报告选编》，档案出版社 1990 年版，第 1 页。

④ 任越：《档案双元价值观的信息哲学依据探寻——从理论信息学中信息产生和本质谈起》，《档案学研究》2009 年第 2 期。

社会主体认知能力的持续提升，档案信息工具价值的认知逐渐无法满足社会对档案信息的多样化需求，档案的信息价值、知识价值、经济价值、情感价值等逐渐进入大众视野。信息经济学强调信息的知识和经济价值，它为深化认识档案信息价值提供了有力的理论依据。从信息效益维度来看，仅仅保管档案不重视档案信息产出，只是浪费管理资源，产生负的效益，而产生的档案信息越及时、全面、广泛，那么它的效益就越大[1]。与此同时，对于信息价值的追求，社会公众一般都会把带有目的性的意识形态融入档案信息利用之中，这样就必然会使档案信息的本质发生改变，人们对于档案信息的经济价值的追求日渐显现。有学者就曾对档案信息资源在国家经济社会发展中二者所要追求的目标是综合价值进行过详细论述[2]，认为档案信息作为管理要素参与管理活动，可有效地提高经济管理、经营管理、生产管理的水平。可以说，信息经济学为深入挖掘档案信息的经济价值、知识价值提供了全新的研究视角，提升了社会对档案信息的重要性感知。

（二）促进档案服务价值取向的优化

档案服务价值取向是档案服务主体在价值选择和决策过程中表现出来的一定的倾向性。由于信息经济的起点是经济决策，而档案服务的立足点是对社会需求的一种满足，二者具有共同点。而且，信息经济学的核心范畴是如何合理调配资源，以较小的投入获取最大的信息经济效益，档案服务质量最主要的评价标准也是其综合效益，二者所要追求的目标是一致的。因此，信息经济学相关理论有助于档案服务价值取向的优化。档案服务机构在为用户提供利用时，经常出现档案查询的"量"与档案利用的"质"之间不平衡

---

① 刘萌：《档案工作与知识经济论》，中国人民大学出版社 2001 年版。
② 冯惠玲：《档案信息资源在国家经济社会发展中的综合贡献力》，《档案学研究》2006 年第 3 期。

关系①，也就是因为信息不对称而导致的档案信息利用困境。

而信息经济学从关注信息获取不平等现象开始，到集中关注"数字鸿沟""信息权利""信息自由"等问题，进而提出对实现"信息公平"的诉求，为档案信息的不对称现象提供了破解之道，有助于促进档案服务价值取向向维护档案信息权利公平、以用户需求为中心转变。

（三）促进档案信息资源的合理配置

它关乎档案信息资源能否实现最大限度的开发利用，关乎档案信息资源价值能否得到切实有效的转化，它是提升档案服务质量的关键问题和重要内容。信息资源配置的逻辑起点是信息资源与用户需求之间的辩证矛盾，长期以来，我国档案信息资源配置以"资源主导"为目标②，即以提供尽可能多的档案信息资源和不断提高资源的质量作为核心驱动，强调档案信息资源的建设，这些做法为社会发展提供了很大助力。最突出的表现就是档案文献编纂活动在服务于国家利益时所展现的巨大社会影响力。比如，在面对钓鱼列岛、南海诸岛主权之争时，中国第一历史档案馆研究员鞠德源先生的《日本国窃土源流钓鱼列屿主权辩》以史实证明自 14 世纪起钓鱼岛就是中国的领土。南京大学张宪文教授领衔主编《南京大屠杀史料集》为南京大屠杀真相提供了不可辩驳的史料明证③。

但应该看到，这种"资源主导型"的档案资源配置目标在某种程度上忽视了对社会档案需求状况的调研和挖掘，使档案服务有意无意地陷入"档案信息剩余"或"档案信息短缺"的悖论之中，档案信息资源难以发挥其

---

① 马沐、姚燕：《论档案利用过程中信息不对称的成因与解决对策》，《档案学通讯》2010 年第 6 期。

② 王运彬、王小云、陈燕：《档案信息资源配置的目标定位研究》，《档案学研究》2012 年第 6 期。

③ 冯惠玲：《档案记忆观、资源观与"中国记忆"数字资源建设》，《档案学通讯》2012 年第 3 期。

丰富的价值。一方面，海量的档案信息资源每天都在产生，为档案用户提供利用创造了巨大的信息和知识宝库。另一方面，这种局限于资源本身的建设要求使档案信息有效供给不足，也就是说档案用户的信息需求并没有完全满足，以档案用户需求为导向作为档案信息资源配置目标还有待进一步加强。信息经济学关注信息资源的有效配置问题，考量信息和知识如何扩散流动，强调在兼顾公平与效率的前提下，寻求适合经济社会发展所需要的功能丰富、高效率、结构合理的资源体系，以达到信息资源共享的目的。这些理念将有助于促进档案信息资源合理配置，从而形成涵盖以资源建设为基础、以用户需求为导向、以保护公民信息权利均等化为价值取向的多种维度档案信息资源配置框架，进而全面优化档案服务质量。

第二节 信息资源规划理论

社会主体在履行其社会职能活动中，无时无刻不历经着信息的形成、流动与利用等工作。要使每个机构内部，机构之间，机构外部的频繁、复杂的信息流畅通，并能实现协同效应，充分发挥信息作为一种重要战略资源的价值，就必须要对其进行统一的、全面的、合理的、科学的规划。同理，档案信息资源作为社会信息资源的重要组成部分，也存在着类似的情况，为了尽可能地发挥其价值，必须要从源头充分运用信息资源规划理论指导其形成、管理、传递及开发利用等流程的规划工作。

一、信息资源规划理论发展沿革

（一）信息资源规划理论发展轨迹

始于 20 世纪中叶的信息技术革命将人类推入了社会变革的第三次浪潮，人类由此迈进信息社会。信息化社会是指在整个社会经济结构中，信息产业活动长足发展并在逐渐获得支配地位的社会。信息资源作为信息化社会的重要战略资源，其高效管理有助于更好服务社会公众。然而，信息孤岛、信息冗余、信息失真等情况的大量出现，使得分散、杂乱的信息系统难以及时满足现有的业务需求，特别是信息孤岛的存在使得应用和系统之间难以实现信息资源共享和信息资源的充分利用，学界和业界逐渐意识到保证信息质量的重要价值，信息资源规划的必要性也不断提升。以产品制造为例，不论是产品的设计、材料配件的采购、加工制造，还是销售和客户服务等，都充满着信息的产生、流通和运用。要使部门内部和部门之间，部门与外部单位的频繁而又复杂的信息畅通无阻，充分发挥信息资源的作用，不进行全面统一的规划是不可想象的。信息资源规划是指信息资源开发和规划的信息技术体系，由一系列理论方法、标准规范、软件工具所构成。在现实层面，信息资源规划为数据管理和资源管理形成坚实的基础[①]。信息资源规划理论起源于信息化实践，由于国外企业较早开展信息化建设，因此早期的信息资源规划理论主要关注点是落实在企业实践层面，形成了一系列企业信息资源规划理论。它最早由 G.J. 塞利格（G.J. Selig）提出，针对"信息孤岛"问题，聚焦于跨国企业信息资源战略规划问题研究[②]；A.L. 阿尔伯特（A.L. Albert）通过回顾组织中信息日益增长的重要性以及将组织目标、战略与信息功能的目标、战略相结合的必要性，认为应借助信息资源规划来明确企业业务目标[③]。肯·威廉（King William）从实践和基本概念的角度审查信息资源战略

---

① 豆丁：《信息资源规划（IRP）系列讲座之一：冲出"孤岛"走向规划（高复先）》，2018 年 6 月 7 日，见 http：//www.docin.com/p-66797933.html。

② Selig G. J., "Approaches to Strategic Planning for Information Resource Management（IRM）in Multinational Corporations", *Mis Quarterly*, No.2（1982）, pp.33–45.

③ Lederer A. L., Mendelow A. L., "Information Resource Planning：Overcoming Difficulties in Identifying Top Management's Objectives", Mis *Quarterly*, No.3（1987）, pp.389–399.

规划的演变，并据此确定和评估信息资源规划的趋势[1]。此后的研究日渐转向对实施信息资源规划的重要性考量，如纽柯克（Newkirk）等论述了信息资源规划在企业中的重要意义[2]，纽柯克（Candle）等就信息资源规划在政府中的作用进行了相关阐释[3]。

1986年，高复先教授通过综合F.W.霍顿（F.W. Horton）与D.A.马钱德（D.A. Marchand）的信息资源理论，在我国首次提出"信息资源规划"（Information Resource Planning，IRP）的概念[4]。信息资源规划不仅是制定一些标准、规定或模型和数据库，更是从国家信息化建设发展的现实特点出发，真正挖掘信息资源价值，认识到信息资源在经济发展和社会进步中发挥的战略作用。此后，国内学者对于信息资源规划的研究多是在此基础上，结合不同行业领域和具体的企业实践情况展开探讨。如柯新生针对目前大中型企业业务处理跨区域、网络化、协同化、大数据分析服务的发展趋势，分析了企业在信息资源建设方面的问题和现实需求，将信息资源规划的研究范围扩展到企业管理级层面，提出了基于网络的企业级信息资源规划理论体系与方法[5]。王学颖从企业信息资源的特征入手，以企业架构（EA）为基本理论依据，结合信息生命周期理论探索企业信息资源规划的整体架构，提出ILEA框架模型[6]。

---

① King William R . "Strategic Planning for Information Resources: the Evolution of Concepts and Practice", *Information Resources Management Journal*, (1988).

② Newkirk, Henry E., Albert L. Lederer, "The Effectiveness of Strategic Information Systems Planning for Technical Resources, Personnel Resources, and Data Security in Environments of heterogeneity and hostility", Journal of Computer Information Systems, No.3 (2007), pp.34-44.

③ Caudle, Sharon L., "Strategic Information Resources Management: Fundamental Practices", *Government Information Quarterly*, No.1 (1996), pp.83-97.

④ 高复先：《冲出"孤岛"走向规划》，《中国计算机用户》2002年第11期。

⑤ 柯新生：《企业信息资源规划理论与方法研究》，电子工业出版社2013年版，第58~72页。

⑥ 王学颖：《企业信息资源规划：ILEA的研究与设计》，硕士学位论文，武汉大学，2010年，第19~60页。

随着电子政务的发展，信息资源规划这一概念又被引入政府信息资源管理中，形成了一系列政府信息资源规划理论，并提出政府信息资源规划目的是实现政府的数据级、应用级和业务流程级集成[①]。它作为政府信息资源管理的起点、政府发展战略规划的延伸，通过政府信息资源库的规划和政府信息资源网的规划，可以实现政府信息资源的高效整合与开发利用，使政府信息冗余减至最少，最大限度地增加政府信息资源的可用性。并且，随着数字信息资源的影响面与应用面越来越广泛，对数字信息资源的有效规划、管理和开发利用的研究也逐渐进入政府、企业和信息服务机构的关注视野，数字信息资源规划理论应运而生。马费成等从微观和宏观视角具体阐述了数字信息资源规划的理论模式、方法工具以及商用、公共和学术数字信息资源的规划，从宏观层面考量数字信息资源的管理和开发利用问题，突破学界长期以来对数字信息资源的管理和开发利用侧重于微观问题和纯技术问题的局限[②]。这一系列成果使得信息资源规划的研究视野从企业信息资源层面拓展到政府信息资源、图书馆信息资源、学术信息资源乃至国家信息资源层面，极大丰富了信息资源规划理论体系和实践维度。

（二）信息资源规划理论内容阐释

目前，信息资源规划研究视角主要有数据规划视角、业务流程集成视角、多层次系统视角，以及资源配置视角、政策法规视角和规划效度视角等，信息资源规划已形成了一定规范的理论体系和具体的实施实践方法。

1. 数据规划研究

就是技术层面的信息资源规划，强调总体数据环境和基础技术的规范和管理，认为信息资源规划由一整套标准规范和软件工具构成。如企业信

---

① 朱晓峰：《政府信息资源规划研究》，《图书情报工作》2006 年第 4 期。
② 马费成：《数字信息资源规划、管理与利用研究》，经济科学出版社 2012 年版，第 75~120 页。

息的数据规划就是涵盖数据管理基础、基础应用系统和管理决策集成三个层面，对企业信息资源进行整合和集成，建立企业标准化数据体系，同时确立数据存储的逻辑和物理方式的过程。又如通过建立主题数据库，实现数据库中实体联系的优化，来为信息资源的整体规划提供标准、规范统一的数据存取模式和数据，为信息资源规划的实施提供基础。

2. 集成规划研究

信息资源规划不再是单纯的技术问题，而是同机构的业务活动紧密结合起来，它强调信息资源规划在整个信息资源管理过程中的角色定位，在具体规划实施的内容上进行扩展，依据信息资源生命周期管理，将整个信息资源的规划扩展到业务流程层面的宏观集成。在此基础上，有学者提出了"服务集成"[①]，按照"数据集成—业务集成—服务集成"的模式，建立起一个可以实现"一站式、一体化"服务的全方位信息管理服务系统，从而全面实现业务集成。

3. 系统规划研究

致力于为信息资源规划建立完善的表述框架和有效的对话体系，提出了一个囊括理念和价值观、环境、目标、时间、方法论、工具、执行过程七个层次的信息资源规划要素框架[②]，涵盖了信息资源规划过程中可能涉及的各类要素，宏观层面的战略规划和微观层面的具体操作兼而有之，因此它的适用范围较广。比如在面向社会突发事件的档案信息资源规划问题时，吴加琪、周林兴从宏观管理、业务建设和资源保障三个层面进行阐释[③]，正是这个研究视角下的理论延伸与创新。

---

① 龚花萍、刘帅：《关于政府信息资源规划的研究和思考》，《图书馆学研究》2013 年第 5 期。
② 裴雷、马费成：《我国政府信息资源规划的基本构想与实现》，《情报理论与实践》2009 年第 9 期。
③ 吴加琪、周林兴：《面向社会突发事件的档案信息资源规划的发展思路》，《山西档案》2014 年第 1 期。

4. 政策法规研究

主要研究在信息资源开发利用法律制度中明确规定信息资源规划与配置的目标、原则、方式、责任者等，如各级人民政府应当加强对信息资源的规划与宏观配置，并将其纳入社会发展计划；在国家层面对信息资源实行统一的规划制度；根据信息资源的需求及其变化的规律，通过法律政策、行政措施、利益机制、市场机制对信息资源的地区分布、行业分布、人群分布、时间分布进行有效的宏观配置等①。

5. 规划效度研究

信息资源规划效度主要是对信息资源规划模型的最优化、标准规范化判断，如用户需求的综合反映和规范化表达，信息资源管理基础标准的制定与执行等，它是评价信息资源建设、开发和利用的成本与效率的重要度量，在此基础上对信息资源规划的科学性、合理性、实用性、经济性作出最终的效果评价，从而及时调整修正现有信息资源规划的框架内容。

二、信息资源规划理论对档案服务质量优化的价值

（一）形成全新的档案信息资源规划理念

选择不同的价值取向来规范、引导与驱动档案信息资源建设必须带来不同的结果②。很长时间以来，我国档案服务机构在提供档案信息资源服务方面缺乏一种信息共建共享的全局观。一是档案信息资源服务存在纵向独立性特征，缺少一种自上而下、共建共享的档案信息资源服务网络。一方面造成了大量的档案信息资源的重复建设，据对四川省达县地区某县档案馆所存县委组织部、县计委、县商业局、县五金公司、城郊区公所、城西乡政府 6 个

---

① 赵国俊：《我国信息资源开发利用基本法律制度初探》，《情报资料工作》2009 年第 3 期。
② 苏君华：《档案信息资源规划实然价值取向及应然价值取向的培育途径》，《档案学通讯》2014 年第 5 期。

全宗 1980 年文书档案情况调查，1980 年共进馆档案 128 卷，卷内文件 4335 份，其中永久 65 卷，有文件 2506 份；长期 63 卷，有文件 1829 份。6 个全宗重复进馆文件共 1465 份，占当年文件总数的 33.8%，平均每卷重复进馆文件达 11.4 份，其中永久卷重复进馆文件 1053 份，占 42.0%；长期卷重复进馆文件 412 份，占 22.5%[①]。这种档案信息资源的重复建设给档案信息效益的实现带来的危害是不言而喻的。另一方面，当前我国大部分地区的档案信息资源服务格局呈现相互独立的特点，导致无法满足档案用户跨地域的利用需求，增加档案用户的时间和金钱成本。二是档案信息资源横向服务的封闭性也是缺乏档案信息服务全局观的一大表现，直接导致了“档案信息孤岛”的大量存在。档案服务机构与其他社会主体之间很少有档案信息资源在线采集、在线利用等共建共享行为。总之，这种封闭性与独立性给档案社会化服务的开展带来了阻碍。而这些现象的存在原因就出在长期以来“档案信息资源规划执行力度疲软，缺乏顶层设计”[②]。

信息资源规划理论强调消除规划范围内的“信息孤岛”，实现信息自由流动和信息资源共享，有助于形成全新的档案信息资源规划理念——档案信息资源共建共享的全局观，以系统布局和科学规划为出发点来解决上述档案信息资源共建共享不足、全局意识淡薄的现实困境。以全局思想和整体思想加强档案信息资源规划顶层设计，在各档案服务机构之间建立广泛的合作、协同关系，利用各种技术、方法和途径，追求对档案信息资源的完备保障，最大限度地满足利用者档案信息需求，最终提升档案信息服务质量。

（二）促成公平的档案信息资源服务体系

从规划理论的发展演变来看，规划理论的基点是以社会公平为基础，

---

① 赵本章、江正荣：《如何避免重复文件进馆》，《档案工作》1991 年第 11 期。
② 马海群：《档案信息资源开发利用的顶层设计》，《档案学研究》2008 年第 3 期。

以促进社会可持续发展为终极目标，档案信息资源规划也不例外。随着我国档案开放范围的逐步扩展，档案服务内容越来越丰富，各类档案利用需求逐步增加，从政务利用、学术利用到公民个人利用，无不显示出当前档案信息服务与传统档案信息服务相比的巨大进步。尽管我国档案信息服务工作成绩显著，但仍存在着一些问题，比如档案工作的服务对象——档案利用者的权利并没有得到足够重视，"公平、公正、开放、亲民"的档案服务体系也没有完全建立，反而出现了档案公共信息资源的垄断现象。对档案信息的垄断行为表现为对已开放的档案不予公布和对外利用，使公民的档案利用权被大大地削弱。还表现为一些单位和部门不按规定向档案馆移交档案，受"档案信息利己主义"狭隘思维影响，为了自身利用方便，将到期应移交进馆的档案材料强行滞留于本部门的档案室内。甚至某些工作人员片面地强调档案内容保密而截留档案材料的关键部分，仅将不重要的部分移交进馆，造成档案材料的残缺、档案价值受损的严重后果。

此外，档案信息鸿沟引发的档案信息弱势群体的服务问题也日益凸显，那些因为各种原因不能掌握或难以掌握现代信息技术的档案信息弱势人群被排斥在现代档案信息服务之外[①]。当前，在档案服务工作中，信息化程度的加深使越来越多的档案利用服务工作都在网上进行，而档案工作者又很少主动帮助档案信息获取能力弱的群体去获取所需信息，档案信息服务中"无障碍服务"在网络环境下非但没有实现，反而引发了诸多负面问题，这种结果导致档案信息资源在不同利用者之间的不平等分配。信息资源规划核心要点之一就是保证信息公平，它包括信息资源的公平分配，即信息主体在信息资源生产、传播、占有、利用和管理等动态体系中所获得的相同或平等的对待。另一个就是信息权益的公平维护，也就是保证信息主体之间在信息利益关系上的一种平等状态。这种理念将有助于解决档案信息垄断、信息鸿沟、

---

① 杨润珍：《档案部门服务信息弱势群体现状与对策研究》，《档案时空》2013年第10期。

信息不对称等信息不公平问题，保障档案信息资源的公平配置和档案信息的公平获取，使档案工作的"三个体系"建设真正落到实处，促进公平的档案信息资源服务体系的构建。

（三）发挥多维的档案信息资源服务效益

档案信息资源服务效益的评价包括两项内容，一是档案信息资源服务的质量测评，二是考察档案信息资源的保障能力。前者涵盖档案信息资源服务的经济效益和社会效益的发挥；后者强调档案信息资源本身的建设，后者又是前者的物质基础和资源前提。通过有效的档案信息资源规划，可以实现档案信息资源的知识化、知识资源的有序化，而将档案信息资源转化为档案知识库和档案智库，是实现档案信息资源经济效益和社会效益的重要途径。从信息资源规划的数据视角出发，以知识组织手段为例，通过对档案知识点的分类标引，档案知识点的关联与聚类，档案知识单元的挖掘推理与语义关联，档案知识的再生与利用，以及档案知识服务平台的构建，将浩瀚无序的档案信息以档案知识的形式推送并呈现于用户面前，有助于节省用户时间，提升服务效率，最终实现档案的知识服务[1]。在这个方面，青岛市档案馆率先作出了示范，通过进入词条实现知识的精确检索[2]，不仅提升了档案服务质量，更是塑造了档案服务机构良好的社会形象，极大地提升了档案服务的社会效益。

与此同时，档案信息资源规划能有效整合档案信息的知识价值，档案知识服务在现代政府决策中所发挥的经济效益也日益受到关注。档案知识服务能够降低现代政府决策的成本，包括人员成本、信息成本、决策失误成本等。一方面，通过档案知识服务对档案信息的快速搜集、准确处理和精准呈

---

① 毛天宇：《知识组织视野下档案知识库的构建思路探析》，《档案管理》2015 年第 4 期。

② 山东档案信息网：《青岛档案历史知识库在金宏政务网开通启用》，2012 年 3 月 13 日，见 http://www.sdab.gov.cn/daj/xwzx/sxgz/webinfo/2012/03/1332232922945106.htm。

现，既能精简决策辅助团队的人数，降低人员支出成本，也能减少由于信息冗余带来的处理成本。另一方面，档案信息真实可靠，门类内容专业而又系统，是最为权威和有效的资料来源，其所构成的档案知识服务具有参考、扩展、预测等作用，确保了政府决策的科学性，降低了政府决策的失误率，从而降低决策的失误成本[①]。总的来说，信息资源规划所带来的整体服务优化极大发挥了档案信息资源的多种效益，大大提高了档案信息为经济社会发展服务的能力。

第三节　社会治理理论

当前社会正在从以政府作为唯一对社会公共事务进行管理的单中心模式，向包括政府、非政府组织、私人机构、政府派生实体以及公民个人在内的多中心模式转向。这种多中心结构模式必然要求各社会主体在公共事务管理领域结成合作、协调与伙伴关系，形成一个双向度的，甚至是多维度的管理过程。治理理论也是各国政府针对这些社会经济现象、政治生态及意识形态等领域变化而作出的理论与实践上的回应，它具有以下明显特征，即治理是一个过程意义而并非是一套成熟的规则意义存在，是以调和为宗旨而非以支配为目标，同时它不仅涉及社会的公共部门，也涉及私人机构等，治理理论的核心是实现社会善治。

一、社会治理理论发展沿革

（一）社会治理理论发展轨迹

治理理论始于 20 世纪 90 年代，当下虽然其被运用于各个领域，但对

---

① 牛力：《构建档案知识库 为政府科学管理提供决策支持》，建设与文化强国相匹配的"档案强国"会议论文，2014 年，第 6 页。

其的解释却存在诸多分歧，由于缺乏不同学科之间的交叉跨越研究，各种治理理论从来就没有也很难给治理下一个统一的、普遍适用的确切界定。不同领域的学者都是从自己的学术背景出发来研究治理，比如经济学、管理学领域的公司治理、社会学领域的社会治理、政治学领域的政府治理、国际关系学领域的国际治理、全球治理等。治理理论的出现最早是治理危机呼唤的结果，它的沿革和发展有着深刻的时代背景和历史渊源。第二次世界大战后，社会结构发生了翻天覆地的变化，政府在管理社会事务过程中存在着越来越多公权力难以达到的领域，出现了"政府失灵"的现象。如在政治领域，20世纪70年代起，西方国家普遍遭遇了政府合法性危机，公众在政治参与上呈现冷漠和消极状态，对"单向民主"的挑战使政府的权威和影响力不断下降；在经济领域，出现了市场低效、失效或无序的失灵现象，而这些危机的不断涌现使得原有的社会管理模式和理念面临各种不适应和应用困境。

20世纪80年代开始，"随着全球化和一体化进程的加速，社会事务的复杂性、动态性和不确定性增加，一种新的治理机制诞生"①，全球化是随着信息技术的广泛普及而引发出的一种势不可当的潮流，在这一潮流下，各种各样社会问题的处理都不再孤立地进行，不再是一个国家或者国家某个部门所能单独解决的事情。这就要求社会管理必须从一个封闭式的体系转向开放式的结构，此时社会治理的功能逐渐被社会所认可，社会管理逐步向社会治理过渡。社会治理理论将社会公共管理的分析模式从以"统治"为核心的模式向以"治理"为核心的模式转变，将统治模式中的权力与服从、权利与义务的概念分析工具转变为治理模式中的参与与认同、权利与责任的概念分析工具②。

20世纪90年代以来，发达国家的政府、民间机构、国际非政府组织等

---

① 余军华、袁文艺：《公共治理：概念与内涵》，《中国行政管理》2013年第12期。
② 张镭：《迈向共生型的社会规则交往——善治理念与当代中国社会规则交往模式的更新》，《法制与社会发展》2007年第3期。

开始关注和研究善治。善治理论是社会治理理论发展的最新成果，善治被认为是政府与公民之间积极有效的合作，具备以下一些基本要素[①]：合法性、法治、透明性。即政治信息的公开性、责任、回应、有效、参与、稳定、廉洁、公正。社会治理已成为当代民主一种新的现实形式，逐渐向善治迈进，它把有效的管理看作多方的合作过程，认为合法权力来源于公民社会，力图发展起一套管理公共事务的全新技术，社会治理为建设和谐社会提供了理论和实践的支持。

（二）社会治理理论内容阐释

现代意义的社会治理是从实现国家治理体系和治理能力现代化的高度对当下社会问题的回应与关注，已不再是传统视域下自上而下的"统治"，也不再仅仅是政府履行职能的"社会管理"[②]。社会治理的核心是善治，它意味着多元社会主体对社会事务的合作共治。随着大数据时代的到来，全球已经进入信息社会的更高阶段，社会治理内涵在转型阶段的价值追求更注重以社会为本位、自治与公共服务、平等合作、参与协商等，并呈现出一些新的特征。

1. 合作治理

即由原先的单一权威治理向多中心治理发展，政府不再是社会治理的唯一主体，而以解决社会领域的问题和矛盾为导向，通过持续的及时互动对其进行调整和修正，成为培养多方主体参与治理能力的建设者和推动者[③]，政府、社会和公民都可以成为多元治理主体的一部分。因为飞速发展的市场化、城市化和网络化带来的社会脱嵌、城市社会失衡等新问题，仅仅依靠原

---

① 俞可平：《善治与幸福》，《马克思主义与现实》2011年第2期。
② 周巍、沈其新：《社会治理研究的文献计量学分析》，《求索》2016年第4期。
③ 江必新、李沫：《论社会治理创新》，《新疆师范大学学报》（哲学社会科学版）2014年第2期。

有的政府力量和市场力量的主导模式显然已经无法应对。此外，合作治理的多元性以及主体参与性可以更好地了解社会公众的各种需求，可以为社会公众提供更加丰富的公共服务[①]。

2. 技术治理

用科学原理和技术方法来治理社会，以提高社会运行的效率，从而演化出以技术治理为核心的社会治理理论，即技治主义[②]。一方面，云计算、数据挖掘、数字管理等科技工具的发展将社会治理带入智能时代，特别是大数据在构建社会治理的基础数据体系方面，其动态采集、实时存储、即时分析功能改变了很多社会领域的"不可治理"状态，降低"信息不对称"带来的决策风险[③]，其多元化、个性化的技术将使社会治理的科学化、现代化程度大幅提升。另一方面，相关理念和策略的应用同样属于技术治理范围，如使用心理学技术做柔性治理，开展治理效能评估等[④]。

3. 智慧治理

治理的目标是实现"善治"，而"善治"则需要治理的智慧。社会环境的变化带来治理方式的变革，当前社会环境呈现出社会公共利益需求的分散性和多元性、公共事务的流动性和跨界化、信息化和智能化等特征。智慧治理即是在信息化、网络化时代下对民主、开放、参与的价值回应。它在平等、协商、合作的基础上提升公共服务效率和质量，是社会治理理念在信息时代的重大飞跃。

4. 文化治理

文化治理是以被建构的文化为场域，通过将文化表征为制度、程序、机

---

① 向德平、苏海：《"社会治理"的理论内涵和实践路径》，《新疆师范大学学报》（哲学社会科学版）2014年第6期。

② 刘永谋、李佩：《科学技术与社会治理：技术治理运动的兴衰与反思》，《科学与社会》2017年第2期。

③ 张义祯：《大数据时代的社会治理转型》，《中国社会报》2015年6月1日。

④ 辛自强：《观察中国社会治理的理论视角及其超越》，《中州学刊》2018年第5期。

制等因素并与权力系统相结合，它是一种独特的参与治理方式，能有效实现动态、开放的治理目标[①]。文化治理的重要手段之一是公共文化服务体系共建共享，它通过"认同、疏导、规范"的导向对公共选择做出价值规约与引导，从而为社会发展提供社会公众接受并认同的稳定的思想价值体系。文化作为一种理想的"软治理"手段，与其他治理手段相比，以一种更富柔性、包容性的方式构建着转型时期的社会秩序。

二、社会治理理论对档案服务质量优化的价值

（一）促使档案管理转向档案治理

随着我国社会治理的不断推进，档案管理逐渐向档案治理转变。在我国提出"国家治理体系和治理能力现代化"后不久，《全国档案事业发展"十三五"规划纲要》紧接着就提出了"加快完善档案治理体系、提升档案治理能力"，这是因为档案事业的发展是国家治理体系建设的重要组成部分，档案治理必须跟上国家治理、社会治理的步伐。当前，社会治理对档案公共服务提出了一些新要求。

首先，有利于促使档案服务思路的转向。档案服务在社会治理现代化进程中面临诸多新问题与新挑战，包括服务理念转变、技术革新、服务方式调整等，原来的档案管理方式和理念已经不能完全适应这些新情况，而社会治理的相关理论为档案服务优化提供了新思路。在社会治理现代化的背景下，档案工作将由管理工作向服务工作的转变以及"变重藏为重用"理念的转变，档案服务也要化"被动服务"为"主动服务"，改变档案服务一直停留在"定时开馆，等客上门"的状态，即依据用户到馆时提出的档案利用需求，档案工作者根据馆藏档案的实际情况展开服务。显然，这种被动式的档

[①] 刘莉：《治理文化抑或文化治理？——文化治理研究的回顾与展望》，《浙江社会科学》2016年第9期。

案服务已经无法满足日趋多样的社会档案需求，将促使档案服务机构主动去了解社会主体的需要，掌握社会的档案需求动态，以档案用户需求为导向展开个性化、有针对性的服务，而这与善治的理念不谋而合。

其次，有利于加速信息技术的广泛运用。充分借助于技术治理的先进理念与理论，以此来强化现代化技术的应用来对传统档案服务手段进行革新不啻为一种新思路。因为社会治理要求实现智慧治理，其本质特征是公共效益的最大化，通过技术工具来提高效率、缩减成本，进而提供更加优质的公共服务是社会治理现代化的价值目标之一。落实到具体实践层面，就是利用现代化技术手段，进一步优化档案录入、检索系统，完善电子档案数据库，在此基础上结合"互联网+"及大数据思维建设档案资源共享平台，推动档案公共服务的高效化和便捷化，进一步提升档案服务效能，最大可能地满足社会公众对档案信息资源的需求。总之，社会治理理论促使传统的档案管理走向了档案治理。

（二）引导社会力量参与档案公共服务

社会治理现代化要求政府提供优质的公共产品，以服务意识和责任意识进行社会治理，为社会民众提供公平、可及、高效、优质的公共服务。但是受传统服务思维影响，当前我国档案服务提供主体仍然以政府各级档案管理机构为主，使得档案公共服务具有单一供给、单向运行、资源垄断的特性[1]。2005年，时任国家档案局局长毛福民在全国档案局馆长会议上的主题报告中指出，为了拓展档案部门的公共服务功能，各级档案部门应该探索利用社会力量对档案资源进行深度开发，使档案资源增值服务社会化。

首先，树立档案信息服务多元主体思想。在当前环境下，档案服务的主体仍然是各级各类档案馆，承担着档案信息服务的主要职责。而且，由于

---

① 赵浩华、倪丽娟：《国家治理视角下的档案公共服务探究》，《北京档案》2017年第12期。

体制和历史的原因，大多数的档案馆档案信息服务水平都不高，难以满足社会公众日益增长的利用需求，而社会治理中的合作治理理念即治理主体的多元化将有利于对这个问题的改善。正如有学者所言，将信息治理等相关理论引入档案事业管理当中，能"最大限度地增进公共利益"[①]。治理理念有利于促使档案机构树立档案信息服务多元主体的思想，使单一主体领导的粗放式管理向多元主体架构的精细化治理转变，聚焦档案信息服务流程优化、管理方式的转变，促进其过程改进和质量提升，最终提升社会公众对档案服务的满意度。这个思想将有助于改变当前档案信息服务仅由档案部门负责的理念，形成牢固的档案信息服务多元主体思想。

其次，探索治理主体间的合作伙伴关系。治理理论有利于促进档案管理机构与相关社会主体之间建立更加科学合理的战略合作伙伴关系。如通过引导社会公众积极地参与到丰富档案记忆的活动中来，使档案信息资源建设更具有多样化[②]。如《沙井村的变迁》一书就出自北京郊区沙井村一位普通村民之手[③]，其采用微观述事的方式，谱写了一曲"草根存史留乡愁"之典范。在美国的爱荷华大学"DIY History"项目，其内容主要为公众参与转录第一次世界大战的日记和信件、烹饪手稿、铁路通信稿件等，至今已有78727 个页面被转录[④]。

此外，档案管理部门还可以积极与其他政府职能部门合作、培育各类档案服务机构，走出档案馆"单一统治"模式，充分调动社会力量，发挥市场要素积极地参与到档案服务的供给中来，使档案信息服务主体类型更加丰富。总的来说，社会治理中的多元主体合作理念将有助于引导社会力量参与档案公共服务，优化档案服务的供给能力，从而提高档案服务机构

---

① 常大伟：《档案治理的内涵解析与理论框架构建》，《档案学研究》2018 年第 5 期。
② 陈辉：《治理视域下的档案工作发展对策探究》，《档案学研究》2017 年第 4 期。
③ 鄂璠、沙井村：《为乡村记忆存档》，《小康》2014 年第 7 期。
④ 赵宇：《公众参与档案记忆构建及其动因探究》，《浙江档案》2018 年第 1 期。

的公共服务能力。

（三）内化治理理念拓新档案服务模式

社会治理相关理念与新档案服务的模式建构深度关联。传统的档案信息服务已无法满足当前社会档案需求，借鉴社会治理的相关理念不仅可以将信息治理理念融入其中，而且也可以拓宽档案公共服务模式。

首先，有利于促进智慧档案服务的形成。技术治理要求用科学原理和技术方法来治理社会，云计算、数据挖掘、物联网等科技的发展将社会治理带入智能时代。通过先进的技术手段创新档案信息服务方式是信息时代做好档案工作的有效途径之一，利用大数据技术实现档案数据开放利用和数据连续性开放，完成对公众档案服务需求的准确感知，这些不仅能建设透明政府和提高政府公信力，还有利于增强市民参与社会共治的积极性与话语权。此外，区块链技术、互联网技术等在档案工作中的应用能有效避免因数据管理不善带来的档案信息丢失、记忆忘却、个人隐私和国家档案机密泄露等公共服务危机。而通过现代化信息技术构建智能档案服务系统，实现档案服务机构、档案资源、档案用户、技术设备等全面感知、泛在互联和实时交流，以更加主动和智慧的方式提升档案信息服务水平，通过构建"一站式"服务平台，全面对接档案信息服务与社会公共服务，不断提升档案公共服务能力，将有助于引领档案信息服务模式向智能化发展。

其次，有利于促进人文价值与技术智慧的结合。社会治理视阈下的文化作为一种有效的资源和手段以及更深层的精神变量，不仅可以在很大程度上影响到社会公众的行为方式，而且也在很大程度上影响到社会的运行方式。文化治理有助于将文化建构作为档案服务理念来开展相关档案服务活动，从而实现档案的文化功能。通过加大档案信息资源的开发力度，并且，深挖档案潜在的文化智慧，以档案资源来保障档案公共文化服务的质量，实现人文价值智慧与科学技术智慧相结合，形成多维度价值整合，实现技术、手段、目标和战略思想的精细化融合。可见，引入社会治理理论不仅可以充分挖掘每个构成档案信息服务模式要素的独特价值，并且，可以在此基础上进行档案服务模式的优化整合。

第四节 新公共服务理论

新公共服务理论作为 20 世纪 70 年代以来在公共行政领域最为引人关注的一个领域，它是以民生、公共利益、公民权为主要思想的政府治理理论。其主要研究内容是强调市场竞争、政府行为的透明取向等。

一、新公共服务理论发展沿革

（一）新公共服务理论发展轨迹

新公共服务理论是在对传统公共行政以及新公共管理理论批判基础上构建的理论体系[①]，其"推崇公共服务精神，重视政府与社区、公民之间的对话沟通与合作共治"[②]。1989 年，帕特里夏·英格拉姆和戴维·罗森布鲁姆最早明确提出了"新公共服务"的概念[③]。1999 年，保罗·C. 莱特在 *The New Public Service* 一书中，归纳了新公共服务的特征，并认为以政府为中心的公共服务大多已成为过去，取而代之的是多部门的公共服务[④]。2000 年，罗伯特·B. 登哈特与珍妮特·V. 登哈特在其发表的 *The New Public Service：*

---

① 王曦阳、胡去非：《新公共服务理论述评》，《科教文汇》2006 年第 4 期。

② 段溢波：《新公共服务理论：缘起、内涵及启迪》，《湖北财经高等专科学校学报》2009 年第 2 期。

③ Ingraham P. W., Rosenbloom D. H., "Edlund C, The New Public Personnel and the New Public Service", *Public Administration Review*, No.2（1989）, pp.116–126.

④ Light P. C., The new public service, Washington, D.C: Brookings Institution Press, 1999, pp.20–26.

Serving Rather than Steering 中提出了新公共服务七项原则 ①。2003 年，登哈特夫妇在出版的 *The New Public Service：Serving Not Steering* 著作中全面、系统地梳理了新公共服务理论的相关问题，新公共服务理论逐步走向体系化，受到学者们的广泛关注。

该理论的观点主要体现在以下几个方面：第一，政府机构的职能是服务而非掌舵；第二，重视人而不只是生产率；第三，思想上的战略性、行动上的民主性；第四，为公民服务而不是为顾客服务；第五，责任并不简单；第六，公共利益是目标而非副产品；第七，公民权和公共服务比企业家精神更重要等相关内容。其核心理念是：强调政府机构的工作要以人为本，并充分重视民主；核心任务是服务，承担好社会责任，维护公民的权利。在当前市场经济体制环境下，市场机制虽然具有很大的调节作用，但还是离不开市场调节之外的手段，社会治理还是需要政府机构履行其相应的义务，以及承担为社会公众服务和向公民放权的职责，建立科学合理的公共机制。它是在对 20 世纪 80 年代兴起的"新公共管理""政府再造"等理论的讨论基础之上而形成的一种理论，可以说它是一种全新的服务理念，它使公共服务具有了民主化与社会化的发展趋势，其服务质量的优劣是按照社会和民主的标准与尺度来进行衡量的，并且，其认为公共利益是至高无上的，因此也是不可侵犯的，所以，公共的利益是社会不同主体对话与博弈之后的结果。档案服务理所应当属于新公共服务理论研究的对象与范畴，充分运用该理论所倡导的理念推动档案服务质量优化。

2018 年以前，我国各级综合档案馆长期实行"参公"的人事安排，导致其不仅在服务理念上存在一些欠缺，在行动上也是按照认定自己是社会管理者而非社会服务者的角色来开展的。新公共服务理论所强调的公共服务的

---

① Denhardt R. B., Denhardt J. V., "The New Public Service：Serving Rather than Steering", *Public Administration Review*, No.6（2010）, pp.549-559.

社会性、开放性与共享性等，不仅完全符合档案服务机构的服务理念，更是应该成为他们服务的追求。同时新公共服务理论也非常注重对提供与生产公共服务的主体进行合理的约束，使其所开展的公共服务尽可能地满足社会公众的合理诉求。

（二）新公共服务理论内容阐释

1. 政府服务与公共利益

新公共服务理论主张政府的核心职能是服务而非"掌舵"，政府的作用是帮助公民表达和实现他们的利益诉求，而非控制或者驾驭社会。当然，除了做好作为服务提供者角色外，政府机构也应该扮演好调解、中介或裁判的角色[①]。在这种价值导向下，新公共服务追求的更多是基于共同利益基础上的公共利益，而非仅仅寻求满足于个人利益的解决方法。此外，政府还应该履行一定的责任，来确保这种解决方案最为科学地符合公平、公正的标准。总之，把政府定位于服务者的角色，其价值体系应是一种包含"依法行政、公平正义、安定有序、诚实守信、高效便民、权责统一"[②]的多元化、立体化的价值体系，其逻辑起点就是"公共利益"。

2. 人本理念与公民本位

该理论核心思想是人本理念、服务意识、公共利益和责任政府。其中人本理念最为关键，超越了传统环境中把效率作为政府工作唯一标准的价值观。这种人本主义思想强调人的作用与价值，强调人的积极性、主动性和创造性的发挥，强调通过共同领导、合作、授权来规范组织运行。共同领导为公共行政人员和公民确认并奉行公共服务的动机和价值提供机会，其特点是

---

① 辛静：《新公共服务理论评析——兼论对中国服务型政府建设的启示》，硕士学位论文，吉林大学，2008 年，第 45 页。

② 桂萍：《论公共利益、公共服务与服务型政府之关系——以宿迁市政府管理创新为分析起点》，《毕节学院学报》2012 年第 11 期。

相互尊重、包容和支持。此外，新公共服务的人本观还反映在"公民本位"的服务导向。"公民本位"是构成服务型政府合法性的基础，因为民众是社会发展的基础和主要推动者，民众的权利与利益诉求的满足是社会发展的最终目标。此外，新公共服务理论还倡导对公民作出回应而不是对顾客作出回应，政府不应该把公民当顾客，只关注他们的短期利益，而是把他们的需要放在决策和行动的首位，关注他们的长期需要和利益。

3. 责任政府与民主参与

它倡导的政府责任有以下特点：一是公众、公民权、公共利益作为服务型政府的根基，被置于政府责任的核心位置。二是行政人员在政府责任中扮演着公共利益的引导者、服务者、公共资源的管理者、公民权和民主对话的促进者等。三是政府行政过程中应该遵循公平、正义、效率、参与等民主原则，在广泛公民基础之上，解决问题并制定决策目的，实现政府责任。四是新公共服务理论下的政府责任要实现公共利益最大化，公正且有效率地实现社会公众的需求与利益需求，实现善治[①]的目标。民主参与是实现责任政府的良好途径，它能确保政府的运作是切实为公民服务的。新公共服务理论极为珍视民主参与的价值，它有助于达到最佳的服务效果，并增强政府的合法性[②]。

二、新公共服务理论对档案服务质量优化的价值

（一）促进档案服务主体形成科学的服务观

从科学的角度来审视档案管理工作的性质，就会发现，长期以来我国特殊的政治体制造就了特有的档案管理体制，致使我国档案服务的主体——

---

① 辛静：《新公共服务理论评析——兼论对中国服务型政府建设的启示》，硕士学位论文，吉林大学，2008年，第63页。

② 珍妮特·丹哈特、罗伯特·丹哈特：《新公共服务理论——服务，而不是掌舵》，丁煌译，中国人民大学出版社2004年版，第75~85页。

档案馆，在进行档案信息资源服务的过程中，存在着管理者的传统观念和思维定式，其服务更多的是本着为史作证、为党政服务的资政型服务观，缺乏自己是社会公共服务责无旁贷的供给者的理念。这种局限的服务观很难使其发挥再现社会记忆或者分享社会记忆的作用，更不可能使档案公共服务具有广泛的社会性、开放性以及共享性等特征。档案服务机构在开展面向社会的档案信息资源服务的过程中，其实也是在进行着一种档案服务观的建构过程，而在这种档案服务观的建构过程中蕴含着社会记忆的传递与分享。而且，科学的服务观的形成也将有利于档案信息资源体系观的科学化，因为开展面向社会的档案信息资源服务的过程本身就是一种宣传过程，使社会公众在这种宣传中认识到，不论是作为个人、家庭还是集体，为其自身社会活动建立档案、积累档案，本身就是一种社会记忆的构建与塑造。反过来讲，这种社会个体的档案信息资源的积累，将最终为社会档案的征集留下丰富的素材，为档案服务机构进一步开展完善的档案信息资源服务提供了基础与条件。档案服务机构可以充分运用这些来自民间社会的丰富素材开展形式多样的档案展览、出版各种形式的编研成果，让社会公众意识到档案不仅仅是一个社会、一个国家的政治、经济、文化的见证，同时更是一个反映每一位社会公众归属与社会活动的凭证。这是对新公共服务理论中所倡导的"重视人而不是生产率"理念的体现，总之，应该看到，该理论将有助于档案服务理念、服务意识等的培育，使其形成科学的服务观。

（二）促使档案服务主体形成科学的人本观

档案作为一种社会活动的记录，反映的是人作为社会主体的一种存在状态及存在形式。因此，不管是从档案记录内容来看还是从档案所形成的主体来看，都离不开人这个社会主体，都是以人这个社会主体为中心的一种社会存在。档案之所以要存在也必然是以满足人这个社会主体为前提，它不可能纯粹只作为"档案"而存在，如果这样它就必然会失去作为一种社会存在的存在价值与存在意义，这是因为任何的万事万物都离不开"从哪里来到哪里去的"历史轮回与历史规律。也只有认识到了这个道理，才有可能使研究档案公共服务的命题显得有存在价值，如果档案只有被少数统治者利用，而会导致公众利用档案的权利被剥夺，或者说，如果档案服务主要是以服务资政为主，而不是以服务广大社会公众为主，那么档案其存在的意义就显得是那么脆弱与苍白。新公共服务理论的运用将有利于打破档案工作者"把'档案工作为党和国家服务'狭义地理解为仅是'为领导服务'、'为机关服务'"，而陷入"对于为社会各界服务，为公众个人服务则认识不足，关注不够"[①] 的僵局与尴尬境地，使档案公共服务理念由"官本位"向"人本位"转变，以满足所有社会主体的档案利用诉求为最终目标，不断地提升公共服务能力与社会公众的满意度。与此同时，不仅要在档案资源的采集过程中关注社会所有主体所形成的档案信息资源，更要在服务的过程中关注所有社会主体的利用需求。因此，档案服务机构应该主动地、积极地开放那些与普通社会公众相关的档案信息资源，特别是那些与"人"有直接关联的档案信息资源，因为社会"人"为大，社会"人"为重，"人"才是这个社会的中心，如婚姻档案等对于普通社会公众而言就显得特别重要。新公共服务理论的运用将极大地促进档案服务机构在开展公共服务的过程中尽量做到档案公共服务贴近社会、反映生活，做到以"人"为本的服务理念，以"人"为中心的服务宗旨，形成正确的人本观。

（三）促进档案服务主体形成良好的价值观

"以人为中心，以服务为导向"的新公共服务理论使公共服务产生了民主和社会化倾向，引导档案公共服务不断走向社会化。而新公共服务视阈中

---

① 何振、易臣何、杨文：《档案公共服务的理念创新与功能拓展》，《档案学研究》2015年第3期。

安全、共建、共享、效能的价值导向，将成为档案服务社会化不可或缺且必须具备的价值追求目标[①]。基于新公共服务理论，档案信息资源的"公共物品"属性，以及为实现档案领域的"公共利益"价值诉求，决定了档案服务社会化必须坚持"开放与共享"的价值导向。即档案部门在提供服务上，必须以社会公众需求为导向，以公共利益的最大化为目标，以提高档案服务质量和效率为宗旨，以降低档案服务成本为出发点，尽量满足社会公众的需求。立足档案工作，运用社会和市场的力量，开展在社会领域的多元合作，适当引入第三方力量，形成以档案部门为主导、多种形式参与的新型档案服务提供机制[②]。要想实现档案公共利益最大化，就必须在档案服务社会化中强化档案信息资源"共建共享"的理念，有效激活社会公众自觉接受及主动参与档案信息服务的积极性与创造性，使档案信息服务工作更具准确性、针对性与实效性。此外，新公共服务理论认为公共行政的核心价值就是公平、公正。档案服务社会化无疑也要坚持这种价值导向。可以说，为社会公众提供公平优质的档案服务是档案服务社会化的充分体现，更是当前档案服务工作者理应追求的终极目标。因为给档案信息用户提供公平服务的过程，本质上也就是对每一位社会公民档案信息权益的尊重[③]。总的来说，新公共服务部分理论内涵有助于对档案服务原有的价值导向进行改进或重塑，促使档案服务主体形成良好的"共建共享""公平公正""面向社会服务"等价值观念，从而激励档案服务机制不断创新。

[①]　牛志伟：《新公共服务视阈下的档案社会化服务》，《档案》2017 年第 7 期。
[②]　李财富、刘东红：《略论档案服务社会化的基本原则》，《档案与建设》2013 年第 11 期。
[③]　李财富、杨晓晴：《档案服务社会化的伦理解读》，《档案学通讯》2010 年第 1 期。

第四章　信息治理视阈下档案服务质量优化控制的实然表征

　　只有了解与掌握了当前我国档案服务的现状，并对其进行科学、全面与合理的分析，才能为后面的进一步研究提供科学的依据与基础，也才能更加有针对性地提出一套完整的信息治理视阈下的档案服务质量优化控制策略。

第一节　调查思路

一、调查的理念

　　"社会公众档案服务需求及认知"以及"档案馆工作人员对本馆档案服务情况的评价"是本次调查的主题，旨在了解社会公众对档案服务的需求及对档案馆档案服务的认知情况以及我国档案馆档案服务的开展情况，最终目的是在现有数据分析的基础之上，了解社会公众对档案服务的需求，分析档案馆档案服务中存在的问题，有针对性地研究档案馆档案服务质量优化的路径，使档案馆能够更好地发挥社会公共文化机构、社会服务机构的价值。

　　在调查过程中，参照和结合了国内外相关档案服务优化的先进理论与经验，对调查所获得的数据进行科学合理的统计分析，找出各种现象之间的深层次数据关联，以此为基础研究影响档案服务发展的各种政治、经济、文化、社会因素，探讨档案馆档案服务优化的最佳路径。

二、调查对象及内容

调查对象：主要为社会公众和档案馆。对社会公众的调查主要是为了全面系统地了解我国社会公众对档案馆档案服务的需求和认知情况；对档案馆的调查主要是为了全面细致地了解我国档案馆服务开展的现状，以我国国家、省、市、县级为主要调查对象。由于受到客观条件的限制，不能对所有档案馆进行普及性调查，而是根据各档案馆的层次级别采用分层抽样的方法进行调查。调查问卷均通过问卷星进行网络发布，面向社会公众的问卷通过人际交互媒体、网络论坛等发布调查邀请，面向档案馆的问卷则通过电子邮件直接推送到各档案馆。

调查内容：对社会公众调查的内容主要包括社会公众的基本情况、对档案馆档案服务的认知情况、对档案馆档案服务的期待等方面。对档案馆调查的内容主要包括各档案馆的档案服务制度、服务理念、服务职责、服务定位、服务投入状态、服务优化措施、优化实现保障等方面。

第二节　基于社会公众的调查结果分析

以社会公众为对象的调查共收到 637 份来自不同区域、不同职业、不同受教育程度、不同年龄、不同性别的普通公众填写的有效问卷。

一、调查对象基本特征

本次调查所收集的样本中，男性占被调查总人数的 31.08%，女性占总人数的 68.92%，女性所占比例明显超过男性。问卷中将被调查者的年龄分为四个区段，从调查结果看，20~30岁的社会公众是本次被调查者的主体，共321人，占到总人数的50.39%；其次是31~45岁的被调查者，共150人，占到总人数的23.55%；20岁以下、45岁以上的被调查者所占比例相对略低，分别是14.6%、11.46%，被调查者呈年轻化特征。从文化程度来看，大部分的被调查者都接受过高等教育，其中54.63%的被调查者是本科文化程度，33.28%的被调查者是研究生文化程度，而大专、高中、中专、技校、初中等文化程度者所占比例较低，样本总体的受教育水平较高。

此次调查中所采集到的样本所从事的职业类型多样，有学生、教师、科研人员、企事业单位工作人员、政府工作人员、自由职业者等，其中在校学生所占比例最大，接近半数；其次是企事业单位工作人员，占到了总人数的21.82%；再次就是教师，占到总人数的16.01%；科研人员、政府工作人员、自由职业者、农业劳动者等所占比例较小。其中，67.96%的人在校所学专业或所从事的职业与档案学相关，32.04%的人在校所学专业或所从事的职业与档案学无关。具体数据见表4-1。

表4-1 样本的人口统计特征分布情况

特征变量	类型	样本数目	百分比	特征变量	类型	样本数目	百分比
性别	男	198	31.08%	专业或工作与档案学相关	是	384	67.96%
	女	439	68.92%		否	181	32.04%
年龄	20岁以下	93	14.6%	职业	学生	318	49.92%
	20~30岁	321	50.39%		教师	102	16.01%
	31~45岁	150	23.55%		科研人员	6	0.94%
	45岁以上	73	11.46%		企事业单位工作人员	139	21.82%
文化程度	初中及以下	10	1.57%		政府工作人员	28	4.4%

续表

特征变量	类型	样本数目	百分比	特征变量	类型	样本数目	百分比
文化程度	高中/中专/技校	22	3.45%	职业	农业劳动者	7	1.1%
	大专	45	7.06%		离退休人员	1	0.16%
	本科	348	54.63%		军人	1	0.16%
	研究生以上	212	33.28%		自由职业者	25	3.92%
					其他	10	1.57%

从被调查者所在区域来看，全国共 34 个省级行政区，此次被调查者来自 30 个行政区，另有两位来自境外的华人留学生，地域分布比较广泛。具体数据分布见表 4-2。

表 4-2　样本的人口统计区域分布情况

行政区	人数	百分比	行政区	人数	百分比
北京	12	1.88%	浙江	12	1.88%
上海	34	5.34%	江西	255	40%
天津	7	1.1%	福建	25	3.92%
重庆	6	0.94%	广东	35	5.49%
黑龙江	1	0.16%	广西	3	0.47%
吉林	41	6.44%	湖南	39	6.12%
辽宁	7	1.1%	湖北	13	2.04%
河北	11	1.73%	云南	5	0.78%
陕西	12	1.88%	贵州	10	1.57%
山西	2	0.31%	四川	8	1.26%
内蒙古	3	0.47%	青海	1	0.16%
山东	18	2.83%	西藏	1	0.16%
江苏	33	5.18%	新疆	2	0.31%
河南	13	2.04%	甘肃	3	0.47%
安徽	2	0.31%	海南	21	3.3%
日本	1	0.16%	荷兰	1	0.16%

根据以上统计结果，无论是性别、年龄、受教育程度，还是职业状况、单位性质、区域分布，调查对象都具有代表性，有助于了解、分析不同层面的、不同区域的社会公众对档案馆档案服务的认知和期待。

二、调查对象对档案馆及档案服务的认知

档案馆是负责接收、征集、整理、加工档案并开展档案服务的机构。随着国家强调政府机构的公开透明化，政府信息公开的力度越来越大，档案馆成为政府信息公开的窗口，社会公众可以在档案馆查询到大量的政府行政档案。另外，档案馆也在积极地融入国家公共文化服务体系中，档案馆馆藏的大量的科技、民生、历史等档案可以为社会公众的工作、生活提供便利和支持。但从调查结果来看，曾经去档案馆查询、利用过档案的人只占被调查者总数的 38.78%，大部分人都没有利用过档案。从年龄分布来看，20 岁以下的年轻人大部分都没有利用过档案，而随着年龄的增长，利用过档案的人数占其相应年龄段总人数的比例在不断增加，即年龄越大的人中利用过档案的比例更大，详细数据如表 4-3 所示。这是因为年轻人大部分都还在学习阶段（本次调查中 20 岁以下的 93 个被调查者中有 91 个为在校学生，另有 2 人为自由职业者）；但随着年龄的增长，生活、学习、工作中逐渐会有各种需要利用档案的情况。

表 4-3 不同年龄段人员的档案利用情况

X\Y	是	否	小计
20 岁以下	8（8.60%）	85（91.40%）	93
20~30 岁	92（28.66%）	229（71.34%）	321
30~45 岁	93（62%）	57（38%）	150
45 岁以上	54（73.97%）	19（26.03%）	73
合计	247（38.78%）	390（61.22%）	637

从受教育程度来看，受教育程度较高的人利用过档案的比例较大（详

细数据如表 4-4 所示），一方面原因是这部分人的信息意识更强，相对也更了解档案馆，遇到相关问题知道可以到档案馆查询利用档案信息；另一方面是因为这部分人的工作性质相对而言需要利用档案的机会更多。

表 4-4　不同受教育程度人员的档案利用情况

X\Y	是	否	小计
初中及以下	1（10%）	9（90%）	10
高中／中专／技校	4（18.18%）	18（81.82%）	22
大专	18（40%）	27（60%）	45
本科	105（30.17%）	243（69.83%）	348
研究生及以上	119（56.13%）	93（43.87%）	212
合计	247（38.78%）	390（61.22）	637

从所从事职业的角度来看，科研人员在本次被调查者当中所占比例较小，只有 6 人，但 6 人中有 5 人利用过档案；教师所占比例为 16.01%，其中 74.51% 的人利用过档案；政府工作人员在本次被调查者当中所占比例也较小，只有 28 人，但其中 64.29% 的人曾经利用过档案；企事业单位工作人员中有 48.92% 的人利用过档案，接近半数；被调查者中 7 名农业劳动者中有 2 位曾经利用过档案；25 位自由职业者中有 28% 的人利用过档案；而学生占到总被调查者人数的接近一半，但其中只有 21.7% 的人利用过档案；另外，被调查者当中的唯一一名退休人员曾经利用过档案，而其中唯一的军人则没有利用过档案。详细数据如表 4-5 所示。

表 4-5　不同职业人员的档案利用情况

X\Y	是	否	小计
学生	69（21.70%）	249（78.30%）	318（49.92%）
教师	76（74.51%）	26（25.49%）	102（16.01%）

续表

X\Y	是	否	小计
科研人员	5（83.33%）	1（16.67%）	6（0.94%）
企事业单位工作人员	68（48.92%）	71（51.08%）	139（21.82%）
政府工作人员	18（64.29%）	10（35.71%）	28（4.4%）
农业劳动者	2（28.57%）	5（71.43%）	7（1.1%）
离退休人员	1（100%）	0（0.00%）	1（0.16%）
军人	0（0.00%）	1（100%）	1（0.16%）
个体经营者（自由职业者）	7（28%）	18（72%）	25（3.92%）
其他	1（10%）	9（90%）	10（1.57%）
合计	247（38.78%）	390（61.22）	637（100%）

从所学专业或所从事的工作是否与档案学相关的角度来看，所学专业或所从事的工作与档案学相关的人利用过档案的比例明显高于专业或工作与档案学不相关的人，说明在社会公众中普及档案意识和档案知识是非常有必要的。具体数据如表4-6所示。

表4-6　专业或工作与档案学是否相关与档案利用情况

X\Y	利用过档案	没有利用过档案	小计
相关	199（46.39%）	230（53.61%）	429
不相关	48（23.08%）	160（76.92%）	208

从表4-7中的数据可以看到，在所有利用过档案的人中，利用档案的目的主要是管理工作需要、科研/学习需要或查证需要，而具有档案学教育背景或工作经历的人利用档案进行科研/学习的比例相比较没有这些经历的人要大得多。选择"其他"选项的被调查者去档案馆的原因主要是人事调动或升学而需要办理档案调动手续。而在所有被调查者中，只有8人曾经利用档案进行文化休闲。

表 4-7　去档案馆利用档案的目的情况

目的	管理工作需要	科研 / 学习需要	查证需要	文化休闲	其他	小计
人数	78（31.58%）	110（44.53%）	86（34.82%）	8（3.24%）	5（2.02%）	247

表 4-8 是不同职业的人利用档案的目的分布情况，学生利用档案的原因主要是进行科研 / 学习的需要；教师利用档案的原因多样，首先是查证需要，其次是科研 / 学习的需要，再次是管理工作的需要；本次调查中，科研人员占所有被调查者的比例较小，利用过档案的 5 人中都是出于科研 / 学习的需要；企事业单位的工作人员利用档案的原因主要是管理工作需要，然后是查证需要，科研 / 学习的比例略低；政府工作人员利用档案的目的则主要是查证需要，然后是管理工作的需要；其他职业的人利用档案也多是因为查证需要。从表中可以看到，职业的不同会影响到社会公众档案信息的需求，但科研 / 学习需要、查证需要、管理工作需要仍然是去档案馆查询、利用档案信息的主要原因。文化休闲暂时没有成为社会公众利用档案的出发点，一方面是档案馆没有做好这方面的工作，另一方面社会公众也还没有这方面的意识。

表 4-8　不同职业的人利用档案的目的分布情况

X\Y	管理工作需要	科研 / 学习需要	查证需要	文化休闲	其他	小计
学生	9（13.04%）	53（76.81%）	10（14.49%）	1（1.45%）	2（2.9%）	69
教师	30（39.47%）	31（40.79%）	32（42.11%）	2（2.63%）	2（2.63%）	76
科研人员	0（0.00%）	5（100%）	0（0.00%）	0（0.00%）	0（0.00%）	5
企事业单位工作人员	31（45.59%）	15（22.06%）	29（42.65%）	3（4.41%）	1（1.47%）	68
政府工作人员	8（44.44%）	3（16.67%）	9（50%）	0（0.00%）	0（0.00%）	18

续表

X\Y	管理工作 需要	科研/ 学习需要	查证需要	文化休闲	其他	小计
农业 劳动者	0（0.00%）	0（0.00%）	1（50%）	1（50%）	0（0.00%）	2
离退休 人员	0（0.00%）	0（0.00%）	1（100%）	0（0.00%）	0（0.00%）	1
个体 经营者 （自由 职业者）	0（0.00%）	2（28.57%）	4（57.14%）	1（14.29%）	0（0.00%）	7
其他	0（0.00%）	1（100%）	0（0.00%）	0（0.00%）	0（0.00%）	1

　　从表4-9中的数据可以看到，对于所有没有利用过档案的人，他们没有利用的原因大部分人都是没有利用档案的需求，或者没有意识到有些信息需求是可以通过到档案馆查询档案、咨询等方式来满足的。另有少部分人没有利用过档案的原因是不知道有档案馆，或者不知道档案馆在哪里，或者不知道档案馆有没有所需要的档案，甚至有被调查者提到"不知道档案馆让不让我进"。所以档案馆要在档案服务方面开拓新局面，还需要加大宣传的力度。

表4-9　没有去档案馆利用档案的原因

原因	没有需要	不知道有档案馆	不知道档案馆在哪里	不知道档案馆有没有我需要的档案	其他	小计
人数	301（77.18%）	11（2.82%）	22（5.64%）	46（11.79%）	10（2.56%）	390

　　表4-10是247名利用过档案的被调查者所去的档案馆类型分布情况。从地域来看，大部分被调查者都是到当地档案馆查询利用档案，有5位被调查者曾经去国外的档案馆查询利用档案，其中三位是高校教师，一位是在国外留学的学生，一位是企事业单位工作人员。从地域关系来看，超过半数的被调查者是到工作所在地的档案馆查询利用档案，其次32.79%的被

调查者是在学习所在地的档案馆查询利用档案，其次是 13.77% 的被调查者是在出生地的档案馆查询利用档案，另有部分被调查者是到调研地、游学地、实习地、工作相关地的档案馆查询利用档案；进一步分析调查数据发现，因为管理工作需要、查证需要而去档案馆查询利用档案的被调查者主要是去工作所在地档案馆，而因科研／学习需要而去档案馆查询利用档案的被调查者所去的档案馆的地域范围较广。从档案馆级别来看，更多的是到省级和市级档案馆查询利用档案，到国家级和县级档案馆查询利用档案的人相对较少，另有部分被调查者是去其他档案馆查询利用档案，占到总人数的 16.19%。从档案馆类型来看，大部分被调查者都是去综合档案馆查询利用档案，占到总人数的 72.06%，其次是其他档案馆的利用人数较多，另有部分被调查者曾经去相关职能单位的档案部门查询利用档案，如房产档案、工商注册档案、人事档案等。从调查数据可以看到，各级别、各类型档案馆都有接待用户的查询利用，只是因为用户利用档案的目的及各档案馆馆藏资源的区别，各档案馆接待的用户数量不同。

表 4-10 利用过的档案馆类型分布情况

档案馆地域	人数	地域关系	人数	档案馆级别	人数	档案馆类型	人数
本地档案馆	219（88.66%）	出生地	34（13.77%）	国家级档案馆	20（8.1%）	综合档案馆	178（72.06%）
外地档案馆	42（17%）	求学地	81（32.79%）	省级档案馆	110（44.53%）	城建档案馆	25（10.12%）
国外档案馆	5（2.02%）	工作地	131（53.04%）	市级档案馆	89（36.03%）	高校档案馆	83（33.6%）
		与家人相关地	4（1.62%）	县级档案馆	32（12.96%）	企业档案馆	15（6.07%）
		其他	14（5.67%）	其他档案馆	40（16.19%）	电影档案馆	1（0.4%）
						其他专业档案馆	11（4.45%）

被调查者去了各种类型的档案馆查询利用档案,其中87.85%的人的需求都得到了满足,只有12.15%的人的需求没有得到满足。需求得到满足的被调查者中41.94%的人表示会继续去档案馆查询利用档案,其中大部分人利用档案的目的都是科研学习;而其余58.06%的人表示不会再去档案馆查询利用档案,其中大部分人利用档案的目的是查证需要、管理工作需要,可见如果在工作、生活中没有被激发出新的需求,他们不会主动去档案馆。去档案馆查询利用档案但没有满足需求的被调查者得到的解释包括没有查到、不在本馆保存、单位尚未移交或保密未开放。详细数据如表4-11所示。

表4-11　去档案馆查询利用档案的结果

去档案馆是否满足了需求				
是	217（87.85%）	否		30（12.15%）
是否会再去档案馆查询利用档案	A 是	91（41.94%）	没有满足需求时档案馆的答复	没有查到	10（33.33%）
				您要查的档案不在本馆保存	13（43.33%）
	B 否	126（58.06%）		您查的档案尚未移交档案馆	4（13.33%）
				其他	3（10%）

曾经到档案馆查询利用过档案的被调查者中72.07%的人对档案馆的服务质量表示满意,剩下27.93%的人表示一般或不满意,不满意的原因主要在于其需求没有得到满足或查询利用的不便利,如手续烦琐、限制过多等。详细数据如表4-12所示。

表4-12　对档案馆服务质量是否满意及不满意的原因

是否满意	人数	不满意的原因	人数
非常满意	51（20.65%）	没查到所需档案	20（28.57%）
满意	127（51.42%）	查到的档案与希望的结果不符	15（21.43%）

续表

是否满意	人数	不满意的原因	人数
一般	62（25.1%）	档案馆不按个人需要出具证明	4（5.71%）
不满意	6（2.43%）	工作人员未经查询就说没有	4（5.71%）
非常不满意	1（0.4%）	工作人员态度不好	8（11.43%）
有效填写人次	247	查询手续烦琐	12（17.14%）
		其他	7（10%）
		有效填写人次	70

　　表4-13是被调查者对档案价值的认知情况，从表中可以看出大部分的被调查者都认为档案馆所保存的档案对国家、民族、社会，对机构、企业、团体、组织都非常重要，档案馆能够为支持社会经济、政治和文化发展提供可靠的档案信息资源，可见大部分的社会公众对档案馆、档案的作用都有比较清晰的认知。由于我国档案馆长久以来收集、保存个人、家庭的档案比较少，为个人、家庭建档对档案事业发展也是较新的事物，所以尚有部分被调查者没有认识到档案对个人、家庭的重要性。

表4-13 对档案价值的认知情况

选项	档案馆所保存的档案对民族、社会、国家等而言是否重要	档案馆所保存的档案对机构、企业、团体、组织等而言是否重要	档案馆所保存的档案对个人、家庭而言是否重要	档案馆能够为社会经济、政治、文化发展提供可靠的档案信息资源	
影响较大，很重要	602（94.51%）	584（91.68%）	456（71.59%）	是	607（95.29%）
一般，没有大影响	34（5.34%）	50（7.85%）	169（26.53%）	否	11（1.73%）
没有任何价值	1（0.16%）	3（0.47%）	12（1.88%）	不知道	19（2.98%）
总人数	637				

三、调查对象对档案服务质量的期待

（一）对档案馆选址的期待

如表 4-14 所示，在档案馆地理位置的选择方面，68.76% 的被调查者希望作为文化机构的档案馆其场馆建设应该选在文化场所集中的区域，如与图书馆、博物馆、艺术中心等毗邻，以形成城市的公共文化中心，方便社会公众的相关文化活动。其中学生、教师、科研人员认同该观点的比例更高；而政府工作人员、企事业单位工作人员认同该观点的比例则相对略低，分别是 53.57%、61.87%。这与他们对档案馆价值的认知以及他们的工作性质有关，政府工作人员和企事业单位工作人员认为档案馆所保存的档案对国家、民族、社会、组织的价值要远大于对个人的价值，而且他们在日常工作中经常需要到档案馆查询利用档案，因此他们更多地认为公共档案馆是保存并查询政府行政档案的场所，所以他们中更大比例的人认为档案馆应该建在党政机关集中区域。在被调查者总体中，认为档案馆应该建在党政机关集中区域的人占到总人数的 18.21%，这与档案馆的馆藏结构有关，即以来自政府的行政文件为主，同时也与长久以来档案馆在社会公众中的印象有关，即档案馆属于国家行政机关、位居政府行政大院、戒备森严。6.91% 的被调查者认为档案馆应该建在人口密集的繁华区域，如此让更多的人看到档案馆，进而了解、熟悉档案馆。5.18% 的被调查者认为档案馆应该建设在城市新建功能区域，如此档案馆建设不会受到固有城市规划和建设的限制，这将有利于其充分考虑未来发展趋势，重新设计布局。另有被调查者特别强调档案馆应该建设在交通便利的区域，方便居住在城市不同区域的社会公众前往档案馆。总之，在场馆选址方面，档案馆应该综合考虑各方面因素，如与其他文化机构的相互协作、档案馆功能发挥及未来可能的发展趋势、公共交通、公共设施等。

表 4-14 对档案馆选址的期待分布情况

X\Y	党政机关集中区域	人口密集繁华区域	城市新建功能区域	文化场所集中区域（如与图书馆、博物馆等毗邻）	其他	小计
学生	57（17.92%）	15（4.72%）	11（3.46%）	234（73.58%）	1（0.31%）	318
教师	13（12.75%）	13（12.75%）	3（2.94%）	72（70.59%）	1（0.98%）	102
科研人员	0（0.00%）	1（16.67%）	0（0.00%）	5（83.33%）	0（0.00%）	6
企事业单位工作人员	28（20.14%）	9（6.47%）	14（10.07%）	86（61.87%）	2（1.44%）	139
政府工作人员	7（25%）	4（14.29%）	2（7.14%）	15（53.57%）	0（0.00%）	28
农业劳动者	2（28.57%）	1（14.29%）	1（14.29%）	3（42.86%）	0（0.00%）	7
离退休人员	0（0.00%）	1（100%）	0（0.00%）	0（0.00%）	0（0.00%）	1
军人	0（0.00%）	0（0.00%）	0（0.00%）	1（100%）	0（0.00%）	1
个体经营者（自由职业者）	6（24%）	0（0.00%）	1（4%）	16（64%）	2（8%）	25
其他	3（30%）	0（0.00%）	1（10%）	6（60%）	0（0.00%）	10
小计	116（18.21%）	44（6.91%）	33（5.18%）	438（68.76%）	6（0.94%）	637

（二）对档案馆提供档案服务方式的期待

档案馆面向社会公众提供的档案服务包括档案信息利用、复印、咨询服务、网上查询服务、出具档案证明、档案知识培训及讲座服务、家庭档案指导、展览教育等。在所有这些档案服务中，被调查者们仍然以档案馆的基本服务项目为需求主体，即档案信息利用、复印、咨询服务、网上查询和出具档案证明。其中89.32%的被调查者期待能够通过网络查询档案信息，方便社会公众足不出户就能利用档案信息，节约时间、减少往返档案馆的次数。其次半数左右的被调查者期待档案馆能够提供档案知识培训及讲座服务、家庭档案指导、展览教育、学术交流和文化休闲，期待社会课堂的被调查者比例略低，为39.87%，相对而言，这些对档案馆都属于较新或受众面较小的服务方式。

不同职业的被调查者对不同类型档案信息服务方式的需求略有差异，在学术交流型的档案信息服务方面，教师的需求比例要高于其他职业人群；对于文化休闲的档案信息服务形式，相对而言更感兴趣的是年轻学生和企事业单位工作人员，比例超过半数；对于以社会课堂形式提供的档案信息服务，教师和企事业单位工作人员的需求比例更高；教师对于展览教育、家庭档案指导、档案知识培训及档案讲座及出具档案证明的需求比例略高于其他职业的被调查者。详细数据如表4-15所示。

是否有档案学教育或档案管理工作经历不会对被调查者的档案信息利用、复印、咨询服务、网上查询服务、出具档案证明的需求产生较大影响，但对于提供档案知识培训及讲座服务、家庭档案指导、展览教育、社会课堂、学术交流、文化休闲等服务方式，有着档案学教育或档案管理工作经历的人要比没有此类经历的人的需求比例更大，这是因为他们更为了解档案馆及其馆藏的档案资源。具体数据如表4-16所示。

表4-15　对档案馆提供档案服务方式的期待分布情况

XY	1	2	3	4	5	6	7	8	9	小计
学生	273（85.85%）	285（89.62%）	235（73.90%）	164（51.57）	158（49.69）	167（52.52%）	115（36.16%）	154（48.43%）	161（50.63%）	318
教师	90（88.24%）	92（90.20%）	84（82.35%）	60（58.82%）	56（54.90%）	59（57.84%）	48（47.06%）	60（58.82%）	47（46.08%）	102
科研人员	6（100%）	4（66.67%）	4（66.67%）	3（50%）	4（66.67%）	4（66.67%）	4（66.67%）	4（66.67%）	2（33.33%）	6
企事业单位	115（82.73%）	128（92.09%）	108（77.70%）	79（56.83）	69（49.64%）	75（53.96%）	67（48.20%）	64（46.04%）	71（51.08%）	139
政府工作人员	25（89.29%）	26（92.86%）	20（71.43%）	14（50%）	17（60.71%）	17（60.71%）	13（46.43%）	14（50%）	14（50%）	28
农业劳动者	5（71.43%）	5（71.43%）	3（42.86%）	1（14.29%）	3（42.86%）	1（14.29%）	1（14.29%）	1（14.29%）	1（14.29%）	7
离退休人员	1（100%）	0（0.00%）	0（0.00%）	0（0.00%）	0（0.00%）	0（0.00%）	0（0.00%）	0（0.00%）	0（0.00%）	1
军人	0（0.00%）	1（100%）	0（0.00%）	0（0.00%）	0（0.00%）	0（0.00%）	0（0.00%）	0（0.00%）	0（0.00%）	1
自由职业者	20（80%）	19（76%）	17（68%）	6（24%）	8（32%）	7（28%）	4（16%）	4（16%）	6（24%）	25
其他	9（90%）	9（90%）	6（60%）	5（50%）	5（50%）	5（50%）	2（20%）	4（40%）	4（40%）	10
小计	544（85.4%）	569（89.32%）	477（74.88%）	332（52.12%）	320（50.24%）	335（52.59%）	254（39.87%）	305（47.88%）	306（48.04%）	637

注：1.档案信息利用、复印、咨询等服务，2.提供网上查询服务，3.出具档案证明，4.提供档案知识培训及讲座服务，5.家庭档案指导，6.展览教育，7.社会课堂，8.学术交流，9.文化休闲。

表 4-16　学习或工作与档案学相关或不相关的人对档案服务的期待分布情况

X\Y	学习或工作与档案学相关与否		小计
	是	否	
档案信息利用、复印、咨询等服务	366（85.31%）	178（85.58%）	544（85.4%）
提供网上查询服务	388（90.44%）	181（87.02%）	569（89.32%）
出具档案证明	319（74.36%）	158（75.96%）	477（74.88%）
提供档案知识培训及讲座服务	230（53.61%）	102（49.04%）	332（52.12%）
家庭档案指导	224（52.21%）	96（46.15%）	320（50.24%）
展览教育	244（56.88%）	91（43.75%）	335（52.59%）
社会课堂	184（42.89%）	70（33.65%）	254（39.87%）
学术交流	223（51.98%）	82（39.42%）	305（47.88%）
文化休闲	229（53.38%）	77（37.02%）	306（48.04%）
小计	429	208	637

（三）对档案馆服务媒介的期待

随着互联网的普及以及社交媒体的不断发展，各政府部门、服务机构都竞相借助互联网和社交媒体面向社会公众提供服务。在本次调查中，总体上被调查者们更倾向于借助网络和社交媒体获取档案馆提供的档案信息服务，尤以社交媒体最受欢迎，而愿意采用传统的到馆查询方式获取档案信息服务的被调查者比例较低。不同职业的被调查者对档案馆服务媒介的期待略有差异。学生主要选择社交媒体，选择门户网站的比例较低，而选择传统到馆查询方式的则只占到总人数的 13.21%。教师对社交媒体和门户网站的选择基本没有差异，比例在 60% 左右，但教师中的 28.43% 还选择了传统的到馆查询，一方面说明有些档案服务的需求，比如出具档案证明，还是必须到馆办理的；另一方面也说明对于有些档案，他们还是希望能够看到实物。其他职业的被调查者与学生或教师的选择相似。因此档案馆需要继续保留传统的服务方式，同时紧跟技术发展的脚步，运用新技术扩展档案服务的天地。详细数据如表 4-17 所示。

表 4-17　对档案馆服务媒介的期待分布情况

X\Y	传统的档案馆查阅服务	通过社交媒体（如微信公众号、APP等）开展的档案服务	借助门户网站，通过档案管理系统的档案服务	人次
学生	42（13.21%）	211（66.35%）	127（39.94%）	318
教师	29（28.43%）	61（59.80%）	62（60.78%）	102
科研人员	1（16.67%）	2（33.33%）	3（50%）	6
企事业单位工作人员	15（10.79%）	91（65.47%）	75（53.96%）	139
政府工作人员	4（14.29%）	20（71.43%）	12（42.86%）	28
农业劳动者	1（14.29%）	5（71.43%）	1（14.29%）	7
离退休人员	0（0.00%）	1（100%）	0（0.00%）	1
军人	0（0.00%）	1（100%）	0（0.00%）	1
个体经营者（自由职业者）	8（32%）	15（60%）	13（52%）	25
其他	3（30%）	9（90%）	6（60%）	10
人次	103（16.17%）	416（65.31%）	299（46.94%）	637

（四）对档案服务创新的期待

对于档案服务创新方面的期待，本次调查给出了四个选项，一是开发档案智能服务系统，这是未来档案服务的发展方向之一，系统将会在与用户的交互过程中了解用户的需求并提供满足用户需求的档案信息，同时当用户需求不明确时能够通过提问引导用户逐渐明晰需求进而满足需求；二是实现跨地区联动服务，目前各档案馆提供的档案服务建立在各自馆藏资源的基础上，而各档案馆会由于历史的因素、区域的因素形成自己独特的馆藏资源，同时也会有同类档案资源，这些资源都只能分别到各档案馆或其网站查询利用，而由于我国区域范围非常大，档案馆数量也很多，对于某些特定档案资源会在哪些档案馆保管用户不一定清楚，所以，为了方便档案用户一站式获取到档案信息资源，跨地区、跨部门联动服务也将是档案服务发展方向之一；三是为档案用户提供定制档案服务，对于档案资源，一般用户会有基本的服务需求，如复制、查证等，但针对特定用户的特定需求开展个性化服务将是档案服务的必然发展趋势；四是提供档案文化创意产品服务，档案作为重要的文化资源之一，其创意产品的开发和推广有利于社会记忆的传承、国家文化的传播，是创新档案服务形式的重要途径。从调查数据来看（见表4-18），被调查者更为期待开发档案智能服务系统、实现跨地区联动服务，而对于为用户提供定制档案服务和提供档案文化创意产品服务的期待指数相对略低，主要原因在于目前很多社会公众还没有被激发出定制档案服务的需求，而档案文化创意产品相对而言还属于新生事物，社会公众了解得也不多，但追求时尚、乐于接受新事物的年轻人对档案文化创意产品服务则比较期待。

表 4-18　对档案服务创新的期待分布情况

X\Y	开发档案智能服务系统	实现跨地区联动服务	为档案用户提供定制档案服务	提供档案文化创意产品服务	人次
学生	285（89.62%）	264（83.02%）	209（65.72%）	230（72.33%）	318
教师	91（89.22%）	89（87.25%）	71（69.61%）	62（60.78%）	102
科研人员	5（83.33%）	4（66.67%）	1（16.67%）	2（33.33%）	6
企事业单位工作人员	122（87.77%）	118（84.89%）	87（62.59%）	84（60.43%）	139
政府工作人员	25（89.29%）	23（82.14%）	19（67.86%）	18（64.29%）	28
农业劳动者	4（57.14%）	4（57.14%）	3（42.86%）	2（28.57%）	7
离退休人员	1（100%）	0（0.00%）	0（0.00%）	0（0.00%）	1
军人	0（0.00%）	0（0.00%）	1（100%）	0（0.00%）	1
个体经营者（自由职业者）	22（88%）	20（80%）	14（56%）	11（44%）	25
其他	9（90%）	7（70%）	7（70%）	7（70%）	10
人次	564（88.54%）	529（83.05%）	412（64.68%）	416（65.31%）	637

（五）对档案服务内容的期待

在对档案服务内容的期待方面，历史档案资料成为被调查者首选的档案服务内容，81%的被调查者选择了历史档案资料，档案馆中确实收藏了丰富的历史档案资料，它们是历史研究、历史文化挖掘的主要依据，历史学者也一直是档案馆所接待的利用档案的主要人群；随着社会生活水平的提高以及文化意识的增强，普通社会公众也有了关注历史、关注文化发展的需求，公共档案馆所保存的历史档案将满足社会公众的这部分需求。民生类档案（如婚姻档案、公证档案、人事调配档案等）、文化、教育、卫生等机构所形成的档案、财政金融档案、政协、民主党派、群众团体和宗教团体档案与人们的生活密切相关，越来越多的社会公众需要利用这些档案提供证明。政府政务档案和政府现行文件包含经济、科技、文化等各类涉及民生的信息，政府工作人员在日常工作中需要查询利用这部分档案，而随着社会公众信息意识的不断增强，其对这些方面的档案信息的需求量也在不断增长。另外，43.49%的被调查者需要获取家庭档案信息，这反映出社会公众在生活水平达到一定高度时开始关注个人记忆、家庭记忆、家族文化。另有少部分被调查者认为只要不涉密的档案都应该公开提供利用。详细数据如表4-19所示。

表 4-19　对档案服务内容的期待分布情况

选项	人次	比例
历史档案资料	516	81%
民生类档案	423	66.41%
财政金融档案	275	43.17%
文化、教育、卫生等机构档案	448	70.33%
政府政务档案	304	47.72%
现行文件	268	42.07%
政协、民主党派、群众团体和宗教团体档案	210	32.97%

续表

选项	人次	比例
家庭档案	277	43.49%
其他	2	0.31%
本题有效填写人次	637	

（六）对档案馆网站的认知及期待

档案馆网站是信息时代网络环境下社会公众获取档案领域相关信息、获取档案信息、与档案馆交流的重要途径。对档案馆网站利用情况的调查结果显示，63.27%的被调查者登录过档案馆网站，其中24.18%的被调查者对档案馆网站的建设情况表示认可，其余39.09%的被调查者则认为档案馆网站建设一般或比较枯燥；36.73%的被调查者没有登录过档案馆网站，其中没有档案学教育背景或档案管理工作经历的被调查者中则有70.67%的人没有登录过档案馆网站，远高于有档案学教育或工作经历的人，具体数据如表4-20所示。因此，档案馆要想通过网站建设扩大其社会影响力，成为传播档案信息、传播民族文化的重要阵地，还需要进一步加强网站建设，丰富网站档案信息内容。

表4-20 对公共档案馆网站的认知分布情况

X\Y		上过，觉得不错	上过，觉得一般	上过，觉得有些枯燥	没上过	人次
学习或工作与档案学相关与否	是	130（30.30%）	168（39.16%）	44（10.26%）	87（20.28%）	429
	否	24（11.54%）	27（12.98%）	10（4.81%）	147（70.67%）	208
人次		154（24.18%）	195（30.61%）	54（8.48%）	234（36.73%）	637

在曾经登录过档案馆网站的403位被调查者当中，11.41%的人认为通

过档案馆网站能够满足其获取档案信息的需求，49.88% 的人认为基本能满足其需求，而 29.03% 的人通过档案馆网站没有获得令其满意的档案信息，另有 9.68% 的人虽然曾经登录过档案馆网站，但只是浏览相关信息，并没有查询过档案信息（具体数据见表 4-21）。档案馆网站在资源建设以及网站功能方面还有待进一步提高。

表 4-21　档案馆网站能否满足需求的认知分析

X\Y		能	基本能	不能	没有查询过	人次
是否上过档案馆网站	上过，觉得不错	39（25.32%）	83（53.90%）	20（12.99%）	12（7.79%）	154
	上过，觉得一般	5（2.56%）	94（48.21%）	75（38.46%）	21（10.77%）	195
	上过，觉得有些枯燥	2（3.70%）	24（44.44%）	22（40.74%）	6（11.11%）	54
人次		46（11.41%）	201（49.88%）	117（29.03%）	39（9.68%）	403

随着互联网络的发展，各政府部门、职能机关纷纷通过部门网站为社会公众提供各种职能服务，社会公众也希望能够足不出户就能够处理各种事务、享受各种服务。对于档案馆网站，在此次调查中，大部分被调查者希望能够实现跨库、跨地区的查询，被调查者仍然认为档案馆网站首先应该提供历史档案的查询，其次是提供政府现行文件公开服务、中外历史名人档案查询，对于查询到的信息提供在线下载和打印；并希望档案馆网站能够借助各种互动媒体实现与用户的无障碍沟通交流，为用户提供实时的信息咨询。被调查者们还提出公共档案馆网站应及时发布各类档案新闻、动态，对公共档案馆开展的各项展览、讲座等及时通过网站发布、宣传，具体数据如表 4-22 所示。

表 4-22　对档案馆网站提供服务的期待分布情况

选项	人次	比例
政府现行文件公开服务	479	75.2%
中外历史名人档案查询	445	69.86%
历史档案查询	509	79.91%
信息咨询	446	70.02%
在线下载、打印等	446	70.02%
跨库、跨地区查询	440	69.07%
其他	4	0.63%
本题有效填写人次	637	

　　登录档案馆网站查询档案并满足了需求的被调查者认为档案馆网站首先应该加快网站内容的更新速度，及时更新档案界的新闻动态并根据档案馆馆藏的内容更新及时更新网站数据库，让社会公众通过档案网站能够获取到最新的档案信息；其次要加大宣传力度，让社会公众了解档案馆、了解档案资源、了解档案网站及其所能够提供的信息和服务；再次要加强档案信息资源内容建设，丰富资源类型、完善档案内容；最后是提高网页设计质量，让社会公众面对档案网站有良好的视觉效果和使用体验。登录档案馆网站并对其表示基本满意的被调查者对档案网站优化的期待与满足了其需求的被调查者的期待相似，他们也认为档案网站应该首先加快更新速度、加大宣传力度、加强档案信息资源内容建设，不过他们的期待表现得更强烈些。而登录档案网站并没有获得满足需求的被调查者则强调档案馆网站应加快更新速度、加强档案信息资源内容的建设。登录过档案网站并没有查询过档案信息的被调查者更加强调的是档案信息资源内容的建设以及档案网站的宣传力度。具体数据如表 4-23 所示。另有被调查者提出档案网站应该加强线上数据库建设、深度挖掘档案信息内容、优化信息组织方式和信息检索功能，便于社会公众从多种途径入手查询、筛选档案信息内容，并完善用户信息反馈机制，

与用户建立及时、有效的互动。

表 4-23　对档案馆网站的期待分布情况

X\Y		内容	网页设计	更新速度	宣传力度	其他	人次
档案馆网站查询到的档案能满足要求	能	25（54.35%）	18（39.13%）	29（63.04%）	26（56.52%）	1（2.17%）	46
	基本能	136（67.66%）	133（66.17%）	154（76.62%）	144（71.64%）	2（1.00%）	201
	不能	93（79.49%）	64（54.70%）	95（81.20%）	68（58.12%）	3（2.56%）	117
	没有查询过	29（74.36%）	18（46.15%）	22（56.41%）	28（71.79%）	2（5.13%）	39
人次		283（70.22%）	233（57.82%）	300（74.44%）	266（66%）	8（1.99%）	

（七）对档案服务质量提升的期待

对于档案馆提供的档案服务可能存在的问题的调查显示，80.85% 的被调查者认同档案资源内容孤岛化，即各档案馆仍在单独面向社会公众提供服务，没有实现跨部门、跨区域的资源融合、服务融合，所以部分用户的多样化、综合性档案需求很难得到满足。75.35% 的被调查者认同档案信息检索方式单一，即不能提供多角度的信息检索入口，当用户掌握信息不充分时，要检索到所需要的档案信息则相对比较困难。51.96% 的被调查者认同档案工作者业务素质难以与用户较高的体验要求相匹配，即部分用户需要的服务不是简单的原件查询、复制等服务，而是档案信息中知识的挖掘。有 7.54% 的被调查者对档案馆提供的档案服务很满意，没有任何问题。具体数据如表4-24 所示。另有部分被调查者提出档案馆的档案公开范围不够明确，已经解密可以公开的部分档案仍未公开或公开不完全；档案信息加工的深度和多样性不足，服务集中于档案原件信息的提供。

表 4-24　档案服务中存在的问题分布情况

选　项	人次	比例
检索方式单一与用户利用便捷之间存在矛盾	480	75.35%
档案资源内容孤岛化与用户多样化需求之间存在矛盾	515	80.85%
档案工作者业务素养较低与用户体验要求较高之间存在矛盾	331	51.96%
没有任何问题，很满意	48	7.54%
其他	9	1.41%
本题有效填写人次	637	

　　对于档案馆提升档案服务质量的途径，本次调查设置了 6 个选项，分别从资源建设、技术应用、人才培养、服务方式等方面了解被调查者的期待。在资源建设方面，78.65% 的被调查者认同档案馆应该"完善档案信息资源建设，提供优质的档案服务内容"，60.13% 的被调查者认同应该"加强档案机构之间的协作以及资源的配置"，即各档案馆首先应该从内容和形式两方面完善馆藏，加强对馆藏档案的深度开发。其次，各档案机构之间应协同合作，共同为社会公众提供综合性的、高质量的档案信息。在技术应用方面，81.16% 的被调查者认同档案馆应该充分运用信息技术，提高档案信息服务质量，减少利用者的时间成本，如通过网络数据库用户可以随时随地查阅所需档案，利用自媒体交互平台用户可以即时地向档案馆工作人员咨询相关问题。在人才培养方面，60.6% 的被调查者认同档案馆要"加强服务人员的能力提升及服务意识的培养"，61.54% 的被调查者认同档案馆工作人员要"转变服务观念，变被动服务为主动服务"，即档案馆及其工作人员要明确其服务性的工作性质，能够针对不同需求的用户提供相应的服务，能够敏锐地发现信息点，把档案服务主动推送给需要的部门或个人。在服务方式方面，79.43% 的被调查者认同档案馆应该"简化档案利用手续，提升档案服务效率"，如根据档案密级的不同设置不同的利用规则，对非涉密档案尽量简化利用手续，为用户提供便捷服务。详细数据如表 4-25 所示。

表 4-25　档案馆提升档案服务质量的途径

选　项	人次	比例
简化档案利用手续，提升档案服务效率	506	79.43%
完善档案信息资源建设，提供优质的档案服务内容	501	78.65%
充分运用信息技术，减少利用者的时间成本	517	81.16%
加强服务人员的能力提升及服务意识的培养	386	60.6%
转变服务观念，变被动服务为主动服务	392	61.54%
加强对档案机构之间的协作以及资源的配置	383	60.13%
本题有效填写人次	637	

第三节　基于档案馆的调查结果分析

以档案馆为对象的调查共收到 117 份来自不同区域、不同层次档案馆的不同职位的工作人员填写的有效问卷。

一、调查对象基本特征

（一）被调查档案馆的地域分布

本次针对档案馆的问卷调查回收的有效问卷来自于全国 20 个省、直辖市，地域分布广泛，涉及了沿海地区和内陆地区、经济发达地区和欠发达地区。其中全国 4 个直辖市均有有效问卷返回，来自江西和福建两省的问卷数量较多，占了总体问卷数量的 55.56%，问卷来自多个城市的档案馆及同一城市不同城区的档案馆，如四川省雅安市雨城区公共档案馆。具体数据及分布见图 4-1、表 4-26。

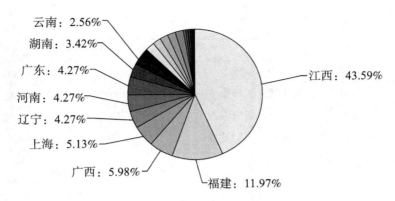

图 4-1　被调查档案馆的区域分布情况

表 4-26　被调查档案馆的区域分布情况

省市	数量	百分比	具体城市
江西	51	43.59%	上饶、南昌、宜春、吉安、景德镇、九江、抚州、赣州、萍乡、鹰潭
福建	14	11.97%	福州、泉州
广西	7	5.98%	南宁、玉林、北海、防城港
上海	6	5.13%	上海
辽宁	5	4.27%	沈阳、本溪、锦州
河南	5	4.27%	鹤壁、许昌、郑州、周口、驻马店
广东	5	4.27%	广东、汕头、深圳、东莞
湖南	4	3.42%	长沙
云南	3	2.56%	大理、德宏、昆明
江苏	2	1.71%	南京
重庆	2	1.71%	重庆
天津	2	1.71%	天津
北京	2	1.71%	北京
湖北	2	1.71%	武汉
河北	2	1.71%	保定、秦皇岛
安徽	1	0.85%	合肥
吉林	1	0.85%	吉林

续表

省市	数量	百分比	具体城市
山东	1	0.85%	青岛
山西	1	0.85%	运城
浙江	1	0.85%	杭州
合计	117	100%	

（二）被调查档案馆的级别分布

本次针对公共档案馆的问卷调查中回收的有效问卷中，不同层次的档案馆都有涉及且分布合理。其中从国家级档案馆中收回 4 份有效问卷，其余从省级、市级、区县级档案馆收回的有效问卷占总体有效问卷的比例均在 30% 左右，另有部分来自高校档案馆、企业档案部门等的有效问卷，调查数据能够很好地反映我国各级档案馆档案服务现状。具体数据及比例见表4-27。

表 4-27　被调查档案馆的级别分布情况

级别	小计	比例
国家级	4	3.42%
省级（直辖市）	25	21.37%
市级	43	36.75%
县（区）	37	31.62%
其他	8	6.84%
合计	117	100%

（三）问卷填写者的职位分布

本次针对档案馆的问卷调查通过多种途径向各档案馆推送问卷，所以问卷的填写者包括各档案馆的馆长、部分负责人和一般馆员，避免了填写问卷者单一的职位可能会对问卷结果造成的不良影响。本次调查中，由馆长填写的问卷有 12 份，由部门负责人填写的问卷有 38 份，由一般馆员填写的问卷有 67 份。档案馆中根据职位的人员数量结构是呈"金字塔"形的，本次调查中填写问卷的档案馆工作人员的职位数量结构同样呈"金字塔"形，能够很好地反映档案馆工作人员对档案服务工作的整体认知情况。具体数据见表 4-28。

表 4-28　填写问卷者的职位分布情况

职位	小计	比例
馆长	12	10.26%
部门负责人	38	32.48%
一般馆员	67	57.26%
合计	117	100%

二、调查对象档案服务现状分析

（一）总体评分情况

档案馆属于国家文化事业单位，必须面向社会所有主体提供档案服务、信息服务、文化服务，其服务制度的建设状况将决定其服务的水平和质量。本书中分别从档案服务制度、服务理念、服务职责、服务定位、服务投入状态、服务优化措施、优化实现保障等方面设计问卷。首先对调查数据的总体情况进行描述性统计分析，分析数据如表 4-29 所示。被调查者在七个方面的评分比较接近，其中"档案服务定位"得分最高，其标准差即离散程度也最低，说明各档案馆对自身公益性文化事业机构的属性有很明晰的认识，对自身在社会经济建设、文化建设中应发挥的作用也都有比较清晰的认知，档案馆应该承担起为社会提供档案服务、信息服务、文化服务的责任。在档案服务投入状态、服务优化措施两个方面的得分略低，说明各档案馆在社会定位清晰的情况下，在这几个方面还有待进一步提高和完善，还需进一步激励档案服务人员热情、积极主动地投入档案服务工作中，促进档案服务工作的不断优化、不断创新。在档案服务投入状态、服务优化措施和服务制度三个方面的得分离散程度相对略高，源自于各层次不同区域的档案馆在资源、条件等方面存在差异，相应地造成在面向社会提供服务的过程中其制度建设及完善、人才储备等方面存在差异。但总体来看，各项评分都属于较好的等级。

表 4-29　描述性统计分析

	N	极小值	极大值	均值	标准差
档案服务制度	114	2.31	5.00	4.2418	0.73376
档案服务理念	114	2.78	5.00	4.3811	0.60008
档案服务职责	114	2.67	5.00	4.3406	0.60333
档案服务定位	114	2.33	5.00	4.3889	0.55816
档案服务投入状态	114	1.57	5.00	4.1917	0.78794
档案服务优化措施	114	2.00	5.00	4.1691	0.74495
服务优化实现保障	114	2.56	5.00	4.2018	0.62235
有效的 N（列表状态）	114				

（二）关联分析

对问卷中 7 个评价要素的评价得分进行皮尔逊相关分析，分析结果如表4-30 所示。

7 个评价要素两两之间均在 0.01 的显著性水平上存在相关关系，且相关系数偏高。档案服务定位是档案馆对自身在社会信息服务中所处位置、所担当角色的定位认识，其与其他五项评价要素（除服务优化实现保障之外）均高度相关，其中与档案服务职责之间的相关程度最高，皮尔逊相关系数为 0.846，说明当档案馆有了正确的社会定位，其在社会中应承担的社会责任也会比较清晰，进而会根据社会责任明确其服务理念。服务

表 4-30　皮尔逊相关分析

		档案服务制度	档案服务理念	档案服务职责	档案服务定位	档案服务投入状态	档案服务优化措施	服务优化实现保障
档案服务制度	Pearson 相关性	1	0.870**	0.853**	0.767**	0.835**	0.867**	0.661**
	显著性（双侧）		0.000	0.000	0.000	0.000	0.000	0.000
档案服务理念	Pearson 相关性	0.870**	1	0.856**	0.816**	0.802**	0.819**	0.671**
	显著性（双侧）	0.000		0.000	0.000	0.000	0.000	0.000
档案服务职责	Pearson 相关性	0.853**	0.856**	1	0.846**	0.875**	0.883**	0.659**
	显著性（双侧）	0.000	0.000		0.000	0.000	0.000	0.000
档案服务定位	Pearson 相关性	0.767**	0.816**	0.846**	1	0.843**	0.840**	0.660**
	显著性（双侧）	0.000	0.000	0.000		0.000	0.000	0.000
档案服务投入状态	Pearson 相关性	0.835**	0.802**	0.875**	0.843**	1	0.912**	0.603**
	显著性（双侧）	0.000	0.000	0.000	0.000		0.000	0.000
档案服务优化措施	Pearson 相关性	0.867**	0.819**	0.883**	0.840**	0.912**	1	0.692**
	显著性（双侧）	0.000	0.000	0.000	0.000	0.000		0.000
服务优化实现保障	Pearson 相关性	0.661**	0.671**	0.659**	0.660**	0.603**	0.692**	1
	显著性（双侧）	0.000	0.000	0.000	0.000	0.000	0.000	

注：＊＊表示在 0.01 水平（双侧）上显著相关。

理念是档案馆在档案管理和档案服务的过程中所积极倡导的、全体工作人员自觉实践的理想、信念、价值观、道德标准、心理等，档案馆的服务理念将表现在具体的服务原则、行为规范、制度设计等方面，先进的、符合时代特征的服务理念将促进档案馆建设科学合理的服务制度，也将促进档案馆工作人员积极投入档案管理、服务的工作中，不断发挥其创造性。在表4-30的相关分析中可以看到，档案服务理念与其他五项评价要素（除服务优化实现保障之外）均高度相关，相关系数值均在0.8以上，说明当前各档案馆在社会定位清晰情况下，能够紧跟社会发展步伐，不断更新服务理念，明确服务职责，优化档案服务工作，为社会公众提供优质的档案信息服务。档案服务制度源自于档案馆的服务定位和服务理念，其明确、规范档案服务人员的工作内容、工作方式，其与档案服务职责密切相关，同时激励、鞭策档案服务人员尽职尽责为社会公众提供档案信息服务。在表4-30的相关分析中可以看到档案服务制度与档案服务职责、服务投入状态、服务优化措施也高度相关，相关系数值也均在0.8以上，说明各档案馆建立了合理、完善的档案服务制度后，档案服务人员会对自己的岗位职责有明确的认识，进而能够更好地投入到档案服务工作中，同时也能激励档案服务人员不断创新，利于档案服务的不断优化。档案服务职责是档案馆为社会公众提供档案信息服务时所需承担的相应责任，在表4-30的相关分析中可以看到，其与档案服务投入状态、档案服务优化措施也高度相关，相关系数接近0.9，说明当档案馆的服务职责明确且以为社会公众提供最优质的档案信息服务为基本宗旨时，档案馆会积极主动地了解社会需求进而不断创新、改进档案服务工作，档案服务人员也会非常积极地投入本职工作中并发挥其创造性。工作投入指心理上对工作的认同，并将工作绩效视为一个人价值观的反映，在表4-30的相关分析中可以看到档案服务投入状态与档案服务优化措施也高度相关，而且此二者之间的相关度是最高的，相关系数为0.912，说明当档案服务人员热爱本职工作、在工作中投入度高时，不仅尽职尽责完成本职工作，还能够发挥其能动性，不断推进本职工作的优化。在被调查的 7 个评价要素中，服务优化实现保障与其他 6 个评价要素也在 0.01 的显著性水平上存在相关关系，只是相关系数普遍相对较低，其中与档案服务优化措施间的相关系数最高，为 0.692；与档案服务投入状态间的相关系数最低，为 0.603，这说明在社会公共服务快速发展的大环境下，各档案馆明确了自身的职能定位、服务理念和服务职责，也制定了相应的规章制度，积极培养档案服务人员的工作热情和积极性，并在档案信息服务过程中不断改进、优化服务工作。但在现代信息需求越来越复杂的情况下，各档案馆不能孤军奋战，他需要得到相关部门及兄弟单位的支持、协助，也需要有足够的资源和条件来开展、发展档案服务工作，也需要有相关的法律规范、规章制度来支持其工作、维护其权益。这些都需要得到政府和社会的大力支持。

（三）差异分析

为了判断所属档案馆类型、被调查者职位是否对 7 个评价要素的评分产生影响，对调查数据分别进行单因素方差分析。

1. 不同级别档案馆的评分差异

从表 4–31 差异分析的结果可以看到，不同级别的档案馆在档案服务制度、档案服务职责、档案服务优化措施和档案服务优化实现保障四个方面存在总体上的显著差异，显著性水平小于 0.05。

表 4-31　ANOVA（档案馆级别差异分析）

		平方和	df	均方	F	显著性
档案服务制度	组间	5.627	4	1.407	2.777	0.030
	组内	55.213	109	0.507		
	总数	60.840	113			
档案服务理念	组间	1.389	4	0.347	0.963	0.431
	组内	39.302	109	0.361		
	总数	40.691	113			
档案服务职责	组间	3.675	4	0.919	2.674	0.036
	组内	37.457	109	0.344		
	总数	41.133	113			
档案服务定位	组间	1.995	4	0.499	1.637	0.170
	组内	33.208	109	0.305		
	总数	35.204	113			
档案服务投入状态	组间	5.468	4	1.367	2.304	0.063
	组内	64.688	109	0.593		
	总数	70.156	113			
档案服务优化措施	组间	5.515	4	1.379	2.628	0.038
	组内	57.194	109	0.525		
	总数	62.709	113			
服务优化实现保障	组间	5.361	4	1.340	3.804	0.006
	组内	38.406	109	0.352		
	总数	43.767	113			

　　由于各级别档案馆馆藏档案的来源、内容、形式、结构等都有所不同，且由于其所处的地理位置、人文环境、经济环境等的差异，不同区域、不同级别档案馆面向的服务对象、能够提供的档案信息服务等都略有不同，且其能够获得的资源和社会支持也不尽相同，所以在服务制度、服务职责、服务优化措施和服务优化实现保障等方面各档案馆也会有不同的表现。而在档案服务定位、档案服务理念、档案服务投入状态三个方面各级别的档案馆都没有表现出明显差异。这说明在国家大力发展公共文化服务体系、档案馆明确了其公共文化机构属性的大背景下，各档案馆对自身在社会经济、文化发展

中的位置和作用有了比较清晰的认识，其档案服务理念也相应地做了调整以符合其当前的社会角色；档案服务投入状态则表明各级别档案馆的工作人员都愿意在服务社会公众的工作中发挥其个体价值。

表 4-32   不同档案馆类型间的多重比较

变量	（I）档案馆类型	（J）档案馆类型	均值差（I-J）	标准误	显著性	95% 置信区间 下限	95% 置信区间 上限
档案服务制度	国家级	省级（直辖市）	0.42120	0.38556	0.277	−0.3430	1.1854
		市级	0.31250	0.37204	0.403	−0.4249	1.0499
		县（区）	−0.11111	0.37511	0.768	−0.8546	0.6323
		其他	0.39844	0.43584	0.363	−0.4654	1.2623
	省级（直辖市）	国家级	−0.42120	0.38556	0.277	−1.185	0.3430
		市级	−0.10870	0.18386	0.556	−0.4731	0.2557
		县（区）	−0.53231*	0.18998	0.006	−0.9088	−0.1558
		其他	−0.02276	0.29213	0.938	−0.6018	0.5562
	市级	国家级	−0.31250	0.37204	0.403	−1.05	0.4249
		省级（直辖市）	0.10870	0.18386	0.556	−0.2557	0.4731
		县（区）	−0.42361*	0.16078	0.010	−0.7423	−0.1049
		其他	0.08594	0.27404	0.754	−0.4572	0.6291
	县（区）	国家级	0.11111	0.37511	0.768	−0.6323	0.8546
		省级（直辖市）	0.53231*	0.18998	0.006	0.1558	0.9088
		市级	0.42361*	0.16078	0.010	0.1049	0.7423
		其他	0.50955	0.27819	0.070	−0.0418	1.0609
	其他	国家级	−0.39844	0.43584	0.363	−1.262	0.4654
		省级（直辖市）	0.02276	0.29213	0.938	−0.5562	0.6018
		市级	−0.08594	0.27404	0.754	−0.6291	0.4572
		县（区）	−0.50955	0.27819	0.070	−1.061	0.0418
档案服务职责	国家级	省级（直辖市）	0.39130	0.31757	0.221	−0.2381	1.0207
		市级	0.23256	0.30644	0.450	−0.3748	0.8399
		县（区）	−0.07870	0.30896	0.799	−0.6911	0.5336
		其他	0.25000	0.35898	0.488	−0.4615	0.9615
	省级（直辖市）	国家级	−0.39130	0.31757	0.221	−1.021	0.2381
		市级	−0.15875	0.15144	0.297	−0.4589	0.1414
		县（区）	−0.47001*	0.15648	0.003	−0.7802	−0.1599
		其他	−0.14130	0.24062	0.558	−0.6182	0.3356

续表

变量	（Ⅰ）档案馆类型	（J）档案馆类型	均值差（I–J）	标准误	显著性	95% 置信区间	
						下限	上限
档案服务职责	市级	国家级	−0.23256	0.30644	0.450	−0.8399	0.3748
		省级（直辖市）	0.15875	0.15144	0.297	−0.1414	0.4589
		县（区）	−0.31126*	0.13243	0.021	−0.5737	−0.0488
		其他	0.01744	0.22572	0.939	−0.4299	0.4648
	县（区）	国家级	0.07870	0.30896	0.799	−0.5336	0.6911
		省级（直辖市）	0.47001*	0.15648	0.003	0.1599	0.7802
		市级	0.31126*	0.13243	0.021	0.0488	0.5737
		其他	0.32870	0.22913	0.154	−0.1254	0.7828
	其他	国家级	−0.25000	0.35898	0.488	−0.9615	0.4615
		省级（直辖市）	0.14130	0.24062	0.558	−0.3356	0.6182
		市级	−0.01744	0.22572	0.939	−0.4648	0.4299
		县（区）	−0.32870	0.22913	0.154	−0.7828	0.1254
档案服务优化措施	国家级	省级（直辖市）	0.52866	0.39242	0.181	−0.2491	1.3064
		市级	0.40962	0.37866	0.282	−0.3409	1.1601
		县（区）	0.02020	0.38178	0.958	−0.7365	0.7769
		其他	0.57955	0.44358	0.194	−0.2996	1.4587
	省级（直辖市）	国家级	−0.52866	0.39242	0.181	−1.306	0.2491
		市级	−0.11904	0.18713	0.526	−0.4899	0.2518
		县（区）	−0.50845*	0.19336	0.010	−0.8917	−0.1252
		其他	0.05089	0.29733	0.864	−0.5384	0.6402
	市级	国家级	−0.40962	0.37866	0.282	−1.160	0.3409
		省级（直辖市）	0.11904	0.18713	0.526	−0.2518	0.4899
		县（区）	−0.38942*	0.16364	0.019	−0.7137	−0.0651
		其他	0.16993	0.27891	0.544	−0.3829	0.7227
	县（区）	国家级	−0.02020	0.38178	0.958	−0.7769	0.7365
		省级（直辖市）	0.50845*	0.19336	0.010	0.1252	0.8917
		市级	0.38942*	0.16364	0.019	0.0651	0.7137
		其他	0.55934	0.28313	0.051	−0.0018	1.1205
	其他	国家级	−0.57955	0.44358	0.194	−1.459	0.2996
		省级（直辖市）	−0.05089	0.29733	0.864	−0.6402	0.5384
		市级	−0.16993	0.27891	0.544	−0.7227	0.3829
		县（区）	−0.55934	0.28313	0.051	−1.121	0.0018

变量	（Ⅰ）档案馆类型	（J）档案馆类型	均值差（I–J）	标准误	显著性	95% 置信区间 下限	上限
服务优化实现保障	国家级	省级（直辖市）	0.49034	0.32157	0.130	−0.1470	1.1277
		市级	0.26227	0.31029	0.400	−0.3527	0.8773
		县（区）	−0.09259	0.31285	0.768	−0.7126	0.5275
		其他	0.26389	0.36350	0.469	−0.4565	0.9843
	省级（直辖市）	国家级	−0.49034	0.32157	0.130	−1.128	0.1470
		市级	−0.22806	0.15334	0.140	−0.5320	0.0759
		县（区）	−0.58293*	0.15845	0.000	−0.8970	−0.2689
		其他	−0.22645	0.24364	0.355	−0.7093	0.2564
	市级	国家级	−0.26227	0.31029	0.400	−0.8773	0.3527
		省级（直辖市）	0.22806	0.15334	0.140	−0.0759	0.5320
		县（区）	−0.35487*	0.13410	0.009	−0.6206	−0.0891
		其他	0.00161	0.22855	0.994	−0.4514	0.4546
	县（区）	国家级	0.09259	0.31285	0.768	−0.5275	0.7126
		省级（直辖市）	0.58293*	0.15845	0.000	0.2689	0.8970
		市级	0.35487*	0.13410	0.009	0.0891	0.6206
		其他	0.35648	0.23201	0.127	−0.1034	0.8163
	其他	国家级	−0.26389	0.36350	0.469	−0.9843	0.4565
		省级（直辖市）	0.22645	0.24364	0.355	−0.2564	0.7093
		市级	−0.00161	0.22855	0.994	−0.4546	0.4514
		县（区）	−0.35648	0.23201	0.127	−0.8163	0.1034

注：* 表示均值差的显著性水平为 0.05。

　　为具体分析哪些级别档案馆在这四个方面存在显著差异，使用单因素方差分析中的多重比较来进行具体分析，结果如表 4–32 所示。

　　其中，县（区）级档案馆与省（直辖市）级、市级档案馆之间在详细考察的四个方面均存在显著差异。究其原因，一方面，因为各级别档案馆接收档案的范围不同，县（区）级档案馆接收的档案除了同级别政府机构形成的文书档案外，相比较省市级档案馆，其会接收到更多的民生档案，其面向的服务对象更多的是普通老百姓，其提供的服务更多的是查证，所以其制度和职责相对简单；另一方面，县（区）级档案馆属于基层档案馆，相对省市级档案馆，其能够吸引到的人才相对较少，能够获得的资源和支持也相对较少，所以在服务优化方面略微滞后。而县（区）级档案馆与国家级档案馆在这四个方面没有显著差异的主要原因在于本次调查当中国家级档案馆的样本数量相对太少，在我国，国家级档案馆主要有中央档案馆、第一历史档案馆、第二历史档案馆以及国家级专门性档案馆，如中国电影资料馆、中国照片档案馆等。为具体分析各级别档案馆是在哪些题项上因为级别不同而存在显著差异，对这四个评价要素中的具体指标进行组间比较分析。

表4-33是"档案服务制度"的组间比较分析结果，各级别档案馆在第4、第5、第10、第13、第16题的评分上表现出了显著的差异。第4、第5题分别是"我馆档案服务制度通过上墙、上网、上册等多种方式让利用者和档案馆工作人员知晓""我馆对馆员进行了针对档案服务制度的培训或专门进行了详细传达"，强调的是档案馆对其服务制度在馆内工作人员之间的推广，从具体调查数据来看，县（区）级档案馆主要采用这两种方式进行推广，而其他级别档案馆中一部分也采用了这两种方式，另一部分则采用了其他的推广方式。第10题是"我馆档案服务制度能够保证档案信息服务准确、完整"，县（区）级档案馆与省市级档案馆存在明显差异的主要原因应该在于其馆藏结构及服务对象不同，县（区）级档案馆中民生档案占馆藏量的比重较大，其服务也多是查证型服务，所以其要求是准确、完整；而省市级档案馆的馆藏会包括更多的科技档案、历史档案等，其不仅提供查证型服务，还提供咨询型服务，而咨询型服务的评价标准就不可能是准确与完整，而是其可能带来的效应。第13~16题分别是"我馆有科学的档案服务质量优化控制措施""我馆会不断地完善档案服务制度建设，为档案服务质量的优化控制提供保障制度""我馆对档案服务中可能出现的问题有相应的问责制度""我馆已开始借鉴信息治理相关理论、知识来指导档案服务质量优化等方面的制度建设"，反映的是各档案馆在可持续发展方面的制度建设，县（区）级档案馆在这方面略落后于省市级档案馆，这与其所具备的条件、资源相关。

表 4-33 ANOVA（档案服务制度——详细分析）

		平方和	df	均方	F	显著性
1. 我馆的档案服务制度设计以"提供利用者认可的高质量服务"为目标	组间	3.764	4	0.941	1.410	0.236
	组内	72.763	109	0.668		
	总数	76.526	113			
2. 当利用者档案服务质量评价不尽如人意时，我们会想到更新服务制度本身	组间	2.118	4	0.530	0.557	0.694
	组内	103.636	109	0.951		
	总数	105.754	113			
3. 为了提供高质量档案服务，我馆有明确的制度规定要求和鼓励各业务部门之间相互支持	组间	8.359	4	2.090	2.309	0.062
	组内	98.658	109	0.905		
	总数	107.018	113			
4. 我馆档案服务制度通过上墙、上网、上册等多种方式让利用者和档案馆工作人员知晓	组间	7.845	4	1.961	2.828	0.028
	组内	75.593	109	0.694		
	总数	83.439	113			
5. 我馆对馆员进行了针对档案服务制度的培训或专门进行了详细传达	组间	9.815	4	2.454	3.191	0.016
	组内	83.808	109	0.769		
	总数	93.623	113			
6. 我馆各项考核制度以档案服务质量考评为中心展开	组间	12.273	4	3.068	2.368	0.057
	组内	141.244	109	1.296		
	总数	153.518	113			
7. 我馆档案服务制度要求馆员服务时做到举止规范、语言到位、态度委婉	组间	1.560	4	0.390	1.039	0.391
	组内	40.905	109	0.375		
	总数	42.465	113			
8. 我馆档案服务制度尽量采取使利用者舒服、易理解的表达方式	组间	1.990	4	0.497	1.039	0.391
	组内	52.194	109	0.479		
	总数	54.184	113			
9. 我馆档案服务制度能够指导馆员提供优质服务	组间	4.963	4	1.241	1.878	0.119
	组内	72.028	109	0.661		
	总数	76.991	113			
10. 我馆档案服务制度能够保证档案信息服务准确、完整	组间	8.298	4	2.075	2.915	0.025
	组内	77.562	109	0.712		
	总数	85.860	113			
11. 我馆档案服务制度能够保障档案信息服务以最优的方式开展	组间	5.928	4	1.482	1.941	0.109
	组内	83.204	109	0.763		
	总数	89.132	113			

续表

		平方和	df	均方	F	显著性
12. 我馆档案服务制度能够对档案服务质量进行良好的控制	组间	4.161	4	1.040	1.466	0.218
	组内	77.357	109	0.710		
	总数	81.518	113			
13. 我馆有科学的档案服务质量优化控制措施	组间	10.647	4	2.662	2.963	0.023
	组内	97.923	109	0.898		
	总数	108.570	113			
14. 我馆会不断地完善档案服务制度建设，为档案服务质量的优化控制提供保障制度	组间	4.735	4	1.184	1.978	0.103
	组内	65.230	109	0.598		
	总数	69.965	113			
15. 我馆对档案服务中可能出现的问题有相应的问责制度	组间	10.722	4	2.680	2.777	0.030
	组内	105.217	109	0.965		
	总数	115.939	113			
16. 我馆已开始借鉴信息治理相关理论、知识来指导档案服务质量优化等方面的制度建设	组间	13.955	4	3.489	3.806	0.006
	组内	99.905	109	0.917		
	总数	113.860	113			

表4-34是的组间比较分析结果，各级别档案馆在第27、第31题的评分上表现出了显著的差异。第27、第31题分别是"如果用户在本馆不能获得某些档案信息，我馆会向其提供到馆外哪里寻找该档案信息的建议""我馆充分地认知到在当前信息泛滥的情况下，去除冗余档案信息是很有必要，也是我们的责任所在"，强调的是档案馆在履行其基本职责的同时会不会从长远发展的角度去主动承担相关责任，从具体调查数据来看，大部分档案馆都做到了这点，只是县（区）级档案馆相对弱势一些。

表4-34　ANOVA（档案服务职责——详细分析）

		平方和	df	均方	F	显著性
26. 我馆提供尽可能多的档案服务满足每个利用者的个性化需求	组间	3.430	4	0.857	1.298	0.275
	组内	72.018	109	0.661		
	总数	75.447	113			

续表

		平方和	df	均方	F	显著性
27. 如果用户在本馆不能获得某些档案信息，我馆会向其提供到馆外哪里寻找该档案信息的建议	组间	4.727	4	1.182	3.000	0.022
	组内	42.931	109	0.394		
	总数	47.658	113			
28. 我馆要求对利用者表达尊敬、聆听其诉说、关注其问题、将其作为个体来对待	组间	2.553	4	0.638	1.687	0.158
	组内	41.236	109	0.378		
	总数	43.789	113			
29. 我馆会不断地学习新技术并充分运用到优化档案服务质量中去	组间	2.672	4	0.668	1.483	0.212
	组内	49.117	109	0.451		
	总数	51.789	113			
30. 为了控制我馆档案服务质量，我馆会科学地借鉴信息治理领域的理论来指导与优化我馆的档案服务，使其不断地输出优质的档案服务	组间	5.213	4	1.303	2.315	0.062
	组内	61.357	109	0.563		
	总数	66.570	113			
31. 我馆充分地认知到在当前信息泛滥的情况下，去除冗余档案信息是很有必要，也是我们的责任所在	组间	5.328	4	1.332	2.481	0.048
	组内	58.531	109	0.537		
	总数	63.860	113			

  表 4-35 是"档案服务优化措施"的组间比较分析结果，各级别档案馆在第 51、第 53、第 54、第 55 题的评分上表现出了显著的差异。第 51、第 54 题分别是"我馆有科学的档案分类、整理及提供利用的措施""我馆有对档案信息资源进行常规性的鉴定与销毁措施"，反映的是各档案馆对档案信息进行科学管理的能力；第 53 题是"我馆有对档案信息进行'清洗'的能力与措施"，反映的是各档案馆对档案信息进行深层次加工处理的能力；第 55 题是"我馆对档案服务的未来有明确的发展方向并有科学的战略规划"，反映的是各档案馆根据社会发展及档案馆发展的趋势对未来档案服务工作的规划；从具体调查数据来看，各级别档案馆基本都具备科学管理档案信息的能力并制定了发展规划，只是少数县（区）级档案馆认为其需要在这些方面进一步加大工作力度。

表 4-35　ANOVA（档案服务优化措施——详细分析）

		平方和	df	均方	F	显著性
45. 我馆有经常收集利用者诉求、意愿信息的措施	组间	7.641	4	1.910	2.398	0.055
	组内	86.824	109	0.797		
	总数	94.465	113			
46. 发现新利用者需求时，我馆有相应的档案服务及产品进行详细的、有针对性的改变措施	组间	6.282	4	1.571	2.246	0.069
	组内	76.209	109	0.699		
	总数	82.491	113			
47. 我馆会及时地修正与规划我们的档案服务优化控制措施	组间	4.096	4	1.024	1.571	0.187
	组内	71.027	109	0.652		
	总数	75.123	113			
48. 我馆做到了合理地配置各种资源以保障各部门各自的工作顺利开展	组间	2.767	4	0.692	1.072	0.374
	组内	70.356	109	0.645		
	总数	73.123	113			
49. 我馆有优化内部机构设置的措施，做到了尽量减少档案服务的环节，避免部门之间的推诿	组间	2.892	4	0.723	1.056	0.382
	组内	74.625	109	0.685		
	总数	77.518	113			
50. 我馆有科学完整采集社会档案信息的措施	组间	5.664	4	1.416	1.500	0.207
	组内	102.906	109	0.944		
	总数	108.570	113			
51. 我馆有科学的档案分类、整理及提供利用的措施	组间	4.347	4	1.087	2.580	0.041
	组内	45.908	109	0.421		
	总数	50.254	113			
52. 我馆有对档案信息价值科学判定的能力与措施	组间	5.076	4	1.269	1.844	0.126
	组内	74.994	109	0.688		
	总数	80.070	113			
53. 我馆有对档案信息进行"清洗"的能力与措施	组间	12.760	4	3.190	2.783	0.030
	组内	124.924	109	1.146		
	总数	137.684	113			
54. 我馆有对档案信息资源进行常规性的鉴定与销毁措施	组间	10.751	4	2.688	2.995	0.022
	组内	97.819	109	0.897		
	总数	108.570	113			
55. 我馆对档案服务的未来有明确的发展方向并有科学的战略规划	组间	8.114	4	2.028	2.845	0.027
	组内	77.719	109	0.713		
	总数	85.833	113			

表 4-36 是"档案服务优化实现保障"的组间比较分析结果，各级别档案馆在第 58、第 59、第 60、第 61、第 62、第 63、第 64 题的评分上表现出了显著的差异。第 58、第 59 题分别是"我馆认为人才的不足影响到了档案服务优化工作，并影响到了对信息治理理论及知识的运用""我馆认为档案人才后期教育不足影响了档案服务质量"，反映的是人才及其继续教育的缺失对档案服务工作的影响；第 60~64 题分别为"我馆认为问责制度的缺失影响了档案服务质量的提升""我馆认为法律体系的不完善影响到了档案服务质量的实现与执行""我馆认为档案馆之间的协调不足影响了档案服务质量提升""我馆认为档案服务质量的提升需要在管理体制上有质的突破""我馆认为档案服务质量的提升需要得到国家顶层设计上的大力支持"，反映的是相关制度、规范的缺失对档案服务工作的影响；相比较省市级档案馆，县（区）级档案馆因为属于档案系统的基层单位，更迫切地需要得到相关政策、制度和规范的支持、需要得到更多的资源（如人力资源）以促进其工作更好地开展。

表 4-36　ANOVA（档案服务优化实现保障——详细分析）

		平方和	df	均方	F	显著性
56. 我馆的馆藏资源配置能够满足支持档案服务质量优化的需要	组间	6.986	4	1.747	2.030	0.095
	组内	93.794	109	0.860		
	总数	100.781	113			
57. 我馆的资金充足，不会影响到档案服务优化工作的开展	组间	6.881	4	1.720	1.082	0.369
	组内	173.224	109	1.589		
	总数	180.105	113			
58. 我馆认为人才的不足影响到了档案服务优化工作，并影响到了对信息治理理论及知识的运用	组间	4.988	4	1.247	2.613	0.039
	组内	52.029	109	0.477		
	总数	57.018	113			
59. 我馆认为档案人才后期教育不足影响了档案服务质量	组间	7.055	4	1.764	3.293	0.014
	组内	58.392	109	0.536		
	总数	65.447	113			

续表

		平方和	df	均方	F	显著性
60. 我馆认为问责制度的缺失影响了档案服务质量的提升	组间	13.512	4	3.378	4.695	0.002
	组内	78.427	109	0.720		
	总数	91.939	113			
61. 我馆认为法律体系的不完善影响到了档案服务质量的实现与执行	组间	8.550	4	2.138	3.407	0.011
	组内	68.397	109	0.627		
	总数	76.947	113			
62. 我馆认为档案馆之间的协调不足影响了档案服务质量提升	组间	7.311	4	1.828	2.738	0.032
	组内	72.759	109	0.668		
	总数	80.070	113			
63. 我馆认为档案服务质量的提升需要在管理体制上有质的突破	组间	5.204	4	1.301	2.967	0.023
	组内	47.787	109	0.438		
	总数	52.991	113			
64. 我馆认为档案服务质量的提升需要得到国家顶层设计上的大力支持	组间	3.813	4	0.953	2.553	0.043
	组内	40.687	109	0.373		
	总数	44.500	113			

2. 不同职位的被调查者评分差异

从表 4-37 差异分析的结果可以看到，被调查者在所属档案馆的职位不同（其中馆长占被调查总数的 10.26%、部门负责人占 32.48%、一般馆员占 57.26%），但他们对各自所在档案馆在档案服务制度、档案服务理念、档案服务职责、档案服务定位、档案服务投入状态、档案服务优化措施、档案服务优化实现保障七个评价要素的认知并没有表现出明显差异。这或许是因为档案馆本身是一个以业务为主的服务型机构，上下级之间需要进行更多的交流与沟通，而且，它处于社会权力的边缘区域，上下级之间的关系较为融洽，所以他们在碰到相同问题时更容易形成相同或相类似的观点与态度。

表 4-37　ANOVA（不同职位的差异分析）

		平方和	df	均方	F	显著性
档案服务制度	组间	1.368	2	0.684	1.277	0.283
	组内	59.472	111	0.536		
	总数	60.840	113			

		平方和	df	均方	F	显著性
档案服务理念	组间	0.265	2	0.132	0.363	0.696
	组内	40.426	111	0.364		
	总数	40.691	113			
档案服务职责	组间	0.732	2	0.366	1.006	0.369
	组内	40.400	111	0.364		
	总数	41.133	113			
档案服务定位	组间	0.076	2	0.038	0.121	0.887
	组内	35.127	111	0.316		
	总数	35.204	113			
档案服务投入状态	组间	0.783	2	0.392	0.626	0.536
	组内	69.373	111	0.625		
	总数	70.156	113			
档案服务优化措施	组间	0.424	2	0.212	0.377	0.686
	组内	62.285	111	0.561		
	总数	62.709	113			
服务优化实现保障	组间	0.166	2	0.083	0.212	0.810
	组内	43.601	111	0.393		
	总数	43.767	113			

（四）不同评价要素具体分析

1. 档案服务制度方面

在档案服务制度方面，问卷中共设置了16个问题，分别从制度建设目标、依据、内容、执行方式、作用等方面了解档案馆在档案服务制度建设及执行方面的现状。对档案服务制度方面的调查数据进行描述性统计分析，分析结果如表4-38所示。被调查者对档案服务制度方面16个问题的评分情况整体较好，差异不大。其中，除了第6题外，其他题项的得分都比较高，均值都在4分以上，而且离散程度也较低，其中第7题关于档案服务人员服务言行的得分最高，4.52分，离散程度也最低，其次是第8题，是关于档案服务人员与用户交流的方式的题项，得分4.45，离散程度也次之，说明当前各档案馆已不再是传统意义上的以藏为主的档案馆，已经明确了自身公益性文化事业机构的属性，开始积极投身于为社会公众、为经济建设提供档案服务、信息服务、文化服务的实践中，服务工作成为档案馆工作的重中之重，强调为用户提供优质服务并关注服务细节，同时不断改进。得分最低的题项是第6题，关于是否以档案服务质量为中心设置考核制度，得分为3.89，且离散程度也最高，主要原因在于档案服务是档案馆的重要工作内容，但服务建立在资源建设的基础之上，没有档案资源就谈不上档案服务，所以资源建设也是档案馆工作的重要内容，所以考核制度需要综合考虑各方面因素。

表 4-38 描述性统计（档案服务制度）

	N	全距	极小值	极大值	均值	标准差
1. 我馆的档案服务制度设计以"提供利用者认可的高质量服务"为目标	114	4	1	5	4.37	0.823
2. 当利用者档案服务质量评价不尽如人意时，我们会想到更新服务制度本身	114	4	1	5	4.14	0.967
3. 为了提供高质量档案服务，我馆有明确的制度规定要求和鼓励各业务部门之间相互支持	114	3	2	5	4.28	0.973
4. 我馆档案服务制度通过上墙、上网、上册等多种方式让利用者和档案馆工作人员知晓	114	3	2	5	4.40	0.859
5. 我馆对馆员进行了针对档案服务制度的培训或专门进行了详细传达	114	4	1	5	4.25	0.910
6. 我馆各项考核制度以档案服务质量考评为中心展开	114	4	1	5	3.89	1.166
7. 我馆档案服务制度要求馆员服务时做到举止规范、语言到位、态度委婉	114	3	2	5	4.52	0.613
8. 我馆档案服务制度尽量采取使利用者舒服、易理解的表达方式	114	3	2	5	4.45	0.692
9. 我馆档案服务制度能够指导馆员提供优质服务	114	3	2	5	4.32	0.825

续表

	N	全距	极小值	极大值	均值	标准差
10. 我馆档案服务制度能够保证档案信息服务准确、完整	114	4	1	5	4.30	0.872
11. 我馆档案服务制度能够保障档案信息服务以最优的方式开展	114	4	1	5	4.18	0.888
12. 我馆档案服务制度能够对档案服务质量进行良好的控制	114	3	2	5	4.22	0.849
13. 我馆有科学的档案服务质量优化控制措施	114	3	2	5	4.06	0.980
14. 我馆会不断地完善档案服务制度建设，为档案服务质量的优化控制提供保障制度	114	3	2	5	4.35	0.787
15. 我馆对档案服务中可能出现的问题有相应的问责制度	114	4	1	5	4.10	1.013
16. 我馆已开始借鉴信息治理相关理论、知识来指导档案服务质量优化等方面的制度建设	114	4	1	5	4.04	1.004
有效的 N（列表状态）	114					

2. 档案服务理念

在档案服务理念方面，问卷中共设置了 9 个问题，分别从服务宗旨、服务信念等方面了解档案馆在档案服务理念方面的现状。对档案服务理念方面的调查数据进行描述性统计分析，分析结果如表 4-39 所示。被调查者对档案服务理念方面的 9 个问题的评分情况整体很好，最低均分为 4.23，最高均分为 4.49，且离散程度也较低。从调查数据来看，当前各档案馆均以满足利用者信息需求、提供优质档案信息服务为基本工作宗旨，坚持以人为本、利用者第一、利用者平等、最大限度地服务利用者的服务宗旨，且工作人员认同档案馆的服务理念，愿意在工作中秉承档案馆服务社会的宗旨，为档案服务工作贡献力量。

表 4-39　描述统计量（档案服务理念）

	N	全距	极小值	极大值	均值	标准差
17. 我馆工作人员已建立共识：档案馆是以满足利用者需求与意愿为宗旨的公益性文化组织	114	3	2	5	4.23	0.893
18. 始终履行我们的承诺是很难的，但我们会尽量完善以提升优质的档案服务	114	4	1	5	4.34	0.739
19. 我馆坚持以人为本，利用者第一的服务宗旨	114	3	2	5	4.32	0.779
20. 我馆坚持利用者平等，一视同仁的服务宗旨	114	3	2	5	4.41	0.689
21. 我馆坚持优化利用手续，简化利用流程，最大限度地方便利用者的服务宗旨	114	3	2	5	4.43	0.691
22. 我馆会全力配合公共文化服务体系的建设	114	3	2	5	4.49	0.613
23. 我馆会以做事业的心态来对待档案服务工作	114	3	2	5	4.40	0.749
24. 我馆知晓优化档案服务质量对于提升档案馆形象非常有利	114	3	2	5	4.44	0.666
25. 我馆工作人员对于档案服务质量优化控制措施都持赞同态度	114	3	2	5	4.37	0.707
有效的 N（列表状态）	114					

3. 档案服务职责

依据档案馆的服务理念，在档案服务职责方面问卷中共设置了 6 个问题，分别从为用户提供服务和优化服务质量两个方面了解档案馆对自身职责的认知情况。对档案服务职责方面的调查数据进行描述性统计分析，分析结果如表 4-40 所示。被调查者对档案服务职责方面的 6 个问题的评分等级都很好，均分都在 4.25 以上，最高均分是 4.42，最低均分是 4.27，且离散程度也较低。从调查数据来看，当前各档案馆对践行自己的服务理念不遗余力，会通过多种途径、各种方式尽量满足利用者的需求，竭力为用户提供更优质的服务。

表 4-40　描述统计量（档案服务职责）

	N	全距	极小值	极大值	均值	标准差
26. 我馆提供尽可能多的档案服务满足每个利用者的个性化需求	114	3	2	5	4.29	0.817
27. 如果用户在本馆不能获得某些档案信息，我馆会向其提供到馆外哪里寻找该档案信息的建议	114	3	2	5	4.34	0.649
28. 我馆要求对利用者表达尊敬、聆听其诉说、关注其问题、将其作为个体来对待	114	3	2	5	4.42	0.623
29. 我馆会不断地学习新技术并充分运用到优化档案服务质量中去	114	3	2	5	4.42	0.677
30. 为了控制我馆档案服务质量，我馆会科学地借鉴信息治理领域的理论来指导与优化我馆的档案服务，使其不断地输出优质的档案服务	114	3	2	5	4.27	0.768
31. 我馆充分地认知到在当前信息泛滥的情况下，去除冗余档案信息是很有必要，也是我们的责任所在	114	3	2	5	4.30	0.752
有效的 N（列表状态）	114					

4. 档案服务定位

在档案服务定位方面，问卷中共设置了 6 个问题，分别从机构性质、自身价值、社会地位等方面了解档案馆在国家大力发展公共文化事业的情境下对自身的定位情况。对档案服务定位的数据进行描述性统计分析，分析结果如表 4-41 所示。被调查者对档案服务定位方面 6 个问题的评分情况整体很好，最高均分为 4.55，最低均分为 4.18，且离散程度很低。从调查数据来看，当前各档案馆对自身公益性文化事业机构、服务型机构的属性基本认同，对自身的社会定位已然比较清晰，具备为社会经济建设服务的条件，且应该为社会经济建设服务，也能够推动社会经济建设的发展。

表 4-41　描述统计量（档案服务定位）

	N	全距	极小值	极大值	均值	标准差
32. 我馆认为档案馆是一个公益性的文化事业机构	114	3	2	5	4.20	0.874
33. 我馆认为档案馆所提供的档案信息服务对于社会经济、政治等各方面的发展具有积极的意义	114	2	3	5	4.55	0.534
34. 我馆拥有社会经济建设所需要的档案信息资源	114	3	2	5	4.46	0.627
35. 我馆为提供优质档案服务进行了相应的人才储备	114	3	2	5	4.18	0.885
36. 我馆认为档案馆提供优质的档案服务是其履行的必要社会责任以及应尽的义务	114	3	2	5	4.49	0.584
37. 我馆认为档案馆是社会信息服务的重要社会主体	114	3	2	5	4.45	0.653
有效的 N（列表状态）	114					

5. 档案服务投入状态

在档案服务投入状态方面，问卷中共设置了 7 个问题，分别从档案馆工作人员的工作态度、工作积极性等方面来了解档案馆工作人员对档案服务工作的投入状态。对档案服务投入状态的数据进行描述性统计分析，分析结果如表 4-42 所示。被调查者对档案服务投入状态的 7 个问题的评分情况整体很好，均分都在 4 以上，且离散程度较低，其中得分最低的是第 42 题"我馆馆员对信息治理等相关知识、理论有一定的了解"，均分为 4.04，且离散程度相对其他题项略高，即标准差为 1.042。从调查数据来看，当前档案馆工作人员对档案工作的认同度越来越高，因而他们乐于在档案管理、档案服务的工作岗位上，愿意为提高服务质量而努力。只是对于较新颖的信息治理理论，部分档案工作人员还不是很熟悉，所以要借助信息治理理论支持、推进档案服务的优化，还需在档案工作人员中普及相关知识。

表 4-42　描述统计量（档案服务投入状态）

	N	全距	极小值	极大值	均值	标准差
38. 我馆馆员在工作中精力充沛，富有热情	114	4	1	5	4.18	0.898
39. 我馆馆员觉得自己的工作有意义，并乐于奉献，能够专注于自己的工作	114	4	1	5	4.20	0.843
40. 我馆馆员有强烈的服务愿望与热情	114	4	1	5	4.15	0.914
41. 我馆馆员都为提供优质的档案服务做好了准备	114	3	2	5	4.23	0.842
42. 我馆馆员对信息治理等相关知识、理论有一定的了解	114	4	1	5	4.04	1.042
43. 我馆馆员做好了充分运用信息技术来优化档案服务的准备	114	3	2	5	4.20	0.854
44. 我馆馆员都能积极主动地配合并执行优化档案服务的措施	114	3	2	5	4.33	0.700
有效的 N（列表状态）	114					

6. 档案服务优化措施

在档案服务优化措施方面，问卷中共设置了 11 个问题，分别从档案管理部门优化、档案管理优化、档案服务方式优化等方面了解档案馆在提高档案服务质量方面的现状。对档案服务优化措施的数据进行描述性统计分析，分析结果如表 4-43 所示。被调查者对档案服务优化措施的 7 个问题的评分情况整体很好，差异不大。其中，除了第 53 题外，其余题项均分都在 4 以上，且离散程度较低。从调查数据可以看到，当前各档案馆均积极投入地进行档案、档案信息的采集，对档案信息进行分析、加工、处理并进行鉴定等工作，不断了解用户的利用需求，有针对性地开发新产品，并不断优化部门结构、优化服务方式，以更好地为用户提供服务。得分最低的题项是第 53 题，关于是否有能力对档案进行"清洗"，得分为 3.95，且离散程度也相对偏高。

表 4–43　描述统计量（档案服务优化措施）

	N	全距	极小值	极大值	均值	标准差
45. 我馆有经常收集利用者诉求、意愿信息的措施	114	4	1	5	4.15	0.914
46. 发现新利用者需求时，我馆有相应的档案服务及产品进行详细的、有针对性的改变措施	114	3	2	5	4.18	0.854
47. 我馆会及时地修正与规划我们的档案服务优化控制措施	114	3	2	5	4.25	0.815
48. 我馆做到了合理地配置各种资源以保障各部门各自的工作顺利开展	114	3	2	5	4.25	0.804
49. 我馆有优化内部机构设置的措施，做到了尽量减少档案服务的环节，避免部门之间的推诿	114	3	2	5	4.22	0.828
50. 我馆有科学完整采集社会档案信息的措施	114	4	1	5	4.06	0.980
51. 我馆有科学的档案分类、整理及提供利用的措施	114	3	2	5	4.36	0.667
52. 我馆有对档案信息价值科学判定的能力与措施	114	3	2	5	4.23	0.842
53. 我馆有对档案信息进行"清洗"的能力与措施	114	4	1	5	3.95	1.104
54. 我馆有对档案信息资源进行常规性的鉴定与销毁措施	114	4	1	5	4.06	0.980
55. 我馆对档案服务的未来有明确的发展方向并有科学的战略规划	114	4	1	5	4.17	0.872
有效的 N（列表状态）	114					

7. 档案服务优化实现保障

在档案服务优化实现保障方面，问卷中共设置了 9 个问题，分别从馆藏资源配置、资金、人才、管理体制、问责制度、法律体系、社会合作、国家支持等方面了解为实现档案服务的优化档案馆所具备的条件以及能够得到支持的现状。对档案服务优化实现保障的数据进行描述性统计分析，分析结果如表 4–44 所示。被调查者对档案服务制度方面 16 个问题的评分情况整体较好，差异不大。其中，除了第57题外，其他题项的得分都比较高，均值都在4分以上，而且离散程度也较低，第57题的均分为3.74，离散程度相对略高。从调查数据来看，各档案馆均认为自身的馆藏资源丰富且结构合理，能够支持档案服务质量优化的需要，但要不断优化档案服务质量，提高用户满意度，还需要从多方面加强工作，如人才建设、资金投入、制度设计、政策支持，还需要加强与相关部门的沟通合作，最重要的是档案馆需要得到国家层面的认可和支持。

表4-44　描述统计量（档案服务优化实现保障）

	N	全距	极小值	极大值	均值	标准差
56.我馆的馆藏资源配置能够满足支持档案服务质量优化的需要	114	3	2	5	4.04	0.944
57.我馆的资金充足，不会影响到档案服务优化工作的开展	114	4	1	5	3.74	1.262
58.我馆认为人才的不足影响到了档案服务优化工作，并影响到了对信息治理理论及知识的运用	114	3	2	5	4.39	0.710
59.我馆认为档案人才后期教育不足影响了档案服务质量	114	3	2	5	4.29	0.761
60.我馆认为问责制度的缺失影响了档案服务质量的提升	114	4	1	5	4.10	0.902
61.我馆认为法律体系的不完善影响到了档案服务质量的实现与执行	114	4	1	5	4.21	0.825
62.我馆认为档案馆之间的协调不足影响了档案服务质量提升	114	3	2	5	4.23	0.842
63.我馆认为档案服务质量的提升需要在管理体制上有质的突破	114	3	2	5	4.32	0.685
64.我馆认为档案服务质量的提升需要得到国家顶层设计上的大力支持	114	3	2	5	4.50	0.628
有效的N（列表状态）	114					

第五章　信息治理视阈下档案服务质量优化控制的影响因素

在信息化浪潮的带动下，档案用户呈现出更为多元化、个性化、体验化的需求，同时，档案服务方式也在发生着很大的改变。传统的档案馆（室）阅览服务手段不断升级，如机器检索、语义关联、知识图谱等，不仅提高了档案服务者的工作效率，而且改善档案用户的体验效果。同时，档案社交媒体的运用、线上网络展览的推出，突破了档案用户体验的时空限制，丰富了档案信息的传播途径[①]。但是，随着信息化浪潮的不断推进，以及海量档案信息的不断产生与积累，给档案信息传播与开发利用带来了一些新问题，如"信息污染""信息噪声""信息冗余"等。通过引入信息治理手段，缓解档案信息服务与质量优化的内在矛盾，提高档案用户的体验感与幸福感，显得迫在眉睫。

---

① 刘亚萌:《档案网站用户持续使用意向影响因素实证研究》，硕士学位论文，天津师范大学，2017年。

第一节 档案服务质量的内部影响因素

 档案服务质量优化控制目标对于相关档案工作具有很大程度的引领作用，可以影响到档案服务工作未来追求的方向与理念，其中内部目标与内部影响因素息息相关。信息治理的嵌入，使得档案服务的内部环境发生一定变化。当前，我国学术界围绕档案服务质量影响的内部因素有了不少研究，郝伟斌认为资源建设、组织形式、服务等是影响档案服务质量的重要因素[①]；孙艳丽认为制约内部发展的影响因素包含技术、人才、资源、服务手段和用户需求等[②]；张庆莉认为公共性、资源建设及管理绩效三个维度会影响档案信息服务质量[③]。国外对于档案服务质量的内部影响因素研究主要集中于档案服务技术方层面，金勇（Yong Kim）等提出可以将 SNS 系统用于档案信息服务领域[④]；维尔塔宁·蒂穆佩卡（Virtanen Teemupekka）则提出通过对档案归档程度的完善来提高档案服务质量[⑤]；S. 埃利斯佩特森（S. Ellispeterson）等则认为可借助成型（Prototyping）技术来完善档案网站用户在线服务体验，并提出了档案网站档案服务完善的具体方式[⑥]；Irene V. 洛帕托夫斯卡（Irene V. Lopatovska）等提出可以利用无线润滑器（TLDD）对档案资源质量评

---

 ① 郝伟斌：《我国档案网站建设影响因素分析》，《办公室业务》2014 年第 15 期。

 ② 孙艳丽：《档案信息网络服务的影响因素、评价指标与服务对策研究》，《情报科学》2012年第 12 期。

 ③ 张庆莉：《档案信息资源开发的影响因素及对策分析》，《档案学通讯》2013 年第 1 期。

 ④ Yong Kim, Hye Kyung Kang, Ee-gyeong Kim, "Geon Kim, Archival Information Services Based on Social Networking Services in a Mobile Environment: A Case Study of South Korea", Library Hi Tech, Vol.32, No.1（2014）.

 ⑤ Virtanen Teemupekka, "The Finnish National eHealth Archive and the New Research Possibilities", *Studiesin Health Technology and Informatics*,（2009）, p.146.

 ⑥ Virtanen Teemupekka, "The Finnish National eHealth Archive and the New Research Possibilities", *Studiesin Health Technology and Informatics*,（2009）, p.146.

价[1]。由此可见，国内外关于档案服务质量优化的探讨各有侧重。本书从信息治理的视角，结合调研的数据分析，从档案服务机构具备的人才、拥有的资源、建构的制度、运用的技术和手段四个角度阐述档案服务质量优化的内部影响因素。

一、档案服务机构的人才建设因素

档案服务机构的人才队伍建设具有关键性作用，包括管理层面（制定相应的档案信息治理政策，对档案业务流程重组等）、服务层面（直接面向用户群体，提供高质量服务）、宣传层面（做好后期反馈工作等），每个层面的人员都有其对应职责，并在档案服务优化过程中扮演重要角色。档案服务人员队伍的优良，将直接决定着档案服务质量的发展[2]，影响着信息治理的成效。我国档案学高等教育开辟人吴宝康先生曾说档案事业的发展好坏由"所培养的档案专业人才的数量和质量"[3]来决定，档案人才是档案理论与实践过程中的生命表征，其队伍建设的水平对档案服务至关重要。档案机构只有集聚了大量优秀的人才，才能不断提升档案服务质量，持续优化与创新，实现治理精准化和公共服务高效化的目标。

（一）档案人才建设还有优化的空间

人才建设是档案服务的影响因素之一，从微观视角来看，人才队伍建设也受到来自其他因素的制约、影响和互生。当然，信息时代档案人才建设面临着诸多问题与挑战，还有很大的优化空间。

---

[1]　Irene V. Lopatovska, Fatih Oguz, William E. "Moen. Design, Development, and Implementation of a Texas Library Directory Database: A Multipurpose Database for the library of Texa", *Proc.Am.Soc.Info.Sci.Tech*, No.1（2005）.

[2]　程亚萍：《我国档案行政管理部门和综合档案馆档案专业人才队伍建设情况统计分析》，《档案学研究》2018 年第 5 期。

[3]　吴宝康：《档案学概论》，中国人民大学出版社 1988 年版，第 208~209 页。

首先，档案工作者的观念有待更新。在"大档案观"的背景下，档案管理宗旨、档案服务理念需要不断得到改善。[1] 互联网和信息技术快速发展较大地影响到档案服务工作的内容、方法、方式和手段，档案服务工作者在理论上大都认识到档案信息资源开发、服务、利用的重要性。然而在实际工作中，还是受到传统观念的桎梏，如对"档案与正义"[2][3]、"档案与技术"[4][5]、"档案与数字人文"[6][7] 的争论。究其原因，不仅来自传统"重藏轻用"的限制，更是缺乏对档案服务开拓创新的意识，或者说不愿随环境变化以及需求的转向及时调整与更新服务理念。另外，受制于档案部门相对封闭以及与其他单位及社会横向联系较少等的影响，造成档案部门成员的综合素质难以提升[8]，正如档案管理中的鉴定局限于"传统教条"，难以对鉴定理论有更高的认识[9][10][11][12]。

其次，档案工作者的宣传意识有待提升。宣传工作不到位，易造成社会公众对档案认知不够、档案服务满意度不高等情况。在传统档案管理结构下，档案资源被"条块分割"并且档案信息难以得到互融共通，存在着"信

---

① 王淑婷：《铜川：强调树立"大档案"观念》，《陕西档案》2018 年第 2 期。

② 张晶：《论权力与正义对档案的建构》，《山东档案》2017 年第 6 期。

③ 付苑：《档案与社会正义：国外档案伦理研究的新进展》，《档案学通讯》2014 年第 4 期。

④ 晏瑾：《中外档案工作技术标准的比较分析》，硕士学位论文，安徽大学，2012 年。

⑤ 李健：《信息理论与技术对档案学的影响研究》，硕士学位论文，天津师范大学，2012 年。

⑥ 李子林、王玉珏、龙家庆：《数字人文与档案工作的关系探讨》，《浙江档案》2018 年第 7 期。

⑦ 张卫东、张天一、陆璐：《基于数字人文的档案文化资源整合研究》，《兰台世界》2018 年第 2 期。

⑧ 高华：《加强企业档案队伍建设的思考》，《兰台世界》2018 年第 S2 期。

⑨ 孙大东：《档案鉴定的历史和现实视域考量——与周林兴、邓晋芝二位作者商榷》，《档案学通讯》2015 年第 5 期。

⑩ 谢丽：《档案鉴定与鉴定档案：去留之间超越信息技术及政府投入的考量》，《档案学通讯》2015 年第 5 期。

⑪ 周林兴、邓晋芝：《错位的价值判定应该被纠正——对档案鉴定及销毁的历史视域考量》，《档案学通讯》2015 年第 2 期。

⑫ 马伏秋：《论我国档案鉴定工作之"销毁鉴定"》，《档案学研究》2015 年第 4 期。

息孤岛""信息烟囱""信息割裂"等现象。虽然档案部门人员能够对本馆档案馆藏较为清楚，但是对其他档案馆藏情况了解甚少。此外，档案馆（机构）很少配备专门档案宣传人员、设置档案宣传科室（很多挂靠在档案编研科室），"重视编研却缺少宣传环节"，致使档案编纂成果传播影响力受到削弱，存在"传播内容待改善、传播渠道不畅通、传播力量尚薄弱、传播反馈机制不健全"[①]等问题。

最后，档案服务工作者培养机制有待健全。虽然早在《全国档案事业发展"十三五"规划纲要》中就提出要"建立合理的激励机制，优化人才结构"[②]。但是明显存在"缺乏自身培养人才的能力，没有吸引人才的优势"[③]的问题，针对档案服务工作者特别是高端档案服务人才队伍的培养还是有很大的提升空间[④]。因此，在当前环境下，必须要认清档案事业发展中人才问题所面临的窘境，并扎实有效地推进人才队伍建设。

（二）档案人才队伍建设的发展机遇

当然，人才队伍建设也是挑战与机遇并存，既要认识到存在的不足，更要认清人才队伍建设机遇。

首先，档案人才已得到决策层的重视。在人才选拔与用人方面，综合考虑年轻型、专业型的队伍建设，提高队伍的生命力与活力；在人才激励政策方面，将档案馆人才的学历、数量、专业结构纳入"各地市档案馆年度考评项"，如北京市2018年提出的以"业务提档、服务升级、战略转型"为目标，以提升档案服务全市大局工作的质量和效益为宗旨，提出尽快建设一支

---

① 苏君华、龙家庆：《档案文化产品传播影响力研究——以档案编纂成果为例》，《档案学通讯》2018年第4期。

② 《全国档案事业发展"十三五"规划纲要》，《中国档案》2016年第5期。

③ 高华：《加强企业档案队伍建设的思考》，《兰台世界》2018年第S2期。

④ 程勇：《人才是首都档案事业发展的稀缺资源——在北京市档案人才工作会议上的讲话》，《北京档案》2018年第10期。

高素质、专业化的档案人才队伍①。另外，《全国档案事业发展"十三五"规划纲要》要求扩大档案专业技术人才队伍培养规模，特别是要造就一批高层次档案服务人才，构建与充实"全国档案专家"队伍。在 2018 年遴选的 106 名"全国档案专家"、31 名"全国档案领军人才"②的基础上，使该项工作成为一个常态化的工作，不断地完善与推进，为我国档案事业的发展提供可靠的人才支持。因此，《全国档案事业发展"十四五"规划纲要》中依然把打造一批高层次档案人才作为重要内容，并于 2022 年完成了 50 名"国家级档案专家领军人才"、150 名"国家级档案专家"、749 名"全国档案工匠"、780 名"全国青年档案业务骨干"的遴选工作。可以看出，国家层面正在持续加强对档案专业人才建设，并在档案系统层面建立一支"专家领军，行业分散，专业优势"的档案人才队伍。

其次，档案人才的社会地位愈发重要。作为公共资源，档案信息的价值已经得到了普遍认可③，通过高效利用档案信息，有效地促进了社会的发展。但应该看到，档案服务人员的综合素质，是保证档案服务质量的决定因素④，档案服务人员越发受到社会重视，就会越有"社会认同感"与"学科归属感"⑤⑥⑦。以企业档案工作人员为例，随着国家经济发展迅猛，企业信息资源呈现出多样性，企业档案管理也随之发挥着重要的作用，企业档案管理的规范性、有序性，正变得越来越重要，这就对档案人员的素质提出了更高

① 程勇：《人才是首都档案事业发展的稀缺资源——在北京市档案人才工作会议上的讲话》，《北京档案》2018 年第 10 期。
② 国家档案局办公室人事处：《首批全国档案专家人选公示》，2018 年 4 月 17 日，见 http://www.saac.gov.cn/news/2018-04/17/content_232341.htm。
③ 郑美霞：《论企业档案管理工作的重要性》，《办公室业务》2013 年第 23 期。
④ 刘欣欣：《档案管理人员素质提升的重要性》，《黑龙江史志》2015 年第 4 期。
⑤ 季梦佳、王裕明、俞皓耀：《身份认同视野下高校档案服务思政教育的思考》，《高教论坛》2018 年第 9 期。
⑥ 陈闽芳、陈祖芬：《记忆·情怀·认同：档案微信公众平台的"档案故事"选题策划研究》，《档案与建设》2018 年第 8 期。
⑦ 罗琳娜、陆阳：《论档案在建构自我认同中的作用机理》，《档案与建设》2018 年第 6 期。

的要求，要求档案工作人员在档案管理工作中做到"三化"即标准化、现代化、数字化[①]，这不仅有利于档案管理工作效率与影响力，同时，也有利于提升档案管理人员的存在感与存在价值，使其社会地位得到显性的体现。

最后，档案资源丰富性给予档案服务人员更多创造性。整体来说，随着社会机构和个人生产、生活实践活动的丰富，档案数量、档案载体都会不断地增多。社会公众对各具特色的档案资源将会更加关注，并产生浓厚的兴趣，例如对家庭档案、中医药卫生档案、少数民族档案、非物质文化遗产档案等研究热度不断攀升，使得档案人员工作的对象有了量与质的提升，不再局限于政府机关的文书档案。总之，随着社会对档案工作的进一步认识、社会公众对档案服务利用需求提升，档案工作人员将有更多、更丰富的工作内容。不论是被动倒逼式开发，还是主动创新性开发，将为档案服务人员提供无限可能性，使得档案工作更有意义，这也将会在无形之中给档案人才队伍的建设带来积极性影响。

（三）档案人才队伍建设的改进方式

档案人才队伍建设是影响档案服务优化的内在因素之一，主要考量档案系统内部的改进措施。从信息治理的角度来看，以信息化为核心的档案服务质量提升，就必须要跟上时代步伐不断地改进档案人才建设的方式。

首先，为档案服务队伍的成长创造条件。在政策支持方面，响应国家关于推进档案事业与人才培养的方针，加大对年轻档案服务人才队伍的培养与使用，为档案服务工作实现长期的可持续发展提供人才保障。在激励机制方面，可以通过各种人才工程的形式，给予那些具有突出工作能力的档案人才各种荣誉称号，如国家档案局的"全国档案专家"人才工程、北京市档案人才"131 工程"、江苏省档案人才"151"工程等。除了给予他们相关荣誉

---

① 许明蓉：《如何提高企业档案管理人员的素质》,《厦门科技》2014 年第 1 期。

称号外，还应该给予档案人才一定的物质福利待遇，以及给予他们优先参加各种档案工作相关会议、活动的机会，允许他们发起学术会议，举办学术讲座等的权利，在条件允许的情况下，还可以给予他们在开展档案科研项目时相当的经费支持等，为他们的成长创造良好的环境与机会。

其次，加大档案服务人才培训力度。加强对档案服务人员相关服务的知识培训力度，并且要根据社会发展需求不断地创新档案服务培训内容，改进档案服务的培训方式。把档案服务人员的专业素养、创新精神作为档案服务培养工作的最为主要目标，同时根据各级档案服务人员所在岗位的差异，以及服务对象需求不同的特点，制定档案服务分类培养目标。总之，在档案服务人员培育过程中，要尽量做到因岗而异、因人而异的柔性方式，如北京市规定"领军人才的培养要以提高宏观谋划和综合管理能力，发挥在各自领域的引领带动作用为目标；高级专家的培养要以开阔视野、创新思路、解决重点难点问题为目标；业务骨干的培养要以提高理论素养、提升实操能力为目标"[①]。

再次，建立健全档案服务人才评价机制。"十三五"规划中明确指出要建立科学的评价机制，坚持档案服务人员在实践层面及贡献层面的评价标准，不断地完善档案服务人才评价方式，同时，注意拓宽评价渠道，采取"综合考核和日常考核并行"的方式。重视档案人才科研能力评价机制，激励档案人才充分利用各种机会开展档案科研工作，不断地提升自己的业务能力与钻研能力，并引导他们把科研成果运用到实际业务工作中去，以此做到不断地提升其档案管理水平与档案服务能力，使档案服务质量得到不断的优化与提升。

最后，建立科学的档案人才管理机制。随着首批"全国档案专家"、全

---

① 程勇：《人才是首都档案事业发展的稀缺资源——在北京市档案人才工作会议上的讲话》，《北京档案》2018年第10期。

国档案系统"三支人才队伍"遴选工作的完成，以及各地各种形式的档案人才工程的开展与完善，形成了一支专业性、实践与理论并存、有梯队的档案专家队伍。然而，要想真正发挥这些专家的才能，就必须要对他们加强"管理"，形成科学的档案人才管理机制。引导档案专家勤于档案理论与实践的钻研，做重点档案工作的探索者，如大数据技术、区块链技术的快速发展，积极探索"互联网+"环境下的档案服务新模式[1][2][3]。此外，"档案专家库"应该建立"动态管理"机制，严格执行自动退出制度，以及针对在档案工作考核过程中不合格或者不再适合从事档案工作的，也应执行退出机制。总之，档案人才队伍建设的改进受到行业、社会各方面的关注，其改进方面还应包括档案职业道德水平提高、档案法律意识提升、档案业务能力增强、创新意识的培养等方面，其对档案事业建树是深远而持久的。

二、档案服务机构的资源建设因素

档案资源是档案服务机构的"立馆之基"，是提供档案服务的客观对象，是档案服务机构对外服务的根本，凭借独特的凭证价值、历史价值、文化感染，增加档案用户的可信度，在档案服务元素中起到关键性作用。如果档案资源匮乏，则档案机构难以提供优质的服务，正如"巧妇难为无米之炊"。

（一）理论阐释：档案资源观的形成与发展

根据社会环境的变化不断地拓展档案信息资源的采集领域[4]，档案资源

---

① 刘越男：《区块链技术在文件档案管理中的应用初探》，《浙江档案》2018年第5期。
② 徐欣欣：《文件档案管理中的区块链技术应用研究综述》，《浙江档案》2018年第5期。
③ 潘虹、王子鹏：《区块链技术对社交媒体信息归档的应用探究》，《中国档案》2018年第6期。
④ 冯惠玲：《档案记忆观、资源观与"中国记忆"数字资源建设》，《档案学通讯》2012年第3期。

建设不仅要反映政府机关的职能活动，也要能反映社会公众的日常微观生活，只有这样才能全面反映整个社会面貌，使档案资源建设反映其独特的时代意义与价值。

　　档案资源观是在档案资源建设的基础上形成，并指导档案资源体系的建设。"国家全部档案"概念以及"统一管理国家档案"原则奠定了我国档案资源建设的思想基础、法理基础[①②]。国内一些档案学者从理论的角度来探讨档案资源体系问题，提出了档案资源观，探讨了档案管理机构馆藏建设的战略走向等重大问题[③]，并提出了档案馆馆藏价值的长久性与馆藏来源的"多元性"原则[④]等。随后，档案资源作为公共档案资源的讨论越发激烈[⑤⑥⑦]，围绕档案资源内涵以及其构成内容[⑧]、档案资源功能[⑨]、档案资源建设主要途径[⑩⑪]、档案资源开发利用[⑫]、档案资源共享的政策与环境[⑬]等开展了多维度的讨论。特别是《机关文件材料归档范围和文书档案保管期限规定》

　　① 冯子直：《新中国档案事业建设和发展史上的重要文献纪念〈国务院关于加强国家档案工作的决定〉发布 40 周年》，《档案学研究》1996 年第 2 期。

　　② 李筑宁：《在〈决定〉精神指引下开创档案工作的新局面——纪念〈国务院关于加强国家档案工作的决定〉发表四十周年》，《贵州档案》1996 年第 2 期。

　　③ 傅华：《论馆藏与馆藏建设，文件论与档案管理》，中国档案出版社 1993 年版，第 177~219 页。

　　④ 朱荣基：《论馆藏的质与量》，《上海档案》1999 年第 2 期。

　　⑤ 褚巍伟：《我国公共档案馆档案信息服务体系建设研究》，硕士学位论文，安徽大学，2014 年。

　　⑥ 李映芬：《公共档案信息资源建设的初探》，《文史月刊》2012 年第 7 期。

　　⑦ 简莹莹：《公共档案馆社会责任研究》，硕士学位论文，福建师范大学，2011 年。

　　⑧ 潘玉民：《论国家档案资源的内涵及其构成》，《北京档案》2011 年第 1 期。

　　⑨ 朱阆：《档案功能实现动力研究》，硕士学位论文，辽宁大学，2013 年。

　　⑩ 徐桂珍：《加强优质档案资源建设途径探索》，《城建档案》2018 年第 2 期。

　　⑪ 程娟：《高校档案资源融入大学文化建设的途径》，《金陵科技学院学报》（社会科学版）2016 年第 3 期。

　　⑫ 张芳霖、唐霜：《社会记忆视域下的地域性档案资源生态研究》，《档案学通讯》2015 年第 3 期。

　　⑬ 陈姝：《国家档案资源建设的途径、问题与策略》，回顾与展望：2010 年全国档案工作者年会论文，2010 年，第 9 页。

《关于加强民生档案工作的意见》等与档案资源建设密切相关的法律法规政策等相继出台，有效地提升了档案资源观的政策环境。应该看到，档案资源观不是自然形成的，而是在档案工作者的探索下，档案资源种类与数量的集成下，档案服务过程的总结中得出的历史性规律性的发展观念。

（二）实践探索：档案资源建设及存在问题

传统纸质档案资源建设已形成了一套比较完整、科学与成熟的规范，但针对数字环境下所产生的数字档案资源建设问题还有很大的改善空间。众所周知，数字档案资源正在迅速地成为档案信息资源的主要形态[1]，导致生成环境、生成方式、传播媒介等产生革命性变化，数字档案信息资源必然成为了信息治理的主要治理对象。

1. 数字档案资源研究进展

从 2014 年起相关论文成果发表进入高产期，其中 2016 年发展 102 篇，占 20.12%，2017 年发表 105 篇，占 20.71%；按照主题来看，主要聚焦于数字档案概念探讨[2]、数字档案资源整合与服务[3][4]、数字档案资源跨语义研究[5][6]、数字档案生态安全等[7][8]。其研究背景包括了互联网时代的推进、信息

---

[1]　倪代川、戚颖：《数字档案资源研究综述》，《档案管理》2016 年第 2 期。

[2]　金波、丁华东、倪代川：《数字档案馆生态系统研究》，学习出版社 2014 年版，第 204 页。

[3]　安小米、钟文睿、白文琳、孙舒扬：《我国国家数字档案资源整合与服务研究现状及未来研究建议》，《档案学研究》2014 年第 2 期。

[4]　安小米、白文琳、钟文睿、孙舒扬：《数字转型背景下的我国数字档案资源整合与服务研究框架》，《图书情报工作》2013 年第 24 期。

[5]　吕元智：《数字档案资源跨媒体语义关联聚合实现策略研究》，《档案学研究》2015 年第 5 期。

[6]　吕元智：《数字档案资源体系的语义互操作实现研究》，《档案学通讯》2013 年第 5 期。

[7]　丁家友、聂云霞：《数字档案资源生态安全的演进路线探析》，《档案学研究》2016 年第 2 期。

[8]　聂云霞、杨千：《新常态下我国数字档案资源建设的路径探析》，《档案与建设》2016 年第 3 期。

资源战略的普遍实施①、档案信息化建设不断深化，以及《国家信息化发展战略（2006～2020）》的政策导向②。在国外，较早关注这个话题的时间可以追溯到 1988 年，当时保罗·勒内·巴赞（Pène Lè nèi Bazin）在第 11 届国际档案大会上分享了《新型档案材料的形成和收集原则》（*Principles of Formation and Collection of New Archival Materials*）提出"纸质档案有可能会被电子形式的档案所代替"的观点；1996 年，戴维·比尔曼（David Bearman）在第 13 届国际档案大会上分享了《虚拟档案》（*Virtual archives*）的学术报告，认为在不久的未来社会，可能"几乎所有组织机构的文件绝大多数都将是电子型的"③；2013 年，特里·库克（Terry Cook）从证据、记忆、认同、社会（社区）四类价值范式出发④，对数字环境下档案工作的方向与挑战进行了深度分析。应该看到，数字档案资源研究热度不断升高，理论与实践的结合正在深入开展。

2. 数字档案资源建设存在的不足

面对数字档案的不断积累以及相关新状况不断出现，档案服务创新方式、方法与手段都还存在一些尚待解决的问题，这些将直接影响到档案服务质量的整体水平，关系到协同治理的效率。首先，数字档案资源的存储安全问题。因为随着技术升级换代加快，技术管理层面出现了不少的安全隐患。当前国外数字档案资源保存与安全较为关注，尤其是灾备、格式、载体以及

---

① 相关数字资源战略。加拿大 2006 年发布《加拿大国家数字信息资源战略》，旨在为公众提供普遍而公平的信息存取。欧盟委员会 2010 年公布欧盟数字战略行动计划，将信息化作为欧盟经济发展的主要推动力。日本 2001 年公布实施《高度信息通信网络社会形成基本法》（《IT 基本法》），在内阁设置"高度信息通信网络推进战略本部"，协调 IT 计划的实施和推进。

② 倪代川、戚颖：《数字档案资源研究综述》，《档案管理》2016 年第 2 期。

③ ［美］戴维·比尔曼：《虚拟档案：第十三届国际档案大会文件报告集》，中国档案出版社 1997 年版，第 120~134 页。

④ T. Cook, "Evidence, memory, identity, and community: four shifting archival paradigms", *Archival Science*, Vol.13, No.2-3（2013）, pp.95-120.

保存方法等①，我国也逐渐开始探讨大数据、区块链等前沿技术在数字档案资源存储中应用，以及可能存在的安全问题。其次，数字档案资源的管理与服务问题。由于数字时代档案信息资源来源多样、类型繁多、结构复杂、标准不一，各组织机构条块分割，造成"信息孤岛""信息沟壑"纵横，"信息清洗"也难以展开，致使数字档案服务韧性受到损伤。最后，数字档案资源合作与共享存在困难。数字档案资源的产生源头，来自于各个不同层级的不同社会主体，受其历史传统、管理体制、专业背景、技术革新等差异影响，使得数字档案信息资源的采集、管理等存在不少的难度。而且，数字档案资源的合作与共享缺乏有效的平台及法规政策的支持。因此，亟待相关部门开展协调工作，借助"云物移大智"等技术支持，不断优化数字档案资源开放共享条件。

（三）影响分析：信息治理框架下档案资源管理

随着档案数量的增长，档案信息的流通与服务日趋复杂，以往依靠档案部门的实际工作经验积累已经不能满足档案用户需求。必须要引入治理相关理论，形成有效的评估机制和责任分配体系②，开展馆际合作、信息共享，经此来不断地提升信息治理效果，实现优化档案服务质量的目的。

1. 信息治理与档案资源管理的内在联系

档案作为信息记录的表现形式，隶属于信息管理系谱，和信息管理学科有着天然联系。档案信息是信息治理的对象之一。信息治理的宗旨在于减少信息冗余、提高信息可信度、完成噪声信息清洗，而在数字化时代，档案资源的信息记录不可避免地受到信息污染负面影响。因此，信息治理是档案

---

①　王兴娅、颜祥林：《基于 LISA 数据库的国外数字档案资源保存与安全研究动向分析》，《档案与建设》2012 年第 2 期。

②　王露露、徐拥军：《澳大利亚政府信息治理框架的特点研究及启示》，《图书情报工作》2017 年第 8 期。

工作业务构成之一，澳大利亚已将信息治理能力构建列为重要的战略与议题[1]。信息治理既是政府管理或行政管理的理论，也是开展信息管理工作的实践真知。当然，应该看到，信息治理对象也包括人事档案造假、盗窃国家档案、违法销毁档案等违法犯罪信息行为、违反道德伦理的信息行为、偏差性信息行为等[2][3]，应该看到，对档案违法案件的处理有助于积累信息治理实践经验、丰富信息治理理论内涵。

2. 信息治理嵌入对档案资源管理的影响

随着信息治理理论的丰富发展，以及嵌入档案日常管理，对档案资源的整合与利用产生影响，从而对档案服务优化产生影响（如图 5-1 所示）。第一，优化档案管理业务环节，重视档案源头开发。传统档案管理侧重于档案的整理、鉴定、保管等环节，在信息治理环境下，需要兼顾"前端控制，全程管理"，着眼于档案资源的真实、完整、可靠性等层面，保证进馆前的档案资源内容与格式质量。第二，信息技术有助于档案资源的长久保存，同时借助各类信息技术对档案资源进行保护建设（格式等检查）和深层开发（语义关联等），减少信息鸿沟，实现资源的再利用，提升信息治理能力。第三，控制档案资源选择的失范行为。信息治理视阈下要求按照规范对档案资源进行整理，减少失范行为存在的可能。第四，消除信息冗余，优化档案服务。"冗余"的产生很大程度来自档案资源控制不到位，尤其是数字档案信息资源的整合，容易出现信息缺失、信息纵横等连锁反应。

① ARMA International, Glossary of Records and Information Management Term, 2012.

② 北京市档案局法规处：《档案违法案例解析》，《北京档案》2012 年第 8 期。

③ 侯俊芳、于瑞芳：《档案违法案例剖析》，《陕西档案》1999 年第 1 期。

图 5-1　信息治理视阈下档案服务优化表征

3. 信息治理倡导多元主体参与档案资源建设

改革开放推动了社会主义市场经济的发展，"许多形成于传统一元体制下的理论在多元社会背景下面临着严重挑战"[1]。信息治理理论要求突破部门单一治理，倡导多元合作参与档案资源建设。首先，建档主体多元化。要求突破单一国家机关主体的局限，"只要珍贵的档案就应该得到有效收藏"[2]，强化非公经济组织、家庭与个人等多类型主体在档案资源建设中的作用[3]。其次，划分档案资源构建主体的职责。针对国有档案资源建设问题，强调资源与服务的宏观性、整体性、基础性等，而针对非国有档案资源建设问题，强调他们可以按照自身的性质、特点、规模等，采取灵活的档案资源建设范式。最后，强调以多元合作的方式参与档案资源建设。鼓励社会其他主体积极参与到档案信息资源建设中，体现出信息治理的包容性与开放性。

三、档案服务机构的制度设计因素

档案服务机构政策与制度的建设是开展档案服务工作的风向标，作为规范档案服务利用行为的准则，推动着档案机构馆藏开放存取运动的开展，是校正、督导档案服务人员业务流程的指南，更是实现信息治理科学嵌入的

---

①　薛刚凌：《元化背景下行政主体之构建》，《浙江学刊》2007 年第 2 期。
②　王铁男：《加强档案资源体系建设应注意的问题》，《黑龙江档案》2011 年第 1 期。
③　胡燕：《我国档案资源体系建设多元化探析》，《档案学通讯》2013 年第 5 期。

长效保障机制。20世纪50年代，我国便制定相应政策和制度，以求规范档案服务机构公共服务的属性，但总体而言政策滞后、配套性不强、实施资金不足、实施效果不显著[①]。

（一）纵向审视：档案服务机构制度与政策的演变

档案服务机构的制度是具有明确功能指向的规则，作为档案事业规范进程中的重要一环，过去往往是以管理视角呈现。但在当前的环境下，应该看到档案制度不仅是档案机构及其业务的安排，更是一种业务活动过程中需要遵守的规则。因此，梳理档案机构建构制度的历程中探究信息治理视阈下档案制度与服务质量优化的关系就显得有很重要的积极意义。

1. 档案服务制度历程变迁

第一阶段（20世纪50—60年代），档案服务制度多为党政服务。1956年公布《关于加强国家档案工作的决定》，1959年公布《县档案馆工作暂行通则》，以及1960年公布《省档案馆工作暂行通则》[②]，这些《决定》与《通则》对于档案服务的对象更多的是围于党、政、机关部门，档案服务事务主要集中在党政工作、生产实践等。

第二阶段（20世纪80年代），档案服务制度开放性属性渐强。1983年发布《档案馆工作通则》，以及在1985年"全国档案工作会议"都明确强调档案馆是"科学文化事业机构""不应成为党委、政府或档案局的内部职能机构"。可见，国家档案系统非常重视档案服务对象的广域性、社会性、均等性。而且，1986年发布《关于开放历史档案的暂行规定》提出"满30年对外开放"，而且开放对象面向公众。

第三阶段（20世纪90年代），档案服务制度兼顾社会公众的档案信息

---

① 闫静：《中美综合档案馆公共文化服务政策比较研究》，《档案学通讯》2013年第2期。
② 闫静：《中美综合档案馆公共文化服务政策比较研究》，《档案学通讯》2013年第2期。

利用需求。特别是 1987 年《中华人民共和国档案法》的颁布，以法律形式确定档案馆"文化事业机构"属性，要求档案馆采取各种形式开发档案资源，为社会利用服务 ①，档案服务机构建构的制度范围具体到档案服务人员的配备。

第四阶段（21 世纪以来），档案服务制度的公共性、公益性特征凸显。2007 年档案局印发《关于加强民生档案工作的意见》，重点突出"以人为本"的人本理念；2008 年颁布《政府信息公开条例》，将各级综合档案馆纳入社会文化服务机构，认定为法定的政府信息开放场所，要求他们逐步优化档案服务；2011 年《全国档案系统"六五"法制宣传教育规划》要求"加强档案部门依法履行公共服务职责的能力"。可以看到，档案服务制度在设计上越来越凸显公共性、公益性的特征已是非常明显，特别是 2011 年新修订通过的《中华人民共和国档案法》，更是大力倡导档案服务的完善与提升，更是提出"满 25 年对外开放"的规定。

2. 档案服务制度的特征

首先，时代过渡性明显。档案服务机构的服务理念由"为国存史，为党管档"转化为"以人为本，重视群众的社会文化需求"，体现出我国档案服务机构政策处在逐渐完善、不断发展过程中，同时也体现出了明显的时代特征。

其次，开放性逐渐显现。过去档案机构的政策是对档案"严加看管"，典型的"重藏轻用"，现在重视社会化服务，体现公共文化机构的社会功能，特别在《政府信息公开条例》出台以后，从国家层面加强对开放档案信息的公开趋势越来越明显。

最后，高度一致性突出。"制度的本质就是在社会分工协作体系中不同

---

① 闫静：《中美综合档案馆公共文化服务政策比较研究》，《档案学通讯》2013 年第 2 期。

集团、阶层和阶级之间的利益关系"①，档案机构在设计制度的时候，必须要高度地兼顾我国社会主义不同时期的发展特点，并与相关政策制度高度保持调度一致，才能保持档案服务工作与其他相关工作实现无缝衔接，完美结合。

3. 档案制度实践的现状

首先，档案服务制度的不断完善科学地促进了档案服务实践整体优化。制度是优化档案服务的内部因素之一，它为档案服务系统提供良好的内部支持。如档案制度中强调"档案编纂（编研）开发利用"，并以此为导向，诸多档案馆或其他文化部门据此编纂具有当地特色的档案文献编纂成果，如《徽州千年契约文书（宋·元·明编）》《徽州千年契约文书（清·民国编）》等。可以看到，我国档案服务制度建设的不断完善对档案服务实践工作起到了显明的推动作用。

其次，档案服务制度在践行过程中也发现了一些需要完善的地方。一方面是配套政策较少。档案服务机构建构的政策主要是围绕档案法、档案法规条令衍生而出的适应地方基层档案服务机构的制度，缺乏微观具体内容，如在档案人员队伍建设方面，即档案队伍人事制度，往往与许多地区的实际情况不相符合，同时与信息治理相关的法规政策、标准规范、实践指南较少。另一方面是执行力度有待加大。如问责机制，尽管该条款在档案服务机构制度中占有重要地位，但在具体执行过程中效果不佳，发挥的效用力度不够。最后是亟待加强制度建设方面的研究。当前关于档案服务机构优化的探讨集中在利用方式与解决对策，但对其内部制度研讨需要加强，特别是档案机构制度的走向，更是档案服务机构需要重点考虑与合理规划方向。

---

① 林岗、刘元春：《诺斯与马克思：关于制度的起源和本质的两种解释的比较》，《经济研究》2000 年第 6 期。

（二）横向对比：中外档案服务制度比较与启示

既存制度对档案制度的起源及建构起着重要的制约和供给作用[①]，档案服务机构建构的制度作为影响档案服务质量的内部因素之一，应借鉴国外档案服务经验并作出相应的调整。通过中外对比视角，对美国、英国、法国的档案服务制度进行对比，以期对我国档案服务机构建构制度提出启示。

1. 美国

拥有完善的档案服务制度体系，强调机构文化服务性。美国档案服务机构自 20 世纪 40 年代，就制定了一系列公共文化服务政策，突出档案馆机构公众服务性职能。1948 年，美国联邦政府通过《行政程序法案》（*Administrative Procedure Act*），规定了美国公众有权获取最基本的政府信息，为档案机构的公众性奠定基础。在 20 世纪 50 年代，档案机构适用的制度有了新的变革，美国于 1955 年制定《档案工作者职业道德规范》（*Professional Ethics of Archivists*），包括了唤醒档案服务人员的职责意识，并要求遵守档案服务职业道德（规范服务流程手续，有义务维护版权、知识产权、签署权和用户隐私等）。并且为了优化档案服务质量，提出了"平等礼貌对待每一位利用者，帮助使用同等文件材料进行同类研究者相互沟通"。并且，分别于 1980 年、1992 年、2005 年对它进行了修改与完善，不断优化了档案服务机构的制度。为了加强档案服务适应信息时代的发展，20 世纪 90 年代，美国建立了档案信息导航系统，实现全国档案信息资源的集成化查询。2007 年《美国国家档案与文件署（NARA）2007—2017 年战略规划》[*National Archives and Documents Administration*（*NARA*）*Strategic Plan 2007-2017*]，更是提出建设"方便进入的档案馆"（Archives without Wall），要求开展面向公民需求的公共档案项目，改善档案用户的档案阅读环境。美国从国家层面到州政府的档案部门，都积极响应国家信息公开化建设，制定并执行

---

① 陆阳：《权力的档案与档案的权力》，《档案学通讯》2008 年第 5 期。

相关档案服务制度，其具体内容涵盖了档案业务流程、档案编研与学术研究、档案宣传与技术运用；等等。

2. 英国

多维管理提升档案服务的公共性，弥补分散体制的不足。在档案事业管理体制方面，英国属于典型的分散体制[1]，没有设立统一的档案事业领导机构，国家档案管理机构与地方档案管理机构之间基本不形成一种上下隶属关系。为了弥补分散体制下档案管理不统一的混乱现象，英国档案服务机构采取了一系列措施：①重视档案法律法规的建设工作，希望借助法律法规来规范全国档案工作及档案服务工作。1838 年颁布《公共档案法》，并分别于1958 年、1967 年等对其进行了相应的修订[2]；2000 年颁布《信息公开法》；2005 年颁布《信息自由法》。要求在履行档案管理、档案服务等相关工作时必须要依法行事。②在国家档案馆下设立档案管理部。负责政府部门档案工作的检查与指导，对档案保管条件和服务情况提出建议，并有权责令整改，以提高档案服务质量。③成立档案工作者协会（Association of Archivists）。1947 年成立英国档案工作者协会，旨在加强全国档案人员的学术交流与业务联系，定期召开档案专业会议，出版档案刊物，负责对档案服务人员的业务培训和从业资格认证等相关组织工作。④建立协调档案工作的机构，包括档案馆联席会（The UK Inter Departmental Archives Committee）和博物馆、图书馆和档案馆联合管理委员会（Management Committee of Museums, Libraries and Archives），通过研究地方与国家档案事业服务的现状，提供制定适用于档案服务机构的制度，并提供指导的依据。

3. 法国

管理体制由集中制逐渐向集中和分散相结合体制转变。在近代法国档

---

① 黄霄羽：《外国档案事业史》，中国人民大学出版社 2015 年版，第 208~209 页。

② 罗涤：《英国档案事业发展的新趋势》，《北京档案》2010 年第 3 期。

案改革过程中，首先确立了"集中制"管理体制，1790 年成立的国家档案馆作为中央级档案馆，同年设立行政区档案馆即各省档案馆，由此形成了从中央到地方的档案馆网。随着档案管理实践变化与档案服务能力要求提高，法国国家档案局开始给地方档案馆一定的自主权，国家档案局不再实行集中统一的管理[①]。首先，法国国家档案局与一些事务部协商，关于外交部、国防部和财政部等一些部门不向档案局移交档案，只需提供档案目录，实际上扩大了档案收集的范畴。其次，组成全国公共和非公机构的档案管理与服务平台，建议两种不同组织性质的档案馆共同合作，推进档案服务利用进程。这在一定程度上赋予地方和各专业档案机构的自治权，在获取管理最大效益的同时，使国家档案机构对国家档案事业发展有更加全面、深入的了解，使法国档案机构发展成为国家重要的信息保存与服务中心[②]。最后，在档案机构政策的支持下，法国档案管理呈现出自身特色，重视私人领域档案的采集工作，并成立专门的档案收集委员会负责该项事务。《法兰西共和国档案法》的实施，更是规定了国家档案管理机构对私人档案有强行登记的权力，继承私人档案需要缴纳相关税费，这为散存于个人手中的档案收集提供制度保障，丰富了档案资源基础。

四、档案服务机构的技术运用因素

在信息治理视阈下，档案服务机构由传统的档案服务渐趋重视技术的使用，包括了"互联网 +"、云计算、大数据、区块链、社交媒体嵌入等，赋予了档案服务机构活力。但也应该看到，档案服务机构运用技术对档案服务质量优化具有双重性，一是改变了档案服务部门提供利用的方式与手段，改变了档案服务的时空观，不断满足档案用户的需求。二是技术的引入需要

---

① 黄霄羽：《外国档案事业史》，中国人民大学出版社 2015 年版，第 216~217 页。

② 黄霄羽：《外国档案事业史》，中国人民大学出版社 2015 年版，第 217 页。

有良好的内部管理为前提，如果处理不当则容易造成档案管理混乱、威胁到档案信息保管安全，特别是容易导致数字档案信息资源损失，因此要充分运用信息治理的理念，强化信息治理技术的运用，确保信息资源、系统、平台的安全，从而不断优化信息服务的质量，实现对资源的有效控制。

（一）档案服务机构运用的技术

技术是制造一种产品的系统知识，所采用的一种工艺或提供的一项服务。在档案管理与服务部门，主要是围绕管理、保护和提供利用档案实体（信息）时，采用的手段和方式，尤其在电子文件管理中，技术的运用不断升级。有学者梳理发现，当前在档案管理机构中涉及的技术因素已是非常广泛（详见表5-1、表5-2、表5-3），其中包括了多种载体档案数字化技术、原生数字档案技术和云技术应用等，给档案服务质量的提升与优化提供了可能与便利[①]。

表 5-1　多种载体档案数字化技术及应用进展

序号	技术类型	主要内容	运用于档案领域案例
1	自动页面分析	首先进行报纸图像的预处理，定义一个阈值提取图像信息并进行图片增强；按照顺序自动提取图像的组件；最后进行文字的识别和重建	希腊国家信息与电子通信研究中心的 Gatos 等学者开发了一种报纸档案的自动页面分析技术[②]
2	曼彻斯特计算	通过 ASCII 文本协助创建搜索资源，采用逐页和文章逐条两种数据加载方法，使用自动创建页面级数据、手动创建文章级数据、持续改进存档三项操作来创建元数据	英国曼彻斯特大学 Maclntyre 等学者开发的一个档案数字化的原型应用程序[③]

---

① 王萍、郭秋言、宋雪雁：《境外近年电子档案技术与应用进展》，《档案学通讯》2014年第4期。

② B. Gatos，S.L. Mantzaris，S.J.，"Perantonis，A.Tsigris. Automatic page analysis for the creation of a digital library from newspaper archives"，*International Journal on Digital Libraries*，Vol.3，No.1（2000），pp.77-84.

③ Ross Maclntyre，Simon Tanner，"Nature a prototype digital archive"，*International Journal on Digital Libraries*，Vol.3，No.1，（July 2000），pp.67-76.

续表

序号	技术类型	主要内容	运用于档案领域案例
3	A/D 转换技术	音频档案信号转换的载波分析和恢复、信号提取、数据评估和保存副本，应用半自动的方式从音频和视频载波中针对性地获取元数据	欧盟各国音像资料数字化普遍采用的技术
4	3D 激光扫描与三维模型	应用 3D 激光扫描技术，建立文化遗产档案的三维数字模型并将其存储、开放利用	中国数字敦煌[①]

表 5–2　有关原生数字档案技术及运用案例[②]

序号	技术名称	技术描述	运用在档案领域示例
1	归档技术	将原生数字档案的归档工作分为采集有档案价值的数字资源，以及对所获资源的整理加工使其成为可访问的档案信息	奥地利在线归档（AOLA）数据收割技术[③]；美国埃默里大学 Carroll 等学者"白色档案"的转换[④]
2	电子健康档案（EHR）	包括集成电子病历系统（IEMRS），一站式多媒体病历系统，个人实时电子健康档案	S.L.Ting 等学者开发，通过数据挖掘技术提供一体化的医疗机构信息管理[⑤]
3	电子政府领域的应用	包括面向服务的体系结构（SOA）框架，电子文件管理与归档系统（E–BEYAS）	土耳其政府与安卡拉大学联合开展了 E–BEYAS 项目[⑥]

[①] 王晓煜、杨丽:《数字重构技术在文化遗产保护与传播中的应用研究——以数字敦煌为例》,《信息与电脑》(理论版) 2018 年第 20 期。

[②] 援引王萍团队对国外电子档案技术运用的探讨（2000—2014 年）；王萍、郭秋言、宋雪雁:《境外近年电子档案技术与应用进展》,《档案学通讯》2014 年第 4 期。

[③] Andreas Rauber, Andreas Aschenbrenner, "Part of Our Culture is Born Digital – On Efforts to Preserve it for Future Generations", *On-line Journal for Cultural Studies Internet-Zeitschrift*, No.7（2001）.

[④] Laura Carroll, Erika Farr, Peter Hornsby, Ben Ranker: "A Comprehensive Approach to BornDigital Archives", 2018 年 11 月 29 日, 见 http: //journals.sfu.ca/archivar/index.php/archivaria/issue/view/454/showToc.

[⑤] S. L. Ting, W.H.Ip, Albert H.C.Tsang, George T.SHo, "An integrated electronic medical record system（iEMRS）with decision support capability in medical prescription", *Journal of Systems and Information Technology*, Vol.14, No.3（2012）, pp.236–245.

[⑥] Bayram Ö., Özdemirci F., Güvercin T., "Developing Electronic Records Management Software Applications and Managing Institutional Differences: A Comparative Study", *Procedia-Social and Behavioral Sciences*, Vol.73, No.27（2013）, pp.526–533.

表5-3　档案服务中云技术及其应用①

序号	技术类型	技术描述	运用在档案领域案例
1	云存档分层模型	云归档分层模型，包括保存及服务（PAAS）层、软件即服务（SAAS）层、保存层和交互层等	日本筑波大学 JanAskhoj 等学者创建了一个云存档系统的整体模型②
2	云加密技术	虚拟技术中并不能确保加密数据的安全，采用产生随机加密密钥对数字档案对象的哈希值标记	加拿大国家档案馆 Stuart 等学者研究了云中加密数据的存储③
3	云数据存档（CloudDA）系统	做出所获取信息的数字摘要，将其与电子档案实体、元数据一起使用 DA/T48-2009 标准装入提交信息包（SIP）中，并将其传递给管理者	清华大学 Guigang 等学者开发了一种在云环境中名为 CloudDA 的存储系统④

（二）技术赋能：技术变革有利于促进档案服务方式升级

信息技术的快速发展，为开发形态日趋多样化、个性化、艺术化的资源精品，不断提供新型的档案服务方式、载体与手段提供了支持，同时通过对信息的全程跟踪、治理和维护，确保信息在其整个生命周期的可持续利用，为用户提供高质量服务和优质体验，推动体制机制的创新。

首先，技术变革创新了档案服务工作的思维方式。技术的不断变革与进步，以及在档案服务工作中的广泛使用，正在不断地打破档案服务人员的固有思维模式以及传统的档案服务方式。如借助新技术运用，以可视化的形式把档案服务成果展现给档案用户，让档案利用者以一种更为直观、更生动

---

① 援引王萍团队对国外电子档案技术运用的探讨（2000—2014年）；王萍、郭秋言、宋雪雁：《境外近年电子档案技术与应用进展》，《档案学通讯》2014年第4期。

② Jan Askhoj, Shigeo Sugimoto, MitsuharuNagamori, "A Metadata Framework for CloudBased", *Lecture Notes in Computer Science*, No.10（2011），pp.118-127.

③ Katharine Stuart, DavidBromage, "Current state of play records management and the cloud", *Records Management Journal*, Vol.20, No.2（2010），pp.217-225.

④ Zhang Guigang, XueSixin, Feng Huiling, Li Chao, Liu Yuenan, Yong Zhang, ChunxiaoXing, "Massive Electronic Records Processing for Digital Archives in Cloud", *Lecture Notes in Computer Science*, No.11（2013），pp.814-829.

形式来利用档案信息资源，不仅赋予档案信息资源一种全新的利用价值与生命力，而且达到了美学形式与功能需求齐头并进的效果。

其次，技术变革提供了档案服务所需的新工具。随着信息技术的发展以及广泛运用于档案管理工作，为档案服务提供了越来越多的新工具，如借助内容分析技术、数据挖掘技术、人脸识别技术、声音识别技术、OCR 图文转换技术、图像尺寸器（Image Sizer）等①②，这些技术工具极大地提升了档案服务质量、水平与效率。

再次，技术变革使得档案传统业务流程"扁平化"③。档案业务流程的"扁平化"极大地促进了档案服务质量的提升，如传统档案著录需要人工进行手动输入，而借助计算机读取，在电子文件生成到归档整合环节，自动捕获并提取元数据进行著录，使得档案收集与整理环节减轻负担，档案服务更加规范与流畅。

最后，技术变革催生了档案服务方式优化。新技术运用对于档案服务方式的优化作用是非常明显的，特别是新媒体环境下档案微视频的传播④，可以说是技术变革催生的档案服务方式优化的典型，如《世说新语档案百年》系列专题片，以历史档案为题材，极大地发挥了档案的历史传承作用。还有如多元数字展览，借助 VR 技术与档案用户互动，通过数字化资源的立体艺术呈现，逼真地还原历史场景，以及档案应用程序（Application，APP），如 2018 年第二届档案课外科技竞赛，广西民族大学推出"健康档案APP"，四川大学带来"家庭档案自管理 APP"等。总之，技术嵌入给档案服务带来新的改变，不仅仅体现于减少时空局限，更满足了档案用户的多元

① 李子林、王玉珏、龙家庆：《数字人文与档案工作的关系探讨》，《浙江档案》2018 年第 7 期。

② 吴加琪：《数字人文兴起及档案工作的参与机制》，《档案与建设》2017 年第 12 期。

③ 聂云霞、龙家庆：《面向用户需求的档案信息服务"扁平化"模式建构》，《档案与建设》2018 年第 5 期。

④ 许云龙：《新媒体环境下数字档案资源开发研究》，硕士学位论文，河北大学，2018 年。

性需求。

（三）技术风险：防范档案服务运用或管理技术不善的风险

技术变革在带来方便与高效的同时，也需要思考带来的风险与弊端。档案部门不仅需要提升应对技术风险管理能力，而且还要加强档案理论体系关于技术管理控制的创新与发展，夯实信息治理技术，确保信息的真实性、完整性、可用性、安全性。

首先，提升对技术的认知。在各种新技术的运用中，需要正确认识安全和风险的关系，树立科学的安全观和风险观，尤其使用电子磁性载体保存档案数据时，需要提高多重备份、异地备份与迁移仿真等意识。

其次，强化管理的连续性。新技术的运用，必然地带来升级与控制的问题，相关能力必须要不断加强。当前，许多档案服务机构的档案安全管理计划缺乏整体规划，档案的安全管理模式相对比较静态，对可能会产生的各种风险缺乏有效的监测机制和识别方法，更无法从源头上进行有效控制[①]，导致在档案服务中对新技术的运用总是存在诸多风险，因此要借助信息治理理念、技术与方法不断强化档案服务过程的连续性管控，以保证档案服务质量的持续优化与提升。

最后，防范技术缺陷的风险。新技术运用可能会因为其成熟度不够，存在一些风险点。因此，必须要从全面、动态、系统的角度防范技术可能存在的风险管理，涵盖档案管理中各环节的各类风险。特别是在当前数字时代，各种新技术不断地更迭并推陈出新，数字档案信息安全问题更是不容忽视，需要做到档案系统的实时维护，一旦档案保管系统受到黑客攻击或是实体技术不到位造成的数据损坏、丢失、篡改、乱码，损失是无法计量的。要充分利用信息治理技术，加强全过程中的监控，防范技术本身缺陷可能给档

---

① 范园园：《浅议档案风险及安全管理》，《兰台世界》2009 年第 12 期。

案服务带来的风险，增强对档案服务机构利用技术的管理与控制。总之，必须要意识到技术运用作为影响档案服务优化的内部关键因素之一，一方面要大力推进相关技术运用力度，提升与优化档案服务质量；另一方面，在运用技术强化档案服务能力的同时，也要强化对技术运用可能带来的风险进行科学预判与掌握。

五、档案服务机构的治理能力因素

档案服务机构的治理能力包含档案治理理念贯彻力、治理主体凝聚力、治理方式创新力和治理环境约束力，四要素的综合作用决定其治理能力的初步形成和持续建设，并深刻影响档案服务质量优化控制的最终成效。

（一）治理理论贯彻力

治理理论的贯彻是治理能力建设的前提。当今社会不是一场技术，也不是软件、速度的革命，而是一场观念上的革命。[①]信息治理、多元治理、协同治理、文化治理、数据治理等先进治理理论只有真正融入档案服务机构从业人员思想意识和实际行动之中，才能最终转化为档案服务机构的治理能力。因此，从认知层和实践层全面贯彻治理理论就显得尤为重要。首先，认知层的深度学习。即通过开展专业知识培训、举办专题讲座以及高校在职教育等方式，加深机构内从业人员对治理理论的理解和认识，增强该理论在其脑海中的记忆点和存在感，牢固树立档案治理理念。其次，实践层的灵活运用。科学理论只有与具体实践相结合才能转化为生产力，治理理论只有与中国特色社会主义档案工作实践相结合才能更好地发挥其指导作用。以全程管理为基础，将治理理论嵌入档案工作的"收、管、存、用"各个环节，升级档案资源载体形态，精简档案管理业务流程，改进档案保护技术方法，转变

---

① 柯洪波：《建设公共服务型政府的观念障碍及矫正》，《四川行政学院学报》2005 年第 3 期。

档案服务主流方式，形成包括档案服务质量优化控制力在内的档案服务机构综合治理能力。

（二）治理主体凝聚力

治理主体的凝聚是治理能力建设的基础。善治代表国家和社会之间、政府与公民之间形成的良好协商合作的运行机制[①]。档案服务质量优化控制的实现，既需要档案服务机构主导作用的充分发挥，也需要政府、社会组织和公民等主体的协同参与，因此基于统筹协调形成的治理主体的凝聚力成为其治理能力建设的基础，并以利益诉求的满足程度、复杂问题的解决效率和治理成果的共享程度为具体衡量标准。首先，利益诉求的满足程度。各方利益诉求的有效满足是多元共治开展的基点，伴随合作程度的日益加深，治理主体间将产生更加紧密的利益关系，形成"以点射线，相互串联"的利益网络，铸就档案服务命运共同体。其次，复杂问题的解决效率。档案服务与电子政务在线服务的对接、档案服务与企业数字档案室建设以及档案服务中的知识产权和信息安全保护等跨领域复杂问题的高效解决，直接考验各治理主体的参与意识和合作诚意，是制度安排、政策倾向、管理配置、业务跟进和权益维护等共性行为综合作用的结果，生动诠释档案治理吸引力和向心力。最后，成果效益的共享程度。治理所伴生的服务成果和社会效益，平等、畅通地在治理主体间共享，是对治理参与者主体地位的尊重和贡献力量的认可，有助于其身份认同感和归属感的形成，吸引更多优秀组织和个人参与到档案治理过程，巩固和升华治理主体凝聚力。

（三）治理方式创新力

治理方式的创新是治理能力建设的关键。切实推进档案治理能力现代

---

① 俞可平：《治理和善治引论》，《马克思主义与现实》1999 年第 5 期。

化，增强档案服务供给、提升档案服务能力势在必行。[①] 档案服务机构应改变过去单纯以社会需求为治理动因、以外部监督为治理手段的传统做法，从供给侧着手推动治理方式创新。

首先，改革管理方式，走向数据管理。数据化社会背景下，档案资源形态正逐步由模拟态、数字态向数据态的"质变"[②]。档案服务机构应当及时把握历史机遇，积极变革管理方式，通过档案资源数据化、建立与政府和大数据管理部门的数据共享机制以及自主设立档案数据管理中心等方式，实现档案实体管理、信息管理向数据管理的加速转变，为档案服务质量优化奠定坚实的数据基础。

其次，运用新兴技术，拓展服务功能。借鉴图书馆、博物馆等其他文化服务部门[③]，综合运用 5G、AR、VR 和人工智能技术，适时推出各种虚拟档案展、360 度线上档案馆等新型档案服务功能，提升数字档案资源服务质量。

最后，建立应急机制，增强回应能力。2020 年 6 月 20 日，第十三届全国人民代表大会常务委员会第十九次会议修订通过新版《档案法》第 26 条明确要求，"档案馆应当加强对突发事件应对活动相关档案的研究整理和开发利用，为突发事件应对活动提供文献参考和决策支持"。突发事件环境下的应急处置已成为档案服务内容和形式创新的重要方向。档案服务机构应建立应急管理机制，开发应急管理服务平台，根据突发事件灾害程度、涉及领域自动制定有针对性的档案服务方案，预留档案信息数据、编研成果、创意产品等快速获取通道，以回应能力建设为增长点，增强治理能力建设的可持

---

① 周书生：《档案工作与治理能力建设》，《四川档案》2019 年第 6 期。

② 金波、添志鹏：《档案数据内涵与特征探析》，《档案学通讯》2020 年第 3 期。

③ 周莹莹、杨楠：《5G 环境下的档案创新服务探析》，《盐城师范学院学报》（人文社会科学版）2019 年第 5 期。

续性[①]。

（四）治理环境约束力

治理环境的约束是治理能力建设的保障。治理是通过系列制度确立主体间一致同意并采取集体行动的可持续性的规则体系[②]，它既是一种具体实践行为，也是一种抽象文化环境，以产生对环境内各主体的普遍行为约束达到治理效果。档案服务机构内部治理环境约束力，主要表现为硬约束力和软约束力两种类型。硬约束力，即基于机构内惩戒机制、管理制度、政策规章等硬性标准形成的行为规范作用，带有一定的强制色彩，能够有效减少各种违法行为和违规现象的产生，催生友好端正的服务态度、正当合法的服务方式以及安全可靠的服务产品，从而保证档案服务的健康有序开展。软约束力，即基于机构内组织文化、奖励机制和价值追求形成等活性因子形成行为引导作用，具备一定的主观色彩，能够提升从业人员参与档案治理的主动性和积极性，帮助其培养自我治理的良好习惯，增强在档案服务中发现、分析和解决问题的能力，进而优化档案服务的整体质量。软硬结合，培育"服务至上"的组织文化氛围和"结构平衡"的治理生态环境。

第二节　档案服务质量的外部影响因素

档案服务机构在优化档案服务质量的进程中，其服务水平提升的空间与效率不仅有档案机构内部因素的影响，还受到来自外部环境因素的影响。外部环境作为整个信息生态系统的重要一层，它为档案服务提供物资保障、财政支撑、政策支持等。档案服务机构应该不断加强与外部环境的互动，争

---

① 常大伟：《国家治理现代化视阈下我国档案治理能力建设研究》，《档案学通讯》2020年第1期。

② 刘建伟：《习近平的协同治理思想》，《武汉理工大学学报》（社会科学版）2018年第1期。

取更多的资源优势、适用的评估体系，同时应对外在环境下的信息干扰。从信息治理的角度来分析影响档案服务质量的外部因素，包括了档案服务机构面对的社会需求，面临的国家政策，所处的管理体制，所获得的财政投入因素与评价环境。

一、档案服务机构面对的社会需求因素

社会公众或机构部门对档案服务的利用需求，是推动档案服务质量优化的重要外部因素之一，对档案服务机构提出了更高的要求和目标。有学者对档案利用的规律性和目的性进行理论探索，寻求更为合理化的档案利用实践方案[①]。分析档案服务机构面对的社会需求因素，不仅有助于厘清社会档案需求与档案服务利用之间关系，更有助于档案服务优化机制找准外部环境差异，尤其在信息纷繁环境下做出正确的决策。

（一）探知源头：掌握社会主体对档案服务需求的动因

随着档案信息资源种类与数量的增加，给档案服务资源打下坚实基础，同时促进了社会对档案利用需求的增加，但是社会需求是个性化、优质化和扁平化的。当前档案服务机构面临社会需求的动因主要体现在以下几个层面。

1. 证据凭证利用

国外关于档案的凭证价值和情报价值的研究，较早由谢伦伯格（Schellenberg）系统进行论述，其在《现代档案——原则与技术》（*Modern Archives—Principles and Techniques*）中对档案价值进行鉴定时，必须要考虑形成该档案的机构组织情况及职能运行情况，使之成为相关证据。吴宝康主

---

① 陈永生：《档案合理利用研究——从档案部门的角度》，《档案学通讯》2007 年第 1 期。

编的《档案学概论》认为档案具有凭证价值和情报价值①。而且在现实生活中，当公司企事业单位或个人在解决纠纷问题时，就会寻找"档案凭证"价值的支撑，从而证实其行为或事情的真实性、可靠性。尤其在社会公众遇到疑难问题，需要维护自身权益时，档案就自然成为理所应当的"证据"，发挥着重要的法律证据。特别是在婚姻、财产、房产、遗产等民事纠纷中②，档案的凭证价值就能得到凸显。

2. 决策参考与知识智库支持

党政机关部门为了研究当前社会环境的变化，在制定全国性（或地区性）专门事务法规、计划、指令等前期，必须了解当前社会动态与政策历史，需要查考相关档案文献，了解国家（或地域）的环境，从而制定适宜社会发展的法规政策，这也是通常所说的"资政"功用。另外，档案服务机构参与新型智库建设是时代赋予档案知识服务工作的新命题，是提升档案服务质量的重要方式，更是档案服务人员实现自身价值提升的重要举措③。档案智库作为"思想库"或"智囊团"，将有价值的档案存放至知识库，从而实现对数据的深度挖掘，可以达到更大范围的知识服务目的④，架起了一座科学知识与档案服务之间的桥梁⑤，是现代政府治理与决策体系中的重要组成部分⑥。

3. 学术利用与研究需求

档案馆是学术研究的阵地，许多文史哲等人文社会科学家为了寻找"原汁原味"而没有经过加工的文献资料，他们会选择档案馆。档案

---

① 黄世喆、归吉官：《论科技档案的凭证价值和情报价值——科技档案价值形态研究系列论文之三》，《档案学通讯》2012年第3期。
② 徐军星：《公众利用需求与档案信息服务公众》，《兰台世界》2012年第25期。
③ 吕元智：《面向新型智库建设的档案知识服务工作发展对策研究》，《档案学研究》2018年第5期。
④ 吕琳琳：《面向智库的档案知识服务体系构建》，《黑龙江档案》2017年第6期。
⑤ 王辉耀、苗绿：《大国智库》，人民出版社2014年版，第8页。
⑥ 黄如花、李白杨、饶雪瑜：《面向新型智库建设的知识服务：图书情报机构的新机遇》，《图书馆》2015年第5期。

服务提供了研究者与原始材料的交流平台，提升了他们研究成果的可信度。一是档案院校的师生，档案馆不仅是档案学师生开展实习交流的场域，而且还是展开档案理论研究的场所，将理论知识与档案业务实践相结合，在档案编纂（或编研）过程中寻找学术灵感。二是人文学科的研究学者，例如研究水文、土壤、山脉变迁的人文地理研究者，他们通过历史档案文献的分析与研究，找到当地自然和人文环境的变迁与交融的规律与脉络。

4. 休闲娱乐的服务需求

随着人民生活水平的提升，"信息爆炸"时代的到来，用户对于原始档案信息的需求不断增加，同时档案文化衍生服务行业的发展，推动了大众对于档案休闲的需求。一是档案服务利用方式更为娱乐化、便捷化[①]，如档案社交媒体的发展[②]。二是档案文化创意产品的开发[③]，使得档案呈现由静态转化为动态[④]，并且在举办特色档案展览、讲好中国故事的基础上，实现档案信息的增值。例如台北故宫博物院"朕知道了"纸胶带文创产品，嵌入档案信息获得大众喜爱[⑤]。

（二）把握形势：归纳社会主体对档案服务需求的特征

社会组织机构和公民对档案信息利用需求会根据不同的时代背景，表

[①]　周耀林、常大伟、姬荣伟：《我国档案社交媒体运营的制约因素及优化策略》，《浙江档案》2018 年第 7 期。

[②]　张江珊：《美国国家档案馆社交媒体策略发展的比较研究及启示》，《档案学研究》2018 年第 4 期。

[③]　王玉珏、洪泽文、李子林、张馨艺：《档案文化创意产品开发的理论依据》，《档案学研究》2018 年第 4 期。

[④]　杨太阳、张晨文：《档案文化创意产品在国际交流中的作用》，《兰台世界》2017 年第 3 期。

[⑤]　丁春梅：《档案创意产品的成功范例——以台北故宫"朕知道了"纸胶带为例》，《档案学研究》2018 年第 5 期。

现出相应的时代特征。

1. 档案需求具有层次性

不同的时代，不同的社会利用主体，他们的需求目的有很大的差异，所需求的档案信息内容不同。有的档案用户可能关注一次性档案信息，如历史研究者、学术研究者等；有的档案用户可能仅需要二次性档案信息或三次性档案信息，如以休闲娱乐为主的档案用户，他们对档案信息的原始性要求不高，他们更关注的是该档案信息内容是否能引起他们的兴趣。从档案信息利用范畴来看，包括机关政务、党团组织建设、科技档案文件利用、民生档案服务查询等。从档案信息传播途径来看，包括实体档案馆借阅服务和网上服务，如档案微信公众号和档案馆网站建设。

2. 档案需求具有可诱导性

社会公众档案信息利用需求的可诱导性是指社会公众对档案信息的需求是可以加以引导与调节的，因为他们不仅有显性的现实需求，也有隐性的潜在需求。针对前者，档案服务机构只要做好相关的服务工作就可以，但是对于潜在需求则需要档案服务人员采用合适的方法进行引导及激发，激活并触发社会公众对档案信息的利用需求（如图 5-2 所示）。

档案机构通过提供档案服务、扩大档案宣传，提升社会公众的档案需求。

场景建构是外部环境对档案用户的刺激与档案机构的反馈

用户满足档案利用需求，提出更高的要求，形成良性互动

图 5-2　社会档案需求的触发机制

3. 档案需求的个性化

社会公众对档案服务机构的需求是不断提升的，而且呈现不同的个性化需求。这也是外部环境对档案服务机构优化档案服务质量的外在因素的构成之一，尤其是信息紊乱环境下，档案用户的需求或许与当前档案机构可提供利用的现实条件存在差异或矛盾，这对档案服务机构的应变能力带来挑战。有学者认为应该从主体、客体、对象、环境四个维度构建"扁平化"档案服务模式[①]。

（三）了解动向：知晓社会对档案服务需求的趋势

网络环境下的档案利用者需求无论是类型、特点还是影响因素都更具有时代色彩。

1. 需求主体阶层的扁平化

随着我国档案开发思想教育的深入，近年来我国档案用户需求的主体阶层趋向于扁平化[②]。如当前我国各级综合档案馆所接待的档案用户中，主要是以普通群众为主，利用需求主要集中在婚姻档案、知青档案、社保档案等，档案的利用主体还没有呈现出层次性特征。

2. 需求内容更加立体化

过去档案需求主要是纸质档案的内容，随着互联网发展以及多媒体技术的运行，档案需求内容不再仅局限于传统档案内容，还包括了声像、视频、音频等档案内容，特别是数字化、数据化档案信息资源的利用需求越来越多，不仅有一次性档案内容的需求，也有二次性、三次性档案内容的需求，更有对档案知识服务的需求。除此之外，还表现在利用层次的立体化属性，由于需求主体对档案的利用需求变得更加深入，使得用户的利用层次参

① 聂云霞、龙家庆：《向用户需求的档案信息服务"扁平化"模式建构》，《档案与建设》2018年第5期。

② 王晨：《基于社会调查的档案用户需求研究》，《档案与建设》2016年第10期。

差不齐，"有的则倾向于希望通过档案咨询直接得到知识集成的意见或建议，寻求智能化背景下的档案知识服务能力"①。

3. 档案需求网络化

网络环境下档案利用咨询打破时空的局限，使得档案利用变得简单，有的地方甚至出现了"足不出户实现档案阅览"的利用方式。但是这种基于网络化的档案服务方式还不够完整与系统，还无法体现出集成化的理念与服务能力，使得档案专题研究存在资源短缺现象。总之，社会档案需求呈现出越来越旺盛的需求，需求方式也是千差万别，档案服务机构及时应对外部环境的变化，做出正确决策。

二、档案服务机构面临的政策制度因素

档案服务机构作为国家重要的文化职能部门，在国家文化事业发展、政策法规研究等领域同样发挥着重要作用。各国通过建设相关法规、政令来规范档案服务工作，如美国《信息自由法》《隐私权法》要求"最大限度地开放利用档案文件、充分保障利用者权利"②，我国的《政府信息公开条例》要求坚持以公开为常态、不公开为例外，遵循公正、公平、合法、便民的原则，在允许的范围内公开档案信息。因此，档案服务发展方向需要以国家政策为导向，保障国家经济、文化事业的蓬勃发展，坚持马克思列宁主义、毛泽东思想、邓小平理论、"三个代表"重要思想、科学发展观和习近平新时代中国特色社会主义思想，以此来指导各项事业建设③。

---

① 王晨：《基于社会调查的档案用户需求研究》，《档案与建设》2016 年第 10 期。
② 赵爱国、姜涵：《中美档案信息政策比较研究》，《中国行政管理》2012 年第 12 期。
③ 人民网：《习近平新时代中国特色社会主义思想是马克思主义中国化的最新成果》，2018 年 1 月 2 日，见 http://theory.people.com.cn/n1/2018/0102/c40531-29739384.html。

（一）档案服务机构面临的国家政策

梳理我国档案服务机构面临的国家政策，全面而有机地把握档案服务系统的外在环境与服务目标，理顺档案服务与国家政策环境的联系。同时，应该看到，档案服务机构面临的国家政策具有层次性，从多维立体视角理解国家政策的制发目标和实践目标，并找出其中与档案服务密切相关的条款。

1. 宏观层面

国家文化政策是档案服务政策制定的孕育环境。由于各国所面临不一样的内外部环境，各国为应对国内外竞争，都会制定相关文化政策，对维护文化主权、实施文化强国战略具有重要的引领和规范作用[①]。如法国多年来始终秉持"文化例外"原则，强化"文化输出"。我国在《文化部"十三五"时期文化产业发展规划》的推行下，文化领域的图书馆、档案馆、博物馆也纷纷参与文化事业建设，探索图博档领域的文创产品开发。此外，党的十九大正式将"中国特色社会主义文化"写入党章，既体现了党和国家的重视程度，也说明文化发展是至关重要的。2018 年是改革开放 40 周年，也是我国文化产业厚积薄发的一年[②]，档案学界举办"改革开放 40 周年中国档案事业发展"[③] 等活动，总之，档案服务机构要时刻关注国家宏观层面的政策动向，开展好档案服务工作。

2. 中观层面

国家信息化政策为档案服务机构提供规划方向，档案信息作为信息传播领域重要的一环，也迫切需要加入信息建设、信息治理的规划行列。一是

---

① 刘金祥、刘行健：《维护文化安全应借鉴发达国家文化产业政策经验》，《红旗文稿》2016年第 7 期。

② 王炎龙、麻丽娜：《改革开放 40 年文化产业政策发展及演变逻辑》，《南华大学学报》（社会科学版）2018 年第 5 期。

③ 中国人民大学信息资源管理学院：《改革开放 40 周年中国档案事业发展》，2018 年 12 月 1日，见 http://irm.ruc.edu.cn/displaynews.php?id=5921。

信息政策目标方面。信息政策战略目标是实现和平崛起和发展 ①，希望借助于完善的信息政策法规来建立科学合理的全新发展秩序，以此实现国家的快速崛起，并为我国国际地位的提升保驾护航 ②。二是信息政策理论研究方面。当前我国信息政策研究主要集中在"政府信息政策研究"等领域，尤其是在信息政策的定量研究 ③。三是信息政策实践方面。《政府信息公开条例》明确指出档案馆是公众服务的场域。四是信息安全政策方面。在当前"信息泛滥"态势下，信息安全存在一定风险，若不及时开展信息治理对策，将影响整个信息生态的构建。因此，必须要重视现代信息保密技术的开发利用 ④，关注各种风险识别、风险评估、安全管理措施和技术应用 ⑤。

3. 微观层面

档案机构制定符合档案事业发展的规划 ⑥。在日常的档案服务工作中，必须要做到以宏观为宗旨、以中观为指导，全面落实相关政策、制度与精神。就如《全国档案事业发展"十三五"规划纲要》的要求，"档案工作要主动适应经济发展新常态，抓住机遇、改革创新，为全面建成小康社会作出应有贡献"，体现出档案服务是关乎民生的一项可持续发展的事业。因此，从微观层面来看，档案服务机构必须要根据国家、行业等政策、制度的变化来设计与规划好其事业的发展，制定好相应的微观层面的制度设计，并把这种制度设计具体落实到可操作层面。

---

① 牛红亮、杨九龙：《中美日信息政策比较研究》，《图书馆工作与研究》2007 年第 5 期。
② 王文婷：《中国信息政策研究现状及热点分析》，《农业图书情报学刊》2018 年第 9 期。
③ 李滟青、杨玉麟：《公共信息资源管理研究内容初探》，《江西图书馆学刊》2007 年第 3 期。
④ 李海峰、宋鼎新、刘晓磊：《信息安全与信息防范的现状与对策分析》，《科学技术创新》2010 年第 7 期。
⑤ 冯惠玲、刘越男：《电子文件管理教程》，中国人民大学出版社 2017 年版。
⑥ 注释：此处对档案系统相关的政策进行探讨，与内部因素——档案机构建构的制度政策，也存在有机联系，两者不可割裂。

（二）档案服务机构所处的管理体制

1993 年，根据当时有关机构改革方案的精神，档案局与档案馆合为一个机构，即"局馆合一"，同时承担了两种职能——行政管理和档案管理[1]。具体描述为档案局是党委机关的直属事业单位，和档案馆合署办公，实行一套人马两块牌子的机构管理模式。档案局承担行政职能，档案馆承担管理服务职能。"局馆合一"的改革在一定程度上符合了当时精简机构的总体精神，有利于提高行政效率，降低行政成本。但应该看到，随着社会环境的变化，"局馆合一"的档案管理体制出现了不少弊端，如"条块分割"造成的服务定位不明确、服务利用受到行政约束。最大的弊端在于严重混淆了两者的工作职责，弱化了两个部门原有的职能与属性，尤其是"档案服务"冷遇[2]，给档案服务质量的提升带来了不少的困惑。2018 年 2 月 28 日《中共中央关于深化党和国家机构改革的决定》在中国共产党第十九届中央委员会第三次全体会议上审议通过[3]。此次改革具体到档案机构，重点就是要解决"政事分开"的问题，2018 年 11 月，全国 31 个省级机构改革方案均已获中央批复同意，市县 2019 年 3 月基本是按上级机构改革方案的设计来进行了相应的安排。

此次档案机构改革除上海市和云南省保留了档案局机构建制之外，大多数省、自治区、直辖市档案局的"牌子"都挂在了党委办公厅，档案馆则成为党委管理的单位。按照"编随事走、人随编走"的原则，承担行政职能事项的人员，划分到办公室，转换为行政编制，保留参公身份不变。如果地方行政编制不足，人员也可以分流到档案馆或者其他事业单位任职，不保证

---

[1]　王凤娟：《论我国"局馆合一"的档案管理体制》，《城建档案》2015 年第 5 期。

[2]　曹航、谢敏：《条块分割、体制约束与机制创新——对档案信息资源整合的再思考》，《档案管理》2010 年第 1 期。

[3]　《中共中央关于深化党和国家机构改革的决定》，2018 年 12 月 1 日，见 https://baike.baidu.com/item/。

参公身份保留。例如，重庆市完成了档案局转隶工作，重庆市副市长屈谦指出，要坚决落实中央和市委部署要求，切实增强"四个意识"，从政治上认识、从政治上落实，确保转隶工作平稳有序推进，并以此为契机推动全市档案管理工作迈上新台阶①。

另外，档案馆的公共服务职能为公益一类事业单位，人员为事业人员，使用事业编制，类似于图书馆、博物馆的服务机构。如根据《浙江省机构改革方案》浙江档案局的行政职能划转给省委办公厅，挂牌浙江省档案局，浙江省档案馆继续作为正厅级事业单位设置，"主要负责省级重要档案资料的保管利用等工作"②。可以看到随着政府机构改革进程的加快，档案管理体制也正在发生着巨大的变化，档案机构将面临着全新的管理体制。而且，从当前"局馆分设"宗旨来看，分设后的档案馆将可以把更多的精力用在档案服务工作上，有利于提升与优化档案服务质量。从档案管理体制改革的目标及未来的发展趋势来看，不断优化档案服务质量将是档案馆未来的发展方向，同时也是实现信息治理评估的先决条件。

三、档案服务机构所获的财政投入因素

档案服务质量优化与提升离不开档案信息资源的建设、先进技术的支撑、信息平台的建设以及服务管理的优化，而这一切又都离不开资金的投入。可以说，财政投入是开展高质量档案服务的基本起点，档案服务机构获得的财政投入状况，将是从源头上影响档案服务质量优化与提升的重要因素，更为信息治理的顺利开展提供充足的动力。

---

① 《市委办公厅率先启动市档案局（馆）转隶工作》，2018 年 10 月 24 日，见 http://news.sina.com.cn/c/2018-10-24/doc-ihmuuiyw6749524.shtml。

② 浙江省档案局信息公开：《省档案局省档案馆机构改革动员大会召开》，2018 年 12 月 2 日，见 http://xxgk.luqiao.gov.cn/InfoPub/ArticleView.aspx?ID=271216。

（一）财政投入是开展档案服务的物质基础

宽裕的资金支持是不断提升各项公共服务质量的主要保障条件[①]。档案公共服务的有效展开同样需要充足财政资金的有效投入，它是"保障档案机构正常运行的经济基础，是开展档案服务工作的前提"[②]。因为，馆舍建设是档案机构提供服务的空间场所，档案专职人员是开展服务的人员保障，而馆内设备是档案机构开展服务的硬件条件，这些都得依赖财政投入。

1. 档案服务手段改进需要得到更多的财政保障

档案信息化建设是一项投资巨大的系统工程，离开了充足的财力支撑是不可能完成的任务。按照目前档案馆信息化建设实践，通常省级档案馆的信息化建设初始投入平均约为 2500 万元；地市级档案馆的信息化建设初始投入平均约为 1500 万元；而县市级档案馆的信息化建设初始投入平均约为 500 万元。由此估算我国档案馆信息化建设初始投入将超过 200 亿元，并且，各级档案馆每年还需投入原始投入的 20%~30% 经费进行维护或升级[③]。如此规模的投入离开了财政投入的支持势必会影响档案信息化建设的进程，进而影响档案服务质量的优化与提升，信息治理理念、技术与方法的实践则更无从谈起。

2. 档案服务均等化推进需要更合理的财政投入

政府是社会各领域开展相关公共服务最为直接的投资主体，它对公共服务财政投入的多少直接决定着公共服务的质量和效率，而其分配和投入方

[①] 冯菲、钟杨：《中国城市公共服务公众满意度的影响因素探析——基于 10 个城市公众满意度的调查》，《上海行政学院学报》2016 年第 2 期。

[②] 虞香群：《综合档案馆服务力与区域经济关系分析——以广西壮族自治区为例》，《兰台世界》2018 年第 6 期。

[③] 霍媛：《政策大力支持档案信息化建设 投资前景看好》，2018 年 11 月 27 日，见 .http：// www.newsijie.com/sijiezixun/siguandian/2018/1127/11246037.html。

式又将直接影响到公共服务均衡化的程度[①]。尤其是在经济欠发达的中西部地区，档案事业经费面临着严重不足的问题，馆舍设施简陋、馆藏档案资源短缺，当地社会公众更是难以享受高质量的档案服务，本应由政府提供的平等权利无法得到财政保障[②]。如 2013 年江西省档案事务费是 2000 多万元，而同期上海市的档案事务费是 8400 多万元[③]，同期江西省的人口规模是上海市的 2 倍多，可以看到东中西部存在着很大的投入不均问题。希望国家层面能够适当加大资金支付转移力度，加大对落后地区档案事业的财政投入，实现档案服务机构基本的公共服务均等化。

（二）档案服务机构获得财政投入的现实环境

国家层面已开始意识到档案事业对于整个社会主义事业建设发展所存在的重要意义，着手加大对档案事业的投入与关注。

1. 国家正在逐步重视档案事业的发展

《关于加强和改进新形势下档案工作的意见》明确规定"建立健全方便人民群众的档案利用体系"[④]，明确提出我国档案工作要定位于"三位一体"的总体安排。党的十八大以来，党中央、国务院更是高度重视档案工作，习近平总书记一直重视档案工作，曾对档案部门利用好历史档案反击日本右翼言论作出过重要批示。而且，国家也在不断地加大对中西部地区的档案事业发展，专门安排 44 亿元用于 1002 个中西部地区县级综合档案馆建设[⑤]。为

---

① 李颖：《政府基本公共服务的财政投入问题研究》，Intelligent Information Technology Application Association. Proceedings of 2011 International Conference on Applied Social Science（ICASS 2011 V3），2011 年，第 6 页。

② 陈潇源：《公共档案馆基本公共服务均等化探究》，《档案与建设》2017 年第 7 期。

③ 2003 年档案事业费来自 2004 年中国档案年鉴，2013 年档案事务费来自江西档案信息网、上海档案信息网公布的 2013 年财政拨款支出决算表。

④ 中共中央办公厅、国务院办公厅：《关于加强和改进新形势下档案工作的意见》，2014 年 5 月 4 日，见 http://www.saac.gov.cn/zt/2014-05/04/content_44880.htm。

⑤ 李明华：《在全国档案工作暨表彰先进会议上的讲话》，《中国档案》2016 年第 1 期。

档案服务质量的优化与提升起到了明显推动作用，相信在未来随着我国经济的不断发展，党中央、国务院会越来越加大对档案事业、档案服务工作的关注与重视。

2. 公共文化服务领域财政投入不断增加

档案机构作为科学文化事业单位其所提供的档案服务必然肩负着文化服务的重任，档案服务不仅是作为公共文化体系的有机组成部分，更是政府公共服务的"窗口"，它对保障公民文化权利、实现公民文化需求有着十分重要的理论价值与现实意义[①]。多年来，国家正在不断加大对公共文化服务领域的投入。从 2000 年到 2016 年，我国文化事业费投入总量呈现稳步增长态势，从 2000 年的 63.16 亿元，增长到 2016 年的 770.69 亿元，增长了 11.2 倍。人均文化事业费从 2000 年的 5.11 元，增长到 2016 年的 55.74 元，增长了 9.9 倍，与此同时，我国公共文化服务水平也随之不断提高[②]。而档案服务建设作为公共文化服务建设的重要组成部分，亦在一定程度上得到了一些实惠与支持。

（三）档案服务机构获得财政投入的机制建设

财政投入机制的建构为档案服务机构提供了制度保障，使得档案服务能够获得可持续性资助。通过对资金保障机制和法制保障机制的描述，更加全面地了解到档案服务机构外部因素中财政投入的形成机制，这也是信息治理过程中必不可少的重要因子。

1. 健全档案服务机构的财政资金保障机制

合理协调、综合平衡、多元可持续的资金保障机制的助力，将有助于

[①] 程结晶、彭小芹：《以公民文化权利为基础的档案馆服务体系研究》，《档案学通讯》2011 年第 3 期。

[②] 吴高、韦楠华：《公共文化财政投入现状、问题及对策研究》，《图书与情报》2018 年第 2 期。

突破投资主体单一、投资总额不足、投资结构失衡等瓶颈问题[1]。因此，要想有效解决当前档案服务事业面临的财政投入主体单一、财政投入总体不足、财政投入结构性失衡等问题，健全档案服务机构的财政资金投入机制是重要的方法，只有这样才能保证为持续改进、提升、优化档案服务提供助力。首先，财政不仅要逐年加大对档案服务的日常经费投入，更应该通过专项资金投入的形式扩大对档案服务工作的支撑。如在档案信息化建设领域，通过建立档案信息化建设项目专项经费补助机制来保障当前数字档案馆、档案数据库、档案服务网络、档案共享平台等的建设。其次，建立专项财政转移支付机制。面对档案事业投资结构失衡问题，可以建立合理的财政支付转移支持机制，如加大对中西部的转移支付力度，确保档案服务事业建设的必要资金。另外，加强横向转移支付建设，主要是指东部地区对于西部地区档案公共服务建设资金的必要支持[2]。此外，还应进一步完善支持档案公共服务的引导机制，逐步形成以政府投入为主、社会力量积极参与的档案服务投入保障机制。逐步形成一种良性互动机制，即档案服务机构通过开展有效的优质服务工作满足社会各主体的需求，促进经济发展与文化进步，社会主体则通过反哺档案服务工作的方式推动档案服务质量的进一步优化与提升，形成一个良性的互动循环。

2. 引入档案服务财政投入的法制保障机制

必须在观念上抛弃轻慢档案事业发展的落后观念，坚持"法随时转"的理念，从思想上真正重视档案事业财政投入[3]。将档案事业财政投入纳入法制体系建设，从法律层面保障档案事业的财政投入。当前，档案公共服务正以其独特的文化价值丰富着我国公共文化服务体系，社会理应逐渐加大对

---

① 林颖、范义斌、王语：《军民融合项目资金保障机制创新》，《国防科技》2018 年第 1 期。

② 陈冬发：《公共文化服务体系建设中公共财政投入机制研究》，硕士学位论文，上海交通大学，2008 年。

③ 刘建发：《教育财政投入的法制保障研究》，经济管理出版社 2006 年版。

档案服务事业的投入以保证其良性发展。健全档案服务财政投入的立法机制，规范立法程序，保证档案服务财政投入的权威性。另外，还应该加强治理过程中的监督管理，强化档案服务财政投入的执法与监督，确保各项法律规定落实到位，资源的合理配置。严格档案财政资金的监管力度，相关经费的专款专用，保证相关资金的落实到位，步步落实清楚，严禁截留挪用，一经查实必须严惩，也要防止滞留不用和浪费使用等情况的发生。同时通过确定档案服务评估指标及评估准则对档案服务机构进行绩效考核，确保资金投入和使用的社会效益和经济效益，不断提高档案信息治理能力及治理效果。

四、档案服务机构所处的评价环境因素

档案服务评价环境是由评价目的、评价体系、评价内容、评价模式等多个指标组成的相互关联有机整体，是反映档案服务工作经济效益和社会效益的衡量工具，是系统衡量治理效能的有机组成部分。

（一）档案服务机构评价环境现状分析

随着"大档案观"理念的兴起，社会公众档案意识的提升，档案服务范围不再仅局限于政府机关、事业单位，而是逐渐走向社会，面向大众，档案服务评价日益受到人们的关注和重视。

1. 档案服务评价主体单一

评价主体是评价活动的发起者和承担者，即进行评价的人或组织。"由谁来评价"将在很大程度上决定着档案服务质量评价标准的选择，以及档案服务质量评价结果的科学性、合理性与有效性等问题，也成为引导评价对象未来工作努力方向的问题。当前，对档案服务质量的评价基本是仅局限于政府这一单一主体，社会公众评价较少。显然，这会造成在对档案服务工作评价时产生不少的局限性，这种内部单一的评价难以全面有效地反映适当的价值观。因为真正对档案服务质量高低有发言权或发言资格的人不仅仅是档

案行政管理机构，也不仅仅是专家学者，社会媒体从业者、档案用户甚至是档案服务同行或许是最有发言权的主体。他们或最有体会也最为了解档案服务工作未来应该改进方向、服务理念以及档案服务工作应该拥有的价值取向等。因此，单一的评价主体不利于档案服务质量的完善，会在一定程度上影响档案服务质量的优化与提升。

2. 档案服务评价内容较少

仅对档案服务的某个别指标进行评价，如利用馆藏量评价标准、利用率评价标准等指标来对档案服务机构进行评价等。应该看到，档案服务机构的馆藏量和利用率作为评价档案服务工作的综合性标准或者说主要标准，明显存在一些缺陷。就档案利用率而言，通常把调卷和实际利用等同，但是这种评价标准不能排除无效利用。因为在实际工作中，有的档案用户在调出的案卷中或许只能利用其中很少的一部分或甚至一点利用不了，容易导致档案利用率评价标准在一定程度上失去科学的意义[①]。可以说，档案服务意识主动性不足、馆藏结构不合理、管理模式不灵活等种种弊端和评价标准内容的不科学有着重要关系。

3. 档案服务评价模式较少

当前在对档案服务质量评价的过程中，基本是以社会评价模式为主，缺乏专业评价模式。而传统的社会评价模式在一定程度上造成了评价主体既当"运动员"又当"裁判员"双重角色的问题，这在很大程度上影响到档案服务质量评价结果的有效性与公正性。因为这种评价模式在评价方案的制定、科学评价指标体系的设计以及多元广泛信息采集的实现等方面都存在或多或少的不同技术问题。

---

① 王巍：《试论档案工作的评价标准问题》，《办公自动化》2015 年第 3 期。

（二）构建良好的档案服务评价环境

良好的评价环境有助于档案服务与用户体验的良性沟通，并能够创新档案服务的利用方式与提供手段。

1. 引导多元主体参与档案服务评价

首先，档案局对档案服务质量评价还是要不断强化。这是由我国集中统一管理的档案事业管理体制决定的，各级档案局作为评价主体，对档案服务机构所提供的档案服务工作质量有着深刻的认识，这种自上而下的评价方式可以容易地获取评价对象的第一手资料，有利于高效率地在大范围内统一对档案服务事业进行检查和评价，以便从整体上了解档案馆工作情况，并有针对性地采取相关措施、统筹安排，从而实现提升档案服务事业的整体工作水平的目标[①]。其次，引入外部评价主体，加强社会公众对档案服务的评价。公众需求作为档案服务工作的出发点和落脚点，也是现代民主政治制度下保障公民档案权利的重要体现。它对档案服务质量的评价具有自发性、多元化、多样性等特征，可以为档案服务优化与提升提供多维视角。

2. 构建科学的档案服务评价指标体系

档案服务评价指标体系将档案服务建设的核心内涵、服务要素和服务目标详细化、具体化，以科学标准来审视档案服务工作的现实状况，为优化档案服务提供必要的规范性依据。同时将具体责任落实到位，推动各个环节有序进行，并对档案服务工作从决策到行为都能产生有力的监督作用。众所周知，档案服务质量评价指标体系是改善档案服务评价的关键点，除了传统的馆藏资源指标外，还需要将综合服务指标纳入体系建设之中。因为"综合服务可包括服务属性、服务功能、服务内容与结构、信息安全等，即服务属性包含针对性、有效性、多样性、吸引性、用户参与性等；服务功能涉及传

---

① 吴加琪、周林兴：《论我国国家档案馆评价主体体系的构建——基于公共受托责任视角》，《档案》2012 年第 2 期。

统、网络和移动新媒体三大角度，形式丰富；服务内容与结构涉及服务指南、服务界面、服务组织、栏目设置、页面层级等指标；信息安全包括信息监管、用户信息保护、数据存储、数据备份的指标"①。

3. 加强档案服务专业评价体系构建

第三方专业评价机构具有公共性、公益性的特点，可以从不同主体的角度出发，超然独立地对档案服务工作进行全面而专业的评价，并在此基础上提出合理化的改进建议。如引入各级各类档案协会、非营利性咨询评价组织等，为深化档案服务提供更为精准的建议，它们能提供档案服务评价的咨询、培训等，甚至可以帮助各档案服务机构建立合理的评价体系，以及为档案服务进行引导性评价，包括收集整理各档案馆的馆藏、人员、设施、经费、服务、特色等基本统计数据，进行分析评价，为档案馆改进管理提供可比性的基础数据。此外，档案协会还能通过发行公开出版物对各档案馆的评价结果进行通报，以此来反映档案馆事业的整体发展情况②。因此，加强档案服务专业评价体系的构建，将有助于丰富档案服务机构评价类型，从横向和纵向的社会层面视角为档案服务的优化提供助力，为档案服务水平的提升提供坚实的保障。

五、档案服务机构所需的协同治理因素

中共十八届五中全会将"协调"纳入五大发展理念之中，提出协调是持续健康发展的内在要求，标志着党对协同治理认识的重大飞跃③。随着国家治理体系和治理能力现代化建设的不断推进，协同治理跻身为我国档案事业健康发展的重要指导理论，网络、协作、整合和交互作为协同治理的四个

---

① 侯垚：《我国档案服务评价指标体系研究述评》，《北京档案》2018年第3期。

② 吴加琪、周林兴：《论我国国家档案馆评价主体体系的构建——基于公共受托责任视角》，《档案》2012年第2期。

③ 刘建伟：《习近平的协同治理思想》，《武汉理工大学学报》（社会科学版）2018年第1期。

关键变量，自然也就成为档案服务质量优化所必需的外在因素。

（一）社会关系结构中的利益状况

人是社会关系的总和，由人聚集而成的档案服务组织机构必然也就处在一定的社会关系网络之中，从而与其他社会组织和个人产生各种复杂的利益关系。而档案价值作为一种社会关系的体现，无论是能动性档案价值还是受动性的档案价值，都必定会体现在人与人的关系之中①。因此，档案服务作为档案价值实现环节，必然会受到档案服务机构所处社会关系网络结构中利益状况的影响。利益状况能够激发主体协作互动的热情，形成主体间互动的激励效应②，促使包括档案服务机构在内的各主体积极进行沟通交流和平等合作，建立常态化正式互动机制，以尽可能多地寻找利益共同点。并在此基础上形成合法、完整、清晰的利益链条，确保经济关系、人伦关系以及情感寄托关系等层面档案价值的充分发挥，在黏合利益节点产生的关系交集中创造更多、更广泛的经济效益和社会效益，驱动其档案服务质量优化工作持续推进。但同时要注意治理过程中各主体利益的分配，避免因利益分配不均等情况造成的后果。

（二）协作运行机制中的社会资本

社会资本是协同治理的关键，它通过互动的方式进行累加，在具备价值性的同时促进主体间走向更深层次的互动③。档案服务机构在特定场域内的发展与完善，也必须具备一定的社会资本存量，才能有效提升档案公共

---

① 周林兴：《价值、认知与社会关系——档案存在的正当性阐释》，《档案学通讯》2018 年第 2 期。

② 吴春梅、庄永琪：《协同治理：关键变量、影响因素及实现途径》，《理论探索》2013 年第 3 期。

③ 吴春梅、庄永琪：《协同治理：关键变量、影响因素及实现途径》，《理论探索》2013 年第 3 期。

服务能力^①。因此，档案服务质量优化迫切需要基于互动单元形成的高层次协作运行机制中社会资本的积累，包括信任社会资本和规范社会资本。信任可以加强协同治理过程中各主体的信赖关系，增强档案公共服务的社会公信力；而规范社会资本则能够使档案服务机构和参与主体在协作互动中自觉约束其行为，实现各主体间的相互理解、沟通与协同，并逐渐形成稳定性惯例和整体性秩序，构建战略协同、目标协同和主体协同的档案协同治理框架体系，促进档案公共服务的制度化。

（三）整合功能下的制度规则体系

习近平总书记指出，制度建设是推进协同治理的关键，必须坚持用制度管事管权管人^②。制度是影响协同治理的重要共享因素，作用于各个变量，本质上具有整合功能。因此，正式、稳定、健全的中国特色社会主义制度规则体系是档案服务质量优化控制不可或缺的外部因素，它可以通过体制机制、法律法规、政策规章等具体途径形成对档案服务机构的刚性制约，确保档案服务正确的政治立场和发展方向。加强对档案服务质量优化的监督和指导，整合各类实体档案和档案信息资源，在充分保护档案资源实体和内容安全的基础上开展联合性、系统性、创新性的开发利用活动，增进档案服务机构间的业务合作和情感友谊，加快政府、市场、社会等治理要素优势力量融入，使多元主体在相互依存的制度环境中共同治理档案服务事业，提升档案服务的效率和水平，实现其纵深化和均衡化发展，加速达成档案信息服务向档案知识服务甚至智慧服务的质变。

---

① 胡洪彬：《档案馆社会资本：档案公共服务的新视角》，《档案学研究》2013 年第 1 期。
② 刘建伟：《习近平的协同治理思想》，《武汉理工大学学报》（社会科学版）2018 年第 1 期。

（四）交互环境下的智能信息技术

人民群众是协同治理的主体和参与者[①]，档案服务质量优化必须坚持"从人民利益出发谋划思路、制定举措、推进落实"[②]。随着档案信息化建设的不断推进，数字档案资源服务已成为当前档案服务的主流形式，借助网站、微信公众号、微博等网络媒体平台形成的人机交互环境，档案服务机构得以及时掌握用户需求，改善用户产品和服务体验。而在网络媒体平台建设中，智能信息技术正扮演着越来越重要的角色，成为档案服务机构开展协同治理的又一重要外部影响因素，主要包括用户画像技术、智能代理技术和虚拟现实技术。它们能够记录档案用户兴趣偏好和行为取向，预测其兴趣动态延伸，进而提供个性化、精准化和一站式的档案服务推送，能够帮助档案用户自主制订、调整和执行浏览计划，提升档案服务选择和产品选择决策效率，以及能够为档案用户带来沉浸式的服务体验，使用户更加真切地感受到档案所具有的独特魅力，使用户在获得满足感与愉悦感的同时增进其对档案服务的喜爱和信任。灵活运用三项技术，有利于扩大档案服务的影响力和关注度，带动更多潜在用户参与数字档案资源服务质量优化与提升中来，形成以人民群众为本位的档案服务协同治理环境。

[①]　刘建伟：《习近平的协同治理思想》，《武汉理工大学学报》（社会科学版）2018 年第 1 期。

[②]　刘建伟：《习近平的协同治理思想》，《武汉理工大学学报》（社会科学版）2018 年第 1 期。

第六章　信息治理视阈下档案服务质量优化控制的问责制度

有效推进"服务型政府"建设是一个非常庞大的系统工程，需要社会各个子系统的全面协作与配合，而档案服务机构作为社会重要的信息服务部门，理所应当是建设"服务型政府"的重要力量。因此，把提升档案服务质量作为新时期档案工作的神圣使命，是档案服务人员的责任所在，它具有缓解社会"不平衡""不充分"和人民"日益增长的美好生活需要"之间矛盾的力量。为了行使好职责与使命，档案服务质量优化控制中必须要强化问责制度的构建，使其成为助推档案服务质量优化的有效手段。

第一节　构建科学的档案服务质量优化控制问责体系

一、问责制度构建的原则

问责原则不能走向极端，必须要有一定的灵活度与变通性。因为在现实工作中存在着这样或那样的不确定影响因素，有些因素可能是预先没有预料到的或是人力所无法抗拒的，所以问责原则要具有一定的张力。而且，必须要认识到"问责"并不一定是只有在出错的情况下才能进行，一定要超脱这种消极的认知范畴，要认识到"问责"其实是一种积极有效的社会管理方式，体现着一种主动的管理思想。另外，还要认识到"问责"的存在价值绝不仅仅是为了对某些人错误行为的一种"惩罚"，它更大的价值在于对主动承担社会责任以及主动履行社会使命的一种鞭策与激励。因此，根据问责制度构建的总体思想与宗旨，在问责制度构建时应该遵循以下原则。

（一）定性与定量相结合的原则

定性测评是对评价对象属性的分析判断，这种考核是评价与考核工作人员服务质量、服务热情、服务精神、职业素养以及工作人员对待工作的主动性、积极性等，这些元素很难运用定量方法度量。定量测评是通过数量分析来相对精确地反映测评对象，这种考核方法是通过准确的数据作为考核尺度，有相应的量化考核指标，做到有理有据，不存在随意及人为主观因素的影响。定性测评与定量测评相结合的原则能够解决好在问责过程中所存在的测评主体主观性问题，也可以对测评对象的资源禀赋和工作绩效进行综合考察，还可以对测评对象所表现出来的对工作及服务的创新进行反馈和激励。

（二）民主与集中互补的原则

在进行问责的过程中，必须坚持民主与集中互补原则。"没有充分的民主，就不会有正确的集中，只能产生官僚主义。而离开必要的正确集中，民主就会失去正确的方向和目标"[①]。在问责过程中要充分发挥民主的价值与集中的作用。要大力宣传教育，充分培养大家的民主意识与民主思想，并且把这种民主意识与民主思想上升到行使自己服务于社会的权利上来，上升到承

---

① 王如芳：《正确认识民主和集中关系坚持贯彻民主集中制原则》，《阜阳师院学报》（社会科学版）1995年第3期。

担自己的社会责任上来，让民主的思想与理念深深地融入问责体系的建设中去。另外，也要加强民主的制度建设，如民主表决制度、民主监督制度与民主参与制度等，公众参与民主的过程中必须要得到制度的保障，否则，民主容易受到外来因素的影响而不可能产生持续的效力，使民主流于形式。

（三）权利（权力）与义务（责任）一致原则

档案管理机构作为一种公益性的服务机构，所有开支均来自于财政支付，而所有财政支付都是来自于税收，而所有税收均是来自于社会纳税主体，没有社会纳税主体的纳税，就不可能有档案管理机构的存在。档案管理机构既然享受了对纳税主体的税费支配权利，就要承担为社会纳税主体服务的义务，因为权利与义务是一种相生相伴的关系，有权就有责，有责必有权，其作为政府代表在行使着管理档案事业的权力，那么其就必然要承担相应的责任。

（四）惩罚与教育结合的原则

问责最终目的不是处罚责任人，问责是促使各行为主体把事情做好的一种方法，"惩前毖后，治病救人"。一方面，要防止把惩罚相关当事人作为问责的唯一目的，对相关当事人进行过多的处罚，而缺少必要的人文关怀与教育，把问责体系与问责制度绝对僵化，以一种消极的态度去执行问责制度。另一方面，也要防止问责仅仅停留在说服教育层面，使问责制度流于形式而无法触及真正的责任承担，导致要真正承担责任的当事人逃避惩罚，致使有责无责都一样。通过惩罚与教育相结合的原则，可以形成一种相互补充的关系，避免了过"左"与过"右"行为出现，有利于问责体系的科学性及可操作性。

二、问责体系建构的价值阐释

档案服务质量优化控制开展必然要求有科学合理的问责体系作为支撑，因为科学合理的问责体系可以在一定程度上激励"作为者"以及在很大程度上训诫或惩罚"不作为"，从而优化治理主体，提高档案信息治理水平。从宏观层面看问责体系的建构有利于培育民主开放的思想，从中观层面看问责体系的建构有利于提供质量优化的档案服务，从微观层面看有利于档案服务机构搭建具体的档案服务体验平台。

（一）宏观层面：有利于培育民主开放的思想风气

问责体系的构建不仅可以起到强化档案服务干部作风的作用，也更加有利于提升档案服务效能，而且，对于明确档案服务队伍的责任分工也具有积极的指导意义。通过从机制层面加大对档案服务人员的监督、管控，可以建立起一种更直接、更有效的档案服务人员淘汰机制。并通过这种机制的内部强化，充分调动档案服务人员以及相关工作人员的积极性和主动性，从而进一步实现提高档案服务人员思想道德素质与职业素养的目的，使社会的档案利用权利[1]得到更有效的保障。信息治理理念所具有的开放性思维与社会化特征，将在无意之中有利于促进档案服务工作中民主开放思想风气的培育与形成。

1. 有利于推进法治政府建设

问责体系的构建有利于档案服务工作中促进从"人治"到"法治"的转向[2]。同时，有利于提升档案服务质量，另外，它更承载着推进"法治"

---

① 王卫：《我国行政问责制的逻辑意蕴、价值维度与实践向度》，《湖北函授大学学报》2017年第10期。

② 彭富明：《影响我国行政问责制常态化的制度性因素探析》，《前沿》2009年第7期。

政府建设的价值功能，有利于提高政府效能，减少政府的行为过错①。可以使之在追究过错方面走向法治化、规范化、长期化和稳定化，出台相关法规规范性文件。总之，问责体系构建不仅有利于促进我国档案服务质量优化与控制，使档案服务质量得到不断的提升，也能从宏观层面助力我国法治社会、法治政府的建设。

2. 有利于维护社会公平正义

社会公平正义的维护离不开社会主体相关信息权利的实现，只有使他们的相关信息权利得到切实的保障，才有机会去监督相关责任人，才有可能保证社会公平正义得到维护。为了保障社会公众相关信息权利的实现，档案服务机构在档案服务工作推进中强化问责体系建设，致使那些忽视公共利益的行为将受到追究，彰显出维护公平正义的法治精神。总之，应该看到问责体系为监督档案服务工作提供了新的支持渠道，档案服务机构作为政府受"委托"从事提供档案服务工作的"受托人"，社会公众可以通过问责体系的构建使档案服务机构的过错行为尤其是违法行为的责任客体受到应有的监督。

3. 有利于促进问责思想形成

以各级综合档案馆为主体的档案服务机构属于科学文化事业单位，其所有的成本支出以及经费来源基本都是来自于国家财政支持，来自于社会公众所缴纳的税收。因此，档案服务人员必须要从思想上意识到，接受社会公众的问责是理所应当的，接受社会公众的监督也是有理有据的。在档案服务问责文化的建构过程中，要求档案服务机构在建立健全问责体系的同时，应当始终保持对档案服务人员的教育和引导，使其形成与制度相一致或相配备的观念、思想，让问责思想深入人心，构建起这种"民为本"的新思想，为

---

① 傅广宛、张经伦：《行政问责制的源初、内涵及价值承载》，《行政论坛》2010年第4期。

档案服务质量的优化与提升奠定坚实的基础与良好的思想氛围。

（二）中观层面：有利于提供高质量的档案服务

档案服务问责体系构建必将进一步推动与引导我国档案事业整体的外向型发展，为整个档案事业的发展增添活力与灵气，进一步推进档案信息资源的深度开发，实现档案知识化服务，更好地服务社会公众，提升档案行业的美誉度、知名度与赞誉度。

1. 推进档案信息资源建设

档案服务质量的提升离不开档案信息资源的支撑，档案信息资源是档案服务质量提升之本。必须要以档案服务质量提升为引领，科学合理地推动构建全覆盖的档案资源体系[①]。以问责的"大视角"指导档案服务机构的馆藏档案资源建设，形成跨地区、跨部门、跨行业的协同档案信息资源建设格局。尤其要加大与社会公众切身利益密切相关的档案信息资源的关注力度，做到科学有效地整合和共享相关档案信息资源，促进区域性档案信息化治理能力和公共服务能力的整体提升，推进档案信息资源的数字化建设，为提供便利、快捷、与时俱进的档案服务打下基础，从而实现档案服务质量优化的目标。

2. 有利于促进档案文化传播

档案文化作为一种重要的社会文化存在形态，是我国公共文化服务体系建设的主要力量之一。通过加快对它的研究，推进其国际传播能力建设，讲好中国故事，不仅可以真实全面地展现真实、立体的中国，而且，也有利于提高我国文化软实力。在档案服务过程中，问责体系的推行必然会推动相关工作人员责任意识的提升，促进他们积极地去思考与创新档案服务方式，并有针对性地运用与理解信息治理理念、理论、方法与技术去优化档案服务

---

① 杨艳娜：《提升档案公共服务能力对策》，《中国冶金教育》2018年第5期。

手段，实现档案服务以更加便捷、简单与智慧的方式走向社会公众。在这种主动开展档案服务的过程中，不仅使档案服务质量得到极大的提升，同时也在无形之中向社会公众宣扬了档案文化，使档案服务于寓教于乐之中，推动档案文化的传播。

3. 推动档案学术研究发展

信息治理的理念、理论、技术与方法的运用，将极大地提升档案服务工作的效果与效率，再加上在问责体系的督促下，必然会在无形之中对我国档案管理实践工作起到极大的推动作用。一方面，将推动我国档案机构档案信息资源建设的不断完善；另一方面，也将促进档案服务机构的服务方式、手段等不断地优化。不仅将极大地提升档案服务的效率，完善档案服务的效果，更为重要的是将为未来的档案学理论研究提供更多的有效素材，将使理论研究与实践工作结合得更加紧密，极大地推动档案学术研究不断进步，同时也为我国文化走向国际化提供可能与机会。

（三）微观层面：搭建良性循环体验平台

对档案服务机构问责体系的构建，其最终的具体政策、制度与方案等要落实在档案服务部门工作人员的身上，最终目的是要让每一位档案服务对象"高兴而来，满意而归"。因此，要求档案工作人员在日常工作中，要本着"充分调研、科学决策、有效推进"档案服务工作思路，并围绕"为民服务"的主线，在档案服务内容、服务方式、服务手段等方面不断推陈出新，为所有的档案用户搭建良性循环的档案服务体验平台，产生良好的档案用户体验感。相信档案用户对档案服务质量的满意度必然会不断升级，大大提升他们利用时的愉悦感和产生再次利用的激发感，同时信息治理"以人为本"的理念也得以践行。

1. 转变思想观念

在问责的驱使下，必然要求档案工作人员要不断地转变其传统档案服务理念，自觉增强责任意识，不断地提升档案服务理论知识与操作技能，将有助于增强档案工作人员以档案事业为重，踏踏实实地做好档案服务工作的责任心。同时，也将使档案工作人员从过去"重藏轻用"的思想观念中解放出来，积极地投身到档案信息资源的深度开发与知识化利用上来，并尽可能地打破时空界限，提升档案服务效率并优化档案服务质量，以此来满足社会公众对档案信息资源的利用需求。

2. 创新服务手段

当前整个社会环境就是一个创新的环境，不管是科技的发展还是社会的进步都是以创新作为最主要的推动力。档案服务质量优化与提升同样也需要不断地创新其服务手段、服务方式以及服务精神。随着问责制度的落实，在问责的驱动下，必然会推动档案服务工作人员不断地构筑其创新思维，积极关注档案服务领域前沿性的服务模式、服务技术、服务手段、服务方式与服务方法，努力去提出新方法解决新问题。并且，根据当前的社会需求特征不断创新档案服务机制，转变其传统档案服务方式，精选优质资源，做到档案服务不断地向下延伸与拓展。把为档案用户带来周到的档案服务体验作为其宗旨与指导思想[1]，做到不断地提升档案用户的利用体验感与满意度。

3. 优化服务软环境

把提升档案服务质量作为档案服务机构践行以"人为中心"的发展思想，以及完善我国政府公共服务职能的重要举措来开展相关工作，扎实地改善档案服务的软环境，改善档案服务人员的服务态度与友好精神。这既是当前这个时代对档案服务工作人员的基本要求，也是当前我国建设服务型政府的需要。相信在问责制度无形压力与推动下，档案服务机构将极大地重视"人本"的理念，切实落实"人本"精神，扎扎实实地、全心全意地改进档案服务作风，提升档案服务的质量，为档案用户营造良好档案服务环境。为

---

① 车洪霞：《培育"四种意识" 做好档案服务》，《兰台内外》2018 年第 5 期。

社会公众提供全天候的"跨区、跨馆"的档案服务，实现档案服务的"零距离"，促进档案服务软环境的提升与优化。

三、问责体系建构的影响因素

应该说问责体系的建构是一个复杂的工程，不仅涉及经费问题、法律问题、队伍素质问题，也涉及体制机制问题以及所面临的各种外部环境问题等。因此良好的问责体系在建构过程中要考虑各因素可能带来的影响以及科学地判定各因素之间的各种相互关系。

（一）经费因素

《中华人民共和国档案法实施办法》规定："统筹安排发展档案事业所需经费。"但我国公共部门预算制度基本上还存在着一些不完善的问题，再加之中央和地方事权和财权方面划分上也还有待完善，导致在档案信息资源开发以及为社会提供档案服务方面投入不足等问题，制约档案服务质量以及档案服务效率的提升。如根据江西省档案馆统计年报基本情况摘要中所公布的数据，2017年、2018年江西省档案馆档案事业费分别只有1034万元、1278.5万元。而且，公共审计制度的科学性也需进一步完善。我国政府部门虽然会对档案馆等事业单位进行经费使用情况的审计，但一般情况下，也仅仅是进行一些常规性的审计。档案服务质量方面所履行责任的状况并没有成为决定档案机构得到政府投入经费的关键因素，这种问责制度设计不足导致档案馆与行政主管部门以及政府之间的责任关系十分松散，致使不具备问责的可能性，也缺乏问责的可行性。

（二）机制因素

2018年机构改革后，实现了"局馆分设"的管理体制，但两者在人员关系上还是存在着各种联系，再加上长期以来所形成的这种混淆的职能与错位的意识，对当前乃至于在未来相当长一段时间内，仍然将会影响到档案服务质量的提升与优化问题。因为档案馆在用人方面的体制问题仍然不明朗，"参公"的用人机制有可能还会是未来相当一段时间内档案馆的主要方式。这必将会在很大程度上影响到档案服务人员的服务意识，在潜意识中总是有意无意地把自己划归到管理者的行列中去，容易产生档案馆工作人员也是社会管理者的误区，从而产生档案馆工作人员的社会任务不是服务社会而是社会管理的错位观念。以至于淡化档案馆本应有的社会服务意识和效益观念，弱化档案管理机构本应有的"文化使者"的身份，影响档案服务人员无法正确地认识到其责任内涵与应该承担的责任范畴，形成一种自我问责循环系统，导致一种无责可问、问责无错的结果出现，这是影响当前问责体系构建的主要因素之一。

（三）政策因素

随着社会经济的发展，我国公共服务体系的建设已得到了长足的发展，国家层面的相关政策相继出台。2001年《经济、社会和文化权利国际公约》在我国生效，标志着"文化"及其相关问题成为我国政策设计的重要考量因素；2005年《中共中央关于制定国民经济和社会发展第十一个五年规划的建议》中提出"逐步形成覆盖全社会的比较完备的公共文化服务体系"，说明"公共文化服务体系"的建设已被作为我国战略性安排；2006年《国家"十一五"时期文化发展规划纲要》专设"公共文化服务"一章，进一步明确了"公共文化服务体系"建设的重要价值所在。国家对公共服务部门的各种政策与制度正在不断地完善，目的是希望借此来完善我国公共服务部门的服务质量与服务水平。档案服务与公共服务息息相关，档案服务质量提升必将有力地推动公共服务水平的提高，而国家政策的引导和约束是服务标准化、服务水准优化、服务质量提升的重要助推力。信息治理视阈下档案服务质量优化控制问责体系离不开政策、规则标准的统一协调，如果相关政策存在缺失以及与高质量的档案服务安排相左现象的出现，导致档案服务水平无法适应当前我国社会发展形势的需求，必将导致在对相关责任人进行问责的过程中存在漏洞，使问责无法科学地开展。

（四）队伍因素

"人是执行行为的载体，是执行过程中最活跃的因素。"[1] 档案服务质量优化控制问责中人员要素，不仅包括问责主体、问责客体，当然还包括主客体之间的互动情况。合理有效的执行组织机构可以将执行系统内各个环节、各个要素联结为一个有机整体，形成一个统一的、完整的"责任链"[2]。在"责任政府""服务型政府"建设的社会大环境下，档案服务人员应具备强烈的事业心，把档案服务工作作为自己终生追求的事业来做，把工作"事业化"。同时还要有强烈的责任感，要求自己认认真真地做好每一项具体的工作内容，承担好相应的岗位职责。更要有严谨的职业道德，在档案服务过程中遵纪守法、严守机密，认识到这是档案服务机构开展档案服务工作的前提，也是法律法规对档案服务工作人员基本要求[3]。总之，档案服务人员的事业心、责任感以及职业道德水平在档案服务质量优化控制问责中占据重要影响因素。

（五）环境因素

问责制度体系的结构与具体落实，往往会受到政治环境、经济环境以及文化环境的深度影响。档案信息资源作为公共行政系统与外部环境之间以及系统内部沟通联系的桥梁，全面、准确、及时的信息有助于提高问责方案

---

① 周国雄：《博弈：公共政策执行力与利益主体》，华东师范大学出版社 2008 年版，第 36 页。

② 陈建平、王宜勤、何秀玲：《行政问责力：内涵要义、影响因素及评价体系构建》，《福建农林大学学报》（哲学社会科学版）2013 年第 3 期。

③ 尚子明：《档案问责机制的建立与实现》，《办公室业务》2017 年第 19 期。

实施的针对性、适应性和主动性，特别是随着现代新媒体的迅速发展以及广泛运用，也为档案服务优化质量控制问责提供便利。科学合理的问责制度、问责方法以及问责方式不仅能提高社会公众的问责意识，也能提升他们的问责水平以及问责意愿。而且，当前各种社交媒体平台如微信公众号平台等在档案服务机构的创建，可以最快的速度通报公众问责活动的结果，从而可以大大地提升他们对档案服务质量的信心，进一步固化信息治理视阈下公众对档案馆的认知。

四、问责体系的内容分析

档案服务机构作为一个社会主体，其所应该承担的责任范围与其他社会主体所承担的责任范围基本一致，主要包括法律责任、政治责任与道德责任等方面。

（一）法律责任

法律责任是档案服务人员必须要承担的最为直接的责任，否则，档案服务工作过程中就难以做到"有法必依、执法必严"，《档案法》既有对档案保管等问题的相关规定，也有对档案开放利用的限制。档案服务工作人员在开展相关档案服务活动中必须要做到"依法依规""遵纪守法"，不得违背相关法律法规的规定，正确树立法律意识，做好档案法治工作。同时在开展档案服务工作中也要善于灵活处理各种相关事务，以此提升档案服务质量，并在法律规定下处理好保管与利用服务的关系。因此，档案服务人员既不能不作为，也不能乱作为，要在档案法律法规允许范围内开展日常工作。

（二）政治责任

长期以来，各级综合档案馆工作人员都把馆藏资源建设更多地局限于对党政文书档案的收集，而忽视了对其他社会主体所形成的档案资源的收集，并且其服务对象也主要是集中于党和政府机关，而对其他社会主体的服务意识存在着一定的偏差。但随着法治社会进程不断加快，公民权利意识的提高，档案馆服务主体再也不能把服务精力仅仅只偏向于党和政府机构，也应该把其他社会主体也作为主要服务对象来开展相关的档案服务。因为在新时代，"为党管档""为国守史""为民服务"都是档案馆工作人员的职责范围，坚持党的领导不动摇，坚持党的基本路线、方针、政策是档案管理人员必须要遵守的基本要求与准则，并在党的领导下落实好相关档案管理的各项工作责任，真正发挥好为党管档的职责。同时，也要本着"对历史负责、为现实服务、为未来着想"的宗旨，认认真真地、科学合理地守护好国家的所有历史记忆，让整个国家的历史记忆尽量全面完整。最后档案管理和服务工作的落脚点是更好地为人民提供满意的服务，实现人民对美好生活追求的目标与愿望。

（三）道德责任

档案服务人员作为社会的一分子，不仅要遵守社会的基本道德规范，也还要遵守档案服务行业特有的社会道德责任，它是政府治理正当性与合法性的基础。因此，档案服务人员必须要具备强烈的事业心和责任感，在档案服务工作过程中要遵纪守法、严守机密，严格做到有法可依、执行必严，保证档案服务工作的公平性与公正性。这既是档案服务者职业道德规范的重要原则，是档案机构开展各项档案服务工作的前提，也是《档案法》等法律法规的基本要求。目前，由于制度规范层面的约束机制还不完善，导致档案服务人员在道德责任层面的实现问题主要依赖其内在自我约束机制。也就是说，如果档案机构服务人员有违反道德规范的行为更多地只能进行道义上的谴责，但在当前社会环境下，人的素质与客观环境还远没有达到其应有的高度，道德责任的追究仅仅通过自律和道德谴责还远远不够，必须要将道德责任同时纳入问责机制体系中，以此来规范档案服务人员的行为。

第二节　档案服务质量优化控制的问责方式

以各级综合档案馆为主体的档案服务机构作为一种公共性、公益性服务机构。从信息治理视阈来看，档案服务质量优化控制涉及：档案服务的提供者，即政府；档案服务的生产者，即各级综合档案馆；档案服务的利用者，即社会公众等。政府作为提供者主要负责制度安排、法规制定、政策制定、资金保障等，以此来规范档案服务建设及服务质量和服务标准，监管生产者并规范利用者的行为等。档案服务机构作为生产者主要负责建设丰富、科学的档案信息资源及提供让社会各主体都满意的质量优化的档案服务。而档案信息服务的利用者则通过付费、参与付费或免费等不同方式来利用各档案管理机构所提供的档案信息服务，如图 6-1[①] 所示。

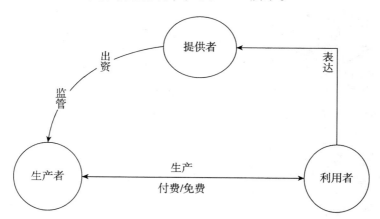

图6-1　信息治理视阈下档案服务质量优化控制的主体三方

信息治理视阈下档案服务质量优化控制的问责体系构建，主要围绕提供者、生产者及利用者这三方主体来开展并进行相应的责任划定。根据这三

---

①　贾博：《健全公共服务问责制度研究》，硕士学位论文，长春市委党校，2012年，第38~42、80页。

方主体之间的关系可以构成四种问责机制，即社会公众与政府之间的表达、政府与生产者之间的协约、社会公众与生产者之间的客户权利关系、生产者内部自身的管理。这样一来就构成了"短途"问责机制与"长途"问责机制，即社会公众通过客户权利对档案服务生产者（档案管理机构）的问责，可以认为是"短途"问责机制。社会公众通过表达对政府问责、再由政府通过协约对档案服务生产者（档案管理机构）问责称为"长途"问责机制。具体关系如图6-2、图6-3所示，信息治理视阈下档案服务质量优化控制的问责制度构建，可以从主体间的问责与主体内部问责着手。

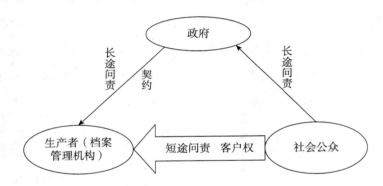

图 6-2　三方主体间的问责机制

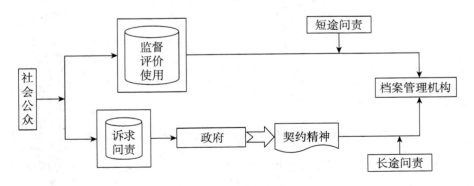

图 6-3　档案服务问责方式选择

一、以主体间的问责方式为偶态

档案服务质量优化控制的问责方式要以主体间的问责方式为偶态，包括短途问责方式与长途问责方式。

（一）短途问责方式

短途问责方式是指社会公众直接监督、评价各级档案馆为主体的档案管理机构所开展的相关档案服务，直接向生产者（各级档案馆）问责的方式。各级档案馆在开展面向社会的档案服务中，因为历史是人民创造的，档案服务存在的意义也必须要考虑到人民，要体现出所有社会主体的社会存在与社会意义。

作为档案服务的生产者如果没有真正做到面向社会开展档案服务建设工作，那么它就不可能真正做好面向社会的档案服务工作，更不可能满足社会公众对档案信息资源利用的需求。社会公众在这个时候就可以启动问责程序，否则等到档案馆开展不合格的档案服务时再来启动问责程序，其问责的价值就大打折扣了。问责，要用行动来体现，否则就会成为一句口号[①]。当然，档案馆在开展的档案服务过程中的问责也是必要的，因为只有真正有了这个环节问责制度的存在，才会促使档案管理机构在进行档案信息服务开展时更加注意面向社会的每一个社会主体，关注每一个社会主体在社会活动中所需要的各种档案服务，这样的问责是一个相互促进与相互完善的局部问责体系。

1. 扩大档案服务的选择机会

扩大公民选择档案服务生产机构的权利和范围，扩大服务范围、服务类目以及服务对象。第一，扩大外部竞争。改变仅仅以档案馆作为主体的档

[①] 梁开景：《高举问责利器推动主体责任落地生根》，《南宁日报》2017 年 6 月 9 日。

案服务格局，在条件允许的情况下，可以把服务行为规范、服务质量优良的民营机构纳入档案服务生产机构范围。民营档案公司目前对大多数人来说是一个相对陌生的事物，2017 年 8 月 17 日上午，天津源丰通档案存储项目一期工程举行开工典礼，全国最大的民营档案基地将落地天津，该项目建成后将是国内目前库区面积最大的档案存储基地 [①]。通过改变传统档案服务机构的单一性，将有利于改进和提升档案服务机构的服务质量。第二，鼓励档案服务机构内部之间的竞争。通过提升档案服务生产机构的内部竞争状态，以此来提升与完善他们提升档案服务质量的意愿与意识。逐步扩大档案服务机构的范围，使更多的机构都能取得从事档案服务的资格。在行业内部推行竞争机制，以提升服务水平和服务质量为目标，扩大档案服务部门内部的竞争。机构内部也要形成人才竞争因素，迸发出最活跃、有效的思想，从而提升档案服务机构的整体服务质量。

2. 提升社会公众的参与意愿

社会公众积极参与的意愿以及他们的参与度对档案服务机构问责制度的落实具有十分积极的意义，途径主要有：第一，形成组织化参与途径。鼓励社会公众主动组织起来，以团体形式参与到档案服务质量问责中去，实现组织化参与。如可以在社区设置专门机构，发挥社区治理的力量，负责代表社会公众对档案服务机构问责，也可由社会公众自发组织成立合作组织，形成自组织治理形式，向档案服务机构问责。第二，个体化参与途径。应该要求或规范档案服务机构设立专门管理部门或专人负责接待和处理社会公众对档案服务机构的问责问题，构建良好的社会公众对档案服务质量问责通道。并以谦虚的态度接受社会公众的问责，为社会公众提供良好的问责体验感，并形成愉快的问责氛围。当然，社会公众在问责过程中，要遵守国家的法

---

① 搜狐：《全国最大民营档案基地将落地天津》，2018 年 11 月 18 日，见 http://www.sohu.com/a/165608402_503161。

律、法规，做到依法依规问责，在不能影响到社会正常秩序运行为前提下，尽量做到理性参与①。

3. 有效地增加信息传递量

由于档案管理体制的特殊性，以及档案信息资源作为一种具有内敛性特征的信息资源，导致档案服务领域信息不对称现象客观存在，从而影响到社会公众相关权力的实现，使得问责制度的落实存在一些障碍。因此，必须要采取多种有效的信息传递方式，设计科学合理的信息传递通道，增加信息传递量，为社会公众相关权利的实现提供保障。第一，建立信息发布制度。政府定期将档案服务机构的考核情况，包括档案服务工作中开展比较好的做法以及档案服务中还存在种种问题等向社会公众发布，增加社会公众获取相关信息的量，扩大他们选择档案服务机构的权利，在充分了解的情况下做出恰当的选择。第二，借助新媒体输出信息。通过新媒体和社交平台等进行公示政策、开通宣传栏等形式，广泛宣传档案服务机构关于档案开放、利用等政策以及档案信息资源利用情况，使公众能准确、全面地了解档案借阅和利用政策和流程，这样既保障和维护了社会公众的知情权，又能够有效提升档案服务机构的服务质量。

（二）长途问责方式

长途问责方式是指社会公众向政府表达相应诉求及问责，再由政府根据契约精神向生产者（各级档案馆）问责的方式。主体间的长途问责方式不仅涉及社会公众对政府的问责，也涉及政府对生产者（各级档案馆）的问责，即产生政府对社会公众的责任与生产者（各级档案馆）对政府的责任两个层面。社会公众对政府的问责是一种必然的问责方式，并且社会公众对政府的合理诉求也是政府必须着重考虑的工作。因为，政府是人民的政府，其

---

① 贾博：《健全公共服务问责制度研究》，《长春市委党校学报》2012 年第 5 期。

权力来自于民，理应回应公众的诉求并接受公众的问责，各级档案馆作为由政府出资设立的一种档案服务机构或者说是政府为了服务于社会公众而做出的一种制度性安排，公共性、公益性及服务性是其本质属性。政府按照社会公众的意愿开展对其问责也就再正当不过了，在长途问责中，最重要的两大环节就是公众的表达意识和政府的契约精神，表达和契约共同组成了迂回的长线责任。

1. 提高公众的表达意识

社会公众通过表达对政府问责，是以社会公众权利为基础的，而社会公众积极的参与是表达的前提，因此，社会公众必须要养成参与的意愿，积极地参与到问责中去，当然，要想参与到问责中去，就必须从法律上授予社会公众更多表达权利诉求的渠道①。①构建协商对话机制。档案服务部门应建立协商对话平台，面对面地听取社会公众对档案服务质量的评价。②建立需求表达制度。建立制度化的渠道和途径，以此敦促档案服务机构不断地提升档案服务质量。③设计调查量化指标。设计调查问卷，收集社会公众的意见，并对所采集到的相关数据进行科学的分析，并以此为依据，优化档案服务质量。

2. 增强政府的契约精神

吸收和理解了民意的档案服务部门在制定档案服务政策时必然会充分利用契约精神将民意转化为档案服务生产的具体行动。第一，强化立法科学性。立法是政府与档案服务生产者进行契约和问责的最重要方式，档案服务部门应遵守法律法规，针对利用的相关规定提供优质的档案服务。第二，改革立法方式。政府的行政立法必须建立立法回避制度、立法公开制度和立法参与制度，防止"立法割据"②出现，做到公开、公平和公正，弱化强势方

---

① 贾博:《健全公共服务问责制度研究》,《长春市委党校学报》2012年第5期。
② "立法割据"就是指一些强势利益集团利用自己的影响力，将自己的意志变为国家意志，使得行政立法成为政府部门占有权力资源的方式和分配既得利益的手段。

的利益，保护弱势方的利益，提高政府对档案服务提供者进行协约与问责的能力。

不管是主体间的短途问责方式还是长途问责方式，由于其涉及社会各个主体，而且面比较宽，再加上在进行问责过程中可能会涉及很多程序性问题以及一些制度、法律及规范方面的冲突与协调，是牵一发而动全身，必然会使问责成本加大。考虑到社会成本效益的核算，这种主体间的问责方式不宜作为一种常态性问责制度，更适合作为一种偶态性问责制度存在，即当其他社会主体觉得有必要时可以启动该问责方式，来对各级综合档案馆开展问责，对其所开展的档案服务质量优化控制的科学性以及所开展的提供档案服务的合理性进行评估，并提出疑问。这种偶态性的问责方式更适合对档案馆工作中的一些方针性、方向性及趋势性问题的问责，而对于档案馆日常管理性工作的问责则可采用主体内部问责方式。

二、以主体内的问责方式为常态

（一）政府机构内部问责

政府内部问责又叫同体问责，包括上级政府机关对下级政府机关、上级政府机关对同级行政主管部门以及上级政府机关和同级行政主管部门对下级行政主管部门的问责。生产者内部的问责主要是指管理层对工作服务人员的问责。

在档案服务质量优化控制过程中，问责范围、问责程序等不能僵化，要根据不同问题、不同事件以及不同主体区别对待，因为不是每个问责中都会涉及每一个层面。因此，问责的边界首先得明确，否则问责就可能有过分扩大化的倾向。面向社会的档案服务作为公共服务范畴，当然也会涉及这种主体内部问责方式，但这种问责范畴可以限定在政府对同级档案馆以及上级政府、同级档案馆对下级档案馆的问责，以及作为生产者的各级档案馆内的管理层对一线工作人员的问责。

因为政府是档案馆事业发展的支持者，它们之间就存在一种委托与代理的关系，而政府对档案馆事业发展的管理是通过相应的行政主管部门来实施的，即各级档案局代表政府行使管理各级档案馆的权力。档案馆作为开展面向社会的档案信息与服务的主体，它所负责的工作是否合格，作为主管部门的档案局负有不可推卸的责任，当然也就有对其问责的权利与义务。这种问责可以从两个层面来开展，一个层面是政府对同级档案局进行问责，如省政府对省级档案局所管辖的工作进行相应问责；另一层面就是政府与同级档案局对下级档案局进行问责，如省政府与省档案局对市档案局所管辖的工作进行问责。这种问责的主要目的是各级主管部门督促各级档案馆按照合理的程序与科学的方法做好相应的档案信息资源建设与服务工作，也是推动政府机构内部提高信息治理水平的重要举措。

（二）生产者内部问责

除了政府与档案部门之间的这种主体内部的问责外，还有就是作为档案信息资源建设与服务生产者的各级档案馆内部的问责问题。生产者内部问责的实施，有利于整合档案资源，实现资源与生产者、生产者之间知识的流动与创新，提高信息治理视阈下档案服务效能。档案馆内部主体之间的问责主要包括：高层（馆长）对各科室中层（处长）的问责以及中层（处长）对其所在科室一般工作人员的问责。高层问责主要由负有领导责任的人员应对其不履行或不正确履行责任的所有下级进行问责，高层领导在部门中具有统领全部门的责任，对服务体系建设和服务对象选择具有决策权。高层领导在进行管理决策后，进行定时和不定时督查，对各科室中层进行服务质量相关问责。而中层问责主要是因为档案部门是由一个个档案工作人员构成，档案服务质量优化控制需要不断地对目标、环境、服务内容、利用方式、反馈体系等进行优化与控制①。而优化过程必定是全员参与、全员配合、协同服务的过程，与每个档案服务人员都是息息相关，中层有权对所辖科室内全员进行问责和监督，并向高层实现反馈。而具体到基层问责则主要是因为基层一线档案服务人员直接与档案利用者对接，为用户提供档案服务，对基层进行问责显得尤为重要。实施用户反馈间接问责和上级监管的直接问责，由内而外地产生压力感，不自觉地增强其责任精神和责任意识，使相关的问责制度能够有效地落实到每一个具体的档案服务人员身上，为档案服务质量的优化与控制提供了相应的保障。

第三节　档案服务质量优化控制问责的落实策略

特殊的历史与管理体制导致对我国各级档案机构很难进行问责，或者根本就无法开展问责。即使拥有完美的问责方式、问责原则与问责内容，也必须要有相应的具体问责策略，才能把问责制度落到实处，使问责制度发挥其相应的功能。

一、主体责任认知的培育

根据库伯②的观点，责任可以分为主观责任和客观责任两个层面，前者主要是指由于受内心情感、良知的驱动认为应该承担的责任，是责任人对相关伦理与相关法规的一种内化，可以说是责任的思想化。而后者主要是指对法律负责、对上级和下级负责、对公众负责，它反映的是权力主体和法律对相对人应承担的责任做出的客观规定性，不以责任人的主观状态或意志为转

---

① 罗明、王爱莲：《基于信息治理的档案服务质量优化机制研究》，《浙江档案》2018年第7期。

② ［美］特里·L.库伯：《行政伦理学：实现行政责任的途径》，张秀琴译，中国人民大学出版社2001年版，第54页。

移，它更像是一种思想的责任化。因此，不能把主观责任与客观责任混淆，要严格区分开两者的不同之处。

责任意识就属于主观责任的范畴，不可能自我实现或自发实现，它必须得有深刻的思想基础，并对其进行合理且科学的培育，档案服务的责任意识也不例外。因为档案服务涉及的是公共服务领域的责任承担，它具有很强烈的公共性特征。为了档案行政管理机构、档案管理机构以及其他相关主体责任人能够忠实地履行其责任，就必须要强化其责任意识、职业伦理。

除了要强调强化责任意识以外，也应该完善问责理念，好的问责理念对于责任意识的培育与提升将起到积极的推进作用。因为理念是对事物、行为的性质起决定作用的内在因素。为了提升档案服务质量，问责理念的构建需做到以下几点。

首先要做到以人为本。在档案服务问责的过程中，既要充分考虑到问责制度的权威性、强制性，同时也要充分考虑到档案服务问责制度的灵活性、机动性，更要考虑到档案服务问责制度的可行性与操作性，以及档案服务问责制度的可接受性。另外，更要充分考虑到档案服务主体、档案服务客体的感受与心情。要做到"以人为本"，一定不能离开这个"人本"理念，才能切实做到在提升档案服务质量的同时，使档案服务的社会效益也得到切实的提升。

其次是要体现公共精神。问责理念应该充分考虑到公共服务精神，体现公平、公正与平等的思想，要求档案行政管理机构以及档案管理机构在服务过程中要坚持做到由政府本位、官本位向社会本位、民本位转变。

最后是要积极回应社会。问责的目的是为了什么，这个必须得非常清楚，之所以强调要开展面向社会的档案服务，并不断地提升档案服务质量，就是为了回应当前社会不同主体对档案利用的诉求与期望，否则问责将失去其存在的意义与价值。因此，问责理念必须要体现对社会不同主体的回应，只有这样责任意识才能被真正地内化为人的思想，并被体现在日常工作之中。

二、问责环境氛围的形成

不管是对档案主管管理机构还是对档案管理机构进行问责，不能仅仅依靠"运动式"的问责"风暴"，这种问责制度存在着很大不确定性且不具有持续的可操作性，而且，在规范化方面也存在着很大的问题，属于明显的"人治"思想。因此，要想让问责体系科学且合理，就应该通过法律法规的途径来对责任进行落实，使问责实现法律化、制度化，做到"问责"有"制"，惩罚有"度"，以此来推动治理能力的法制化。

1. 培育问责法律文化

良好问责环境氛围的形成离不开问责文化支撑，文化作为一种"软"性约束力量或者说作为一种隐性的规范性制度，对社会主体不仅有潜移默化的影响，更有行为规范与指引作用。长期以来，由于受封建专制文化的影响，形成了"人治"等不可问责文化氛围。一方面，行政管理人员以及社会公共事务管理人员形成了对上级负责的"仰视"文化与对下级及社会公众实施管理的"俯视"文化。另一方面，对于社会公众而言则普遍形成了一种服从及对政治冷漠的心态，形成了一种问责的文化障碍，不敢或根本就没有问责意识与问责理想。问责完全依赖于外部的强制力量（如法律的强制执行），缺少内在的推动（如发自内心的接受或推动），这种问责环境必然是一种消极的问责，很难触及责任深处。因此，为了构建科学且合理的问责法律制度，必须要培育浓厚的问责法律文化。

首先，培育"民主型"文化。虽然政府的权力来自于人民，它们是一种"委托－代理"关系，但拥有权力的人或机构如果不能正确行使其可支配的权力，就有可能凌驾于人民利益之上。必须要大力宣扬民主精神，形成一种对社会公众负责的文化意识，使民主、公平、平等的文化信念深深植根于行政管理人员及社会公共事务管理人员的内心深处，形成一种对人民负责、为人民服务的文化氛围。

其次，构建"法治型"文化。不管是主管机构如档案局，还是社会公共事务管理机构如各级档案馆，他们的行为与规范都要在法律的框架内进行，绝对不能"权大于法""以权代法""以权压法"。要杜绝漠视法律存在的"非法用法"行为，自觉主动地遵守档案管理、服务当中的相关法律法规以及各种规章制度，并且主动地维护档案法律法规的权威与尊严，积极推动法治的社会文化氛围，使档案服务质量在一种顺理成章的环境之中得到科学且合理的优化与控制。

最后，形成"参与型"文化。文化氛围的培育与形成，要依赖社会公众的积极参与，离开了社会公众的存在，文化也就是一句空话，因此，要通过各种方式让社会主体都积极地参与到对档案服务工作的问责体系中来，并且为他们参与其中提供各种有效的程序、合理的制度及有针对性的措施等。这既是他们的权利，同时也是他们的责任。因为他们既是这个社会的管理者，同时他们也是这个社会的被管理者，要形成一种社会主体积极参与的问责文化氛围。

2. 规范问责程序及结果

高效性、合理性、合法性的问责体系、问责制度依赖相关问责程序的公平、公正、规范且具有较强的可操作性。在进行档案服务的过程中，所要问责的内容或对象不仅仅限于"有过错"行为，也包括对"不作为"行为的追究。只有这样才能达到信息治理的公平化、法制化，才能优化控制档案信息服务。

首先，建立与健全问责受理机构。让问责主体有了表达意见的去处，并且表达途径要方便、有效。另外，这种问责受理机构要具备相对的独立性，保证其在受理各种问责问题时能够客观、公正处理问题的理论与态度。

其次，实施问责过程动态监督。在保证问责程序正义性的同时保证问责程序的透明性及公正性，做到有责可问、有责必问，决不允许有责无人问或者无责乱问的行为发生。针对问责内容也要确定适当的问责结果，针对不同的问责方式或不同的问责主客体，根据不同的相关当事人其问责结果可以采取通报批评、取消评比先进的资格、物质惩罚以及告诫、引咎辞职、免职等。总之，问责要做到有始有终、有因有果、全程监管。

三、问责法律制度的构建

健全的问责法律制度对于问责的顺利开展起着至关重要的作用，既会涉及"短途"问责又会涉及"长途"问责，既会涉及机构之间的问责也会涉及机构内部的问责。因此，针对不同的情况要采用不同的方法来构建问责法律制度，实现"因地制宜""因材施教"。

1. 健全"短途"问责法律制度

"短途"问责是一种比较方便、效率比较高，而且是相对人"面对面"的直接问题方式。只要构建的相关法律制度科学合理，就必然会具有很大的价值，发挥积极的作用。

首先，要让各社会主体有更多选择的权利。当前，不管是在对档案信息资源收集、保管、开发、利用等方面，还是在进行档案信息的社会服务方面，基本是各级档案馆一统天下的格局。国家应该鼓励民间资本进入档案服务的行业中来，特别是那些有实力的非营利性组织，一方面可以与档案馆形成一种竞争关系，让他们意识到有些领域的档案服务工作如果不加紧开展就有可能被其他相关机构替代。另一方面也可以与档案馆之间形成一种对档案服务的互补关系，如针对一些档案馆不适合或不方便开展档案服务的领域，可以由其他相关机构来开展。而且，2020年新修订通过的《档案法》第七条也明确规定"国家鼓励社会力量参与和支持档案事业的发展"，其他社会力量的参与将会在无形之中为档案服务事业起到"鲶鱼效应"，将会给档案服务机构形成一种无形的改善工作的压力与推力。

其次，要让社会各主体有参与机会。单一主体的问责总会存在这样那样的弊端，问责主体的多元化将有利于实现对档案主管机构、档案服务机构及相关人员的问责。因此，要科学地引导社会主体参与到档案服务工作中来，特别是有机会参与到问责工作中来。一方面通过一些组织团体或机构的形式，向档案管理机构等进行建言献策并对他们进行问责，另一方面，也可通过个体化途径，如档案管理机构或档案主管机构通过设立专门机构或专人负责处理社会其他主体对其的问责，并且做到及时解决相关问题，接受社会主体的监督。当然，社会主体在参与问责的过程中要遵守法律、法规等，做到理性参与。

最后，要增加信息发布量。不管是档案主管机构还是档案管理机构对于社会而言都属于比较内敛及保守的社会机构，普通社会主体对他们的情况一般都不是太了解，特别是对于他们的工作范围、工作职责以及历史使命、社会理想等，知之甚少。因此，社会主体对档案服务机构问责的前提与基础是他们必须要掌握足够多的相关信息，否则他们也起不到参与问责的作用，不能发挥出相关的作用。所以，要根据档案服务机构职责履行的相关情况，及时增加相关信息的发布量，采用宣传栏、发放宣传单等形式告知社会主体，使他们更加了解档案服务机构服务工作的情况、档案服务的相关办事流程以及开展档案服务的主要政策安排、制度设计具体的程度与规定等，并且定期发布各种考核信息，为信息治理的实现奠定充足基础。

2. 完善"长途"问责法律制度

档案服务工作的长途问责主要是指社会公众对政府的"表达"以及政府通过"合约"向档案服务机构问责两个方面。从现实来看，这两个环节都存在一些需要完善的地方，如前一个环节由于我国特殊的政府治理环境，存在着渠道不畅、表达效果不理想的问题，民意较难到达政府决策者的面前，更别提影响政府决策的出台。后一个环节则存在着政府对档案管理机构或档案主管机构约束力不足、问责力度不足的问题，导致问责形式大于内容，考核与测评往往是停留在表面的数据汇总和工作汇报层面。在很多时候，只要档案管理部门不出现档案内容泄密及重大档案事故，就很少对档案主管及档案管理机构进行严格意义上的服务质量及绩效的科学且合理的评价与考核。正是因为科学评价与考核的缺失导致档案主管及档案管理机构是否履约并不太会影响到其利益的获得。因此，要让长途问责效果明显就必须得在"表达"与"合约"两个层面进行完善。

首先，要积极地引导公众参与。由于我国社会公众长期以来接受的是服从教育，缺乏主动表达诉求及愿望的勇气与信心，导致我国社会公众的参与能力、参与决心严重不足。因此，一方面政府要积极地引导社会公众积极地、毫无顾虑地敢于表达他们的各种相关合理的诉求与愿望，让相关档案服务部门知晓，并作为他们优化与提升档案服务的依据与基础，更为重要的是为社会公众提供相应的制度保障与便利。另一方面，档案服务机构也应根据社会公众所表达的档案开放利用需求调整档案服务工作的方向与领域，更为重要的是要及时回应社会公众的问责内容，从而形成良好的"输入－输出"渠道，便于信息治理理念、理论、方法与技术能恰到好处地运用在档案服务质量优化与提升的过程中。

其次，要科学地建立沟通渠道。社会公众即使有了表达诉求的勇气与信心还远无法使问责得到合理的实现，必须要科学地建立必要的沟通渠道。一方面，构建协商对话制度，档案服务机构可以通过各种座谈会、恳谈会等形式，不定期地邀请相关社会公众，征求他们对档案服务质量等相关问题的评价与建议。另一方面，构建合理的信息反馈制度，档案主管机构及档案管理机构应该专门收集社会公众对档案服务的期望，以及他们的主观感受、客观描述等，并由专职人员对这些数据进行分析与汇总，并以此作为问责以及改进工作的依据。

3. 健全档案管理机构内部问责制度

政府与档案管理机构之间的问责要得到科学的贯彻与落实，就必须要加强档案管理机构内部问责制度的建设，因为政府不可能直接对档案服务机构内部的一线工作人员问责，这个层面的问责应该是由档案服务机构管理层来执行，即政府对管理层的问责需转化为管理层向一线工作人员的问责。对于档案管理机构而言，责任与声誉一样，都是一种公共资源，只不过在现实工作中，档案服务人员可能更愿意享用依附于机构的声誉，而对于社会赋予档案服务机构的责任承担上则不是会太主动与积极地去履行。导致"声誉过度使用而造成枯竭，责任过度推卸而造成枯竭"[①]。因此，如果不加强对工作人员的管理与问责，那么政府和档案管理机构的合约中所约定的社会责任就无法完成，社会公众权利的维护也就不可能实现，所以档案管理机构内部问责制度的健全与完善也是非常重要的。

四、多元问责机制的健全

从我国当前情况来看，问责更多体现在单一的"行政"问责范畴，其具体体现就是行政机关充当了问责的单一主体。这种问责对于档案管理机构而言，由于 2018 年以前，长期实行"局馆合一"的管理体制，虽然 2018 年实行机构改革后，实行了"局馆分设"，但两个机构之间的人员、职能等还存在着各种各样的关联。再加上档案馆当前"参公"用人机制，档案馆单位性质定位还不是很清晰，造成工作质量和效率都较低，特别是创新性与开拓性的工作开展缺乏动力与激励机制。以及档案主管机构与档案管理机构之间的责任区分以及责任认知还有待进一步探讨。在这种制度环境之下问责的可行性还有待进一步论证与协调，导致在问责过程中出现"无责可问"或"不可问责"的情况。为了弥补同体问责的缺陷，在档案服务过程中应该多采用异体问责机制，它与同体问责相比，具有更加鲜明的效率优势且更加符合民主政治要求。当然，做到双管齐下，问责机制将更加有利于建设面向社会的

---

① 贾博：《健全公共服务问责制度研究》，《长春市委党校学报》2012 年第 5 期。

档案服务，在问责制度压力下不断地提升档案服务质量。

1. 增强人大问责的权威性

不管是对档案主管机构，还是对档案服务机构，权力均是来自人民的，当然也就得接受人民的监督与问责，而人民进行最为有效且最为权威的问责方式即为人民代表大会，作为我国的立法机关，是社会公众表达诉求和实现监督的重要渠道。档案服务机构及人员在开展档案服务的过程中，以及衡量其档案服务质量的评价方面，要借助于"人大"的合法性地位，充分发挥"人大"制度的权威来进行问责。如明确规定要求档案服务机构定期或不定期给"人大"提交有关档案服务工作报告，并且在人大代表认为需要的情况下，可以向档案服务机构提出质询，使档案服务质量得到切实可行的优化与控制，为档案服务质量的提升提供制度层面的保障。

2. 重视媒体问责的独立性

新闻媒介的监督是最经常、公开、广泛的一种监督方式。档案服务作为一项面向全社会主体的公共服务活动，必然要接受来自社会方方面面的问责与监督。作为社会道德捍卫者的社会媒体，要发挥好这种监督力量，在问责与监督的过程中，要保证其独立性，不能受到来自其他方面的影响，更不能受到相关主体的制约。一是保证社会媒体的信息获取权，因为要想让媒体的监督权利得到保障并顺利实施，就必须要保证档案服务工作的透明度，使相关社会主体能够做出反应并有相应的表达其诉求的机会与时机。二是社会公众可以借助于各种媒体来表达他们的各种诉求，甚至可以借助媒体的力量来给予档案服务部门压力，使他们不断地提升档案服务质量。当然，要想实现这两个方面的功能，就必须要重视社会媒体的独立性建设，使其具有相应的社会公正属性。

3. 激发公众问责的积极性

在开展面向社会的档案服务的过程中，要科学地引导、激发社会公众的问责积极性，只有社会公众积极地参与到档案服务的问责中来，问责才有可能最大限度地发挥作用，治理效果才能达到更大程度的实现，服务质量才能得到更大范围的提升。一方面，要通过大力宣传，制造舆论氛围来提高社会公众参与问责的积极性，让社会公众了解到参与问责既是其作为社会成员应尽的义务，更是其作为社会主体应有的权利，使其产生一种问责主人翁意识。因为面向社会的档案服务本身就是一件涉及社会所有主体的社会活动。另一方面，也要为社会公众参与问责提供条件，如为社会公众提供健全的信访制度，以此来保证表达诉求的渠道畅通，强化民意调查力度与频率，尽量了解更多的民意，完善档案服务的听证会制度，甚至可以设立建言奖励措施。通过激发社会公众问责的热情与积极性，不仅可以提升社会公众主体意识，也可以使问责变得更加有效。

五、多样配套制度的设计

健全的问责体系还必须要构建相关的配套制度，如问责的反馈制度、问责的救济制度等。

1. 形成有效的问责反馈制度

档案服务中问责的反馈制度对于问责体系作用的发挥有着十分积极的意义。一方面，通过反馈制度，向社会问责主体传递其问责的效果，表明问责客体积极改正错误的决心与心态，这有利于维护社会问责主体的积极性以及不断关注的信心与愿望。另一方面，有了这种问责主体与问责客体之间的良性互动，问责将实现可持续性发展，档案服务将更加科学且合理，并在这种不断问责与不断改进中得到完善，从而实现真正意义上的面向社会来开展档案服务工作。

2. 形成有效的问责救济制度

构建面向社会的档案服务问责体系并不是一方打倒另一方的游戏，其存在的最终目的或宗旨是把档案信息服务建设得更加方便、为大众所用，使档案服务更加有效地服务于社会公众及社会经济建设。当然，在保证问责主体问责权利得到实现的同时，也要使被问责客体的权利得到有效的保障。所以，在档案服务开展过程中，对于那些犯了错误或不作为的工作人员，问责是理所应当的，但也要合理合法地保障他们的正当权益与合法申诉，形成科学的问责救济制度，保证他们的申辩权利以及申诉的权利等。有效的问责救济制度设计不仅有利于问责制度的有效性及权威性，也将使问责体系更具科学性与合理性，使档案服务质量的优化与提升更具可操作性。

第七章　信息治理视阈下档案服务质量优化控制的评价体系

信息技术的不断发展，以及广泛运用将档案信息资源服务推到公共服务及信息治理的重要位置，提供优质高效的档案服务，是档案事业实现可持续发展的基础。信息治理视阈下以档案馆为代表的档案服务部门作为提供公共信息服务的有机组成部分，其目的在于提供便捷、高效、全面的档案信息服务。在此背景下，有必要构建一套可具操作性的评价体系，来对档案馆的服务能力、服务方式、服务手段以及配置资源的效率进行科学的评估。档案服务评价体系是一个综合机制，通过评价结果对档案服务过程进行反馈，发现档案服务中可能存在的问题与短板，对促进档案服务质量优化与提升，以及提高档案信息资源的利用水平等具有重要价值。多元评价体系的构建是实现协同治理的有效途径，是构建公民与社会平等对话的重要机制，更是档案服务质量优化的保障。当前档案服务评价存在过于功利化的管理主义倾向，从信息治理视阈出发，通过对档案服务体系目标、价值以及相关指标的定性和定量分析，将有助于档案服务质量的优化与提升，并以此促进社会的和谐发展。

第一节　构建评价体系的目的及价值

评价就是发现行为的意义与价值，对档案服务的评价，也就是通过评价揭示构成完整档案服务过程的各个要素（如服务主体、服务手段、服务效果等）在整体运行中的价值和作用，并将各个要素的价值导向与档案服务的整体利益相统一，最终提升档案服务质量。好的评价体系简单明晰，可操作性强，能产生大量的决策参考信息，促使档案服务能随外部环境的变化及时改进完善。一方面，在档案服务供给端，开展服务评价有助于档案服务部门定期了解和追踪其服务质量，在此基础上调整服务供给计划，优化服务供给流程，实现结构性改革。另一方面，在档案服务需求端，开展服务评价能让公众有效表达自身的档案服务需求与感受，参与档案服务治理，最终提升档案服务满意度[1]。当前对于档案服务的评价研究主要集中在档案服务评价标准方面，尤以档案服务评价指标体系研究为重点，包括构建原则、内容设计、权重分析和研究方法等方面[2]，缺少对档案服务评价体系内涵的梳理以及体系要素之间的内在逻辑阐释。有必要从宏观层面对档案服务评价体系构建的目的和价值进行科学且合理的分析，从整体上对档案服务评价体系进行科学且合理的判定，确保档案服务质量评价程序、评价结果的科学性。

一、构建评价体系的目的

公共服务的评价作为促进公共部门改善公共服务质量的一个重要手段，已日渐得到社会的普遍认同。而档案服务作为公共服务的有机组成部分，其

---

① 邓剑伟、杨艳：《"数据驱动"的公共服务评价：理论建构与实践探索》，《求索》2018 年第 1 期。

② 侯垚：《我国档案服务评价指标体系研究述评》，《北京档案》2018 年第 3 期。

服务质量的提升同样离不开对档案服务评价体系的研究，对其进行研究的目的，就是人们在展开档案服务评价之前设想或规定的档案服务评价活动想要达到的效果或结果，它如同指挥棒支配着整个档案服务过程[①]。随着人们对评价认识的不断深入，评价在其发展历程中表现出了多种目的取向，包括管理目的——为了改进服务流程；总结性目的——对服务现状进行总体分析；心理或社会政治目的——为了激发和提高价值认知，形成持续性改进服务效果的正向激励机制[②]。相应地，档案服务评价体系也有以上多种目的。

（一）有效提升档案服务的效率和效益

良好的评价制度能有效约束和及时调整档案服务评价活动中相关利益者的关系及行为，即使用制度化手段对档案服务机构的行为、表现、绩效等进行考察，提升档案服务工作效率与效益。当前环境下，档案信息服务面临诸多挑战，传统档案服务从服务对象、服务方式、服务内容等已经不能完全满足社会发展的需求。以服务内容为例，传统档案服务内容包括出具档案证明、印发馆藏资源、提供档案展览、提供参考咨询服务等，而网络环境下档案信息服务主要表现为提供网络咨询服务、网络交互信息服务、分类定制个性化服务等[③]，必须构建与时俱进的评价制度，保障到档案信息服务的效率与效益。

首先，良好的评价制度设计将有利于指导档案服务朝着科学化管理的方向运行。评价方式制度化将进一步促进与推动档案服务工作者不断地深入研究与考察档案服务活动的方方面面，它直接推动了档案服务评价内容及与评价内容直接相关的标准设置日益完备化和科学化。以档案服务网站建设评价为例，我国部分机构在实践中进行了初步探索，分别于 2006 年、2011

---

① 宁业勤：《教育评价实践研究》，浙江工商大学出版社 2016 年版。
② 许建钺：《简明国际教育百科全书·教育测量与评价》，教育科学出版社 1992 年版。
③ 陈英：《美国档案信息服务评介及其启示》，《兰台世界》2015 年第 32 期。

年及 2015 年，通过客观的调查和科学的评价，持续跟踪我国档案网站的发展[1]，了解其现状，发现档案网站建设存在"功能定位单一、忽视用户需求、档案信息易用性程度不高、网络档案资源较为匮乏、资金投入较少"等不足之处。并在此基础上提出一系列档案服务网站发展和完善的建议[2]，为其高效运行、发挥最大社会效益提供了改进方向，这将有助于档案服务机构及时融入信息时代的大环境，扩大自己的社会影响力，使档案信息资源得到最大程度开发利用。

其次，制度化的评价方式有利于界定档案工作人员在档案服务过程中的不作为行为或消极工作行为以及相关责任的归属等问题，最大限度地优化服务质量，也有利于有序推进档案服务工作的开展，以及解决档案服务工作中可能产生的各种矛盾与纠纷[3]。并且，科学的评价制度严谨地区分了档案服务活动中各方的职责与使命，有利于明确权责，也有利于各参与方在档案服务活动中实现更加有效的沟通、协作和交流，为档案服务质量的提升与优化打下了坚实基础[4]。

最后，评价制度的执行将确保档案服务工作的规范性和有序进行。评价作为实现档案服务工作规范化的重要手段，具有重要的引导作用。如 2016 年 10 月，国家档案局制定了《数字档案室建设评价办法》，随后国家档案局完成对中山市档案局、南京市审计局、南京市建邺区档案局、福建省公安厅、浙江省公安厅等单位"全国示范数字档案室"的评价工作[5]，为我

---

① 邓君、盛盼盼、王阮、孙振嘉：《用户感知视角下档案网站服务质量评价指标体系研究》，《图书情报工作》2018 年第 1 期。

② 《我国省级档案网站测评项目综述》，《档案学通讯》2007 年第 4 期。

③ 佟林杰、孟卫东：《基于物联网技术的档案服务创新体系构建》，《云南档案》2013 年第 5 期。

④ 马先南：《面向智慧城市的民生档案信息服务体系构建》，《中国档案》2013 年第 2 期。

⑤ 中国档案资讯网：《与时俱进的机关、综合档案馆及专业档案工作》，2018 年 10 月 23 日，见 http://www.zgdazxw.com.cn/news/2018-10/23/content_251847.htm。

国其他地区数字档案室建设提供了宝贵的实践经验。这种以"评价促建设、以评价促改进、以评价促发展"的发展思路，极大地调动了档案行业建设数字档案室的积极性[1]，为档案信息化建设打开了滚动发展、全面发展的良好局面，为档案服务效益、效率的提升提供了保证，特别是为信息治理理念、理论、方法与技术的实践提供了保障。

（二）及时反馈档案服务活动的社会需求

随着数字化时代的到来，在知识产业社会中，社会公众开始追求高质量的生活。任何以提供知识和信息为主的服务取向型组织为了能够满足社会公众的需要，都必须要不断地提升其服务质量，档案服务机构也不例外。当前环境下随着海量数字档案信息资源的不断增长，档案工作宗旨由传统的档案管理向档案利用转变，被动的档案服务已无法满足社会公众对档案信息资源的利用需求，他们需求的是个性化、多元化的档案知识产品和服务，档案机构的主要任务就是向用户提供高效率的档案知识服务。信息社会的发展使社会公众档案利用意识和档案权利意识不断提高，档案用户数量、档案用户需求多元化趋势不断增加。如何来适应这种变化并满足这种需求，已成为了衡量档案服务质量的重要标杆，为此，档案服务主体应及时感知社会发展的趋势和社会各群体的档案服务需求，以促进档案服务事业不断发展和进步[2]。科学的档案服务评价标准无疑可以真实有效地反馈社会公众对档案服务的切实需求，从而扩大用户参与治理的范围，为档案服务优化提供参考方向。

首先，档案评价作为一种反馈，在反映档案用户对档案信息资源利用需求的满足程度的同时，也反映了档案用户对档案服务机构所提供的服务水

① 《档案要闻》，《兰台世界》2017 年第 4 期。
② 宋雪雁、郭秋言：《基于开放档案价值实现的档案服务差距模型研究》，《档案学通讯》2014 年第 6 期。

平、内容、模式、手段、方式等的真实意见的表达。档案服务人员通过接受来自这些反馈信息以及他们对预期目标值的差异，从而更好地为日后在档案服务工作中不断地改进和完善档案服务质量提供帮助。应该看到，随着信息社会不断向纵深方向发展，以及信息技术的广泛运用于档案服务行业，泛在知识环境已经在向大家走来，档案用户对档案信息资源的需求品质也在不断地改变之中，对档案信息资源的需求表现出了强烈的求便求快、路径依赖等，以及呈现出一种多元化、知识化和复杂性的特征。因此，档案服务机构必须要紧跟时代的发展特征，充分运用与借鉴信息治理理论、方法与相关技术，对档案服务质量进行优化，加强对档案服务质量的控制，在资源组织、平台开发、服务推送等层面，通过强化档案服务工作重心，构建以档案用户为中心的档案服务质量评价体系。

其次，科学合理的评价结果将有助于判断与预测未来对档案服务的需求。严格按照评价结果反映档案用户的需求及其变化来配置、规划与调整档案信息资源的内容，严谨地做到根据动态的社会变化，考察档案信息资源需求的广泛性和长久性，科学地培养符合和胜任档案服务工作的人才队伍等[1]，将有助于实现资源价值的增值，信息服务能力的提升以及治理理念的深化。如民生档案已逐渐被档案学术界视为档案管理社会范式下的重点工作。当前在国家倡导的信息惠民工程环境下，通过对相关部门和地区的民生档案服务评价发现，民生档案服务方面存在信息资源整合标准不统一、档案公共服务意识欠缺、信息管理碎片化等问题。档案服务机构应当重视档案资源价值理念、深入数字连续性管理方面的理论研究，加大在数字技术应用和信息系统开发等硬件方面的资金投入[2]，提升民生档案信息服务的质量。

---

① 宋雪雁：《我国开放档案价值实现路线设计》，《档案学研究》2012 年第 3 期。
② 宋懿、安小米：《信息惠民视角下的民生档案整合与服务研究》，《档案学研究》2016 年第 1 期。

（三）正向激励档案服务质量的持续改进

服务型政府的一个价值规范维度就是回应性。档案服务作为政府提供的一个重要的公共服务领域，虽然当前所提供的档案服务质量已经不错，而且也在不断地提升。但随着社会环境的不断变化，需要档案服务机构不断地调整、完善与提高档案服务质量与品质。要求他们必须注重持续改进和不断提升，当然，也就意味着档案服务机构所提供的档案信息和服务的质量将不断提升[1]，特别是在当前数字信息资源不断增长的社会大背景之下，社会公众对档案服务质量的提升更是提出了新的要求。从实践维度出发，档案服务质量持续改进是一个"推动—反馈"式的运行过程，并形成一个闭合回路的系统，如图7-1所示[2]。

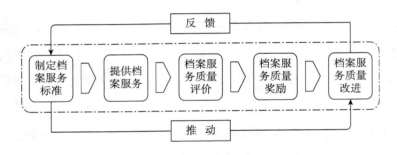

图7-1 档案服务质量持续改进的实践过程

首先，档案服务评价本质上是一种价值判断。即客体与主体需要之间形成的一种关系，在普遍认同的价值观基础上，使得档案服务评价具有了激励功能。具体表现在两个方面，一是从档案服务提供者角度来看，档案服务质量意味着服务属性对组织规定的符合程度；二是从社会公众角度来看，档

---

① 宋雪雁：《我国开放档案价值实现路线设计》，《档案学研究》2012年第3期。

② 陈振明、耿旭：《公共服务质量管理的本土经验——漳州行政服务标准化的创新实践评析》，《中国行政管理》2014年第3期。

案服务质量意味着服务达到或超过其期望的程度[①]，其实也是一种绩效评估的激励功能，是一种提高效率、改善业绩、实现责任的管理工具，从这个视角来看，档案服务评价亦是一种绩效评估的手段。因为它提供了提高档案服务质量的动力机制，借助档案服务评价标准、服务内容的导向、服务现状的反馈、奖惩的实施等环节，把档案服务主体的绩效与社会档案需求的达成、档案机构责任的履行、奖惩培训等利益结合起来，引导档案服务活动的行为取向与社会发展保持一致[②]，有利于档案服务机构不断地完善档案服务体系，提升档案服务质量与服务品质，同时也是治理能力不断提升的重要表征。

其次，档案服务评价有利于促进档案服务质量的持续完善。档案服务质量的持续完善不是一个静止的过程，而是一个动态的、变化的复杂过程。随着社会环境的变化而呈出差异，当然更会随着社会公众档案利用需求的变化而不断地改变，这就要求档案服务机构及人员必须要关注这些变化情况，调整档案服务的方法、手段、方式等，这些都离不开通过档案服务评价体系构建的整体感知。应该看到档案服务评价体系具有连贯性、系统性、有序性等特征，借助于档案服务质量评价所挖掘到隐藏在数据背后的事实和问题，为档案服务人员的服务工作不断完善提供可靠的依据，从而实现档案服务质量不断优化与提升的目的[③]。

二、构建评价体系的价值

强化档案服务绩效评价作用在于它将有利于优化档案服务的流程，以及促进档案服务质量的提升，但在这个过程中，难免出现考核第一、指标至上的现象，甚至出现数据作假、应付指标等一系列问题，而档案服务机构不

---

① 陈振明、耿旭:《公共服务质量管理的本土经验——漳州行政服务标准化的创新实践评析》,《中国行政管理》2014 年第 3 期。

② 陈国权、王柳:《公职人员绩效评估的激励机制问题研究》,《学术研究》2005 年第 7 期。

③ 董丽:《基本公共服务质量评价问题研究》,硕士学位论文,吉林大学,2015 年。

是积极地探索改变评价绩效的途径而选择疲于应付不断出现的绩效指标[①]。在具体的评价体系构建过程中，可能还存在评价指标不能全面反映档案用户对档案服务质量的真实感受和认知等情况[②]。从信息治理的角度看档案服务内容将更加知识化与个性化，档案服务范围将更加广泛化与多元化，档案服务层次将更加复杂化与立体化，这就要求在对档案服务质量进行评价时必须要引入更加合理且科学的理念、理论与思想，指导档案服务质量评价体系的建构。而在此之前，必须先厘清档案服务评价体系的重要意义，即实践价值和理论价值（见图 7-2）。

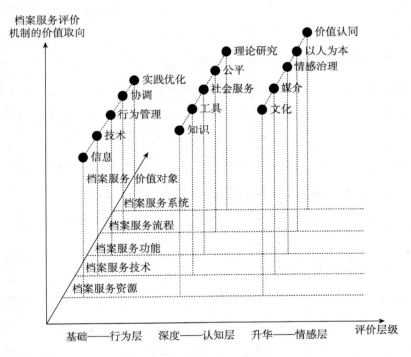

图 7-2　档案服务评价机制价值模型

① 郎玫、包国宪：《政府绩效评价过程中的"政治"路径——基于价值生成的政府绩效》，《行政论坛》2012 年第 5 期。

② 宋雪雁、张岩琛、王小东、孟欣欣、邓君：《公共档案馆微信公众平台服务质量评价研究》，《图书情报工作》2016 年第 16 期。

（一）行为层：优化档案服务体系的整体实践流程

首先，档案服务评价体系要素指标化，将有利于加深各个主体在对档案服务质量评价时的统一认知，更加有利于对档案服务质量优化方向的认识。如将档案网站"系统功能与技术条件"一级指标分解为"网站稳定性、检索功能易用性、检索结果完整性、共享安全性、帮助醒目性"等相关十几个二级指标[①]。使得各主体对档案服务质量评价体系各指标的内涵等有了更加清晰的认知，不仅有利于档案服务人员掌握档案服务质量优化的方法及要点，也更有利于社会公众对档案服务人员所提供的档案服务质量进行评价与监督，从而实现双向互动。

其次，档案服务评价体系促使自上而下的各级评审工作都具有明确的评判性、指向性及量化性，从而在实践层面具有良好的可操作性，减少评审的盲目性。如《数字档案室建设评价指标》为各级各类档案馆数字化建设现状的评估提供了依据。此外，构建档案服务评价体系，还可倒逼档案服务机构不断地调整档案服务策略、方式、方法与手段，使他们转变思路，尽量使档案服务由被动服务向主动服务转向。也更加有利于督促档案服务人员增强档案服务的共建共享意识，积极主动地走出去与图书情报部门联手开展档案服务，实现档案信息资源的共建共享，使档案服务的范围由"窄"变"宽"、由"纵"变"横"，档案服务层次由"浅"变"深"、由"原料"变"信息"、由"信息"变"知识"。此外，档案服务机构还可以充分运用档案原始资料并对它们进行编排，出版相关历史人物的传记、历史故事与历史事件的科普读物等，多维度开辟档案服务的渠道[②]，丰富档案服务的种类，推动档案服务部门完善与优化档案服务质量。总之，构建档案服务评价

[①] 邓君、盛盼盼、王阮、孙振嘉：《用户感知视角下档案网站服务质量评价指标体系研究》，《图书情报工作》2018 年第 1 期。

[②] 崔建卫：《如何突出档案馆的文化品位》，《档案管理》2006 年第 1 期。

体系，在现实行为层面能优化档案服务体系的整体实践流程，构建有序化、规范化的治理体系，有利于提升、优化与控制档案服务质量。

（二）认知层：深化档案服务评价体系的本体理论研究

档案服务评价体系的本体理论研究即为对档案服务评价体系的理性思辨与规律总结。当前针对这个问题的研究主要包括其构建原则，主要有：可操作性[1][2][3][4]、系统性[5][6]、客观性[7][8]、代表性[9][10]；档案服务评价指标体系的内容设计主要有：馆藏资源[11][12][13][14][15]；综合服务（服务属性、服务功能、服务内

[1] 周彩英：《基于 AHP 和模糊综合评判的档案信息利用服务评价》，《档案学通讯》2011 年第 3 期。

[2] 杨霞：《社会公众参与的档案利用服务质量评价初探》，《档案学通讯》2012 年第 4 期。

[3] 王灿荣：《公共档案馆档案信息服务社会化绩效评价内涵探析》，《档案学研究》2014 年第 3 期。

[4] 郑宇：《基于 AHP 网络环境下档案信息资源利用评价体系的构建》，《云南农业大学学报》（社会科学版）2015 年第 4 期。

[5] 祝洁：《档案馆公共服务能力评价研究》，《兰台世界》2014 年第 2 期。

[6] 侯振兴、闰燕、袁勤俭：《基于用户视角的数字档案馆知识服务能力评价研究》，《现代情报》2015 年第 3 期。

[7] 王灿荣：《公共档案馆档案信息服务社会化绩效评价内涵探析》，《档案学研究》2014 年第 3 期。

[8] 张珊：《概述档案利用服务评估指标体系的构建》，《现代经济信息》2016 年第 5 期。

[9] 丁乙：《基于用户的档案信息服务评价研究》，硕士学位论文，安徽大学，2016 年。

[10] 杨霞：《社会公众参与的档案利用服务质量评价初探》，《档案学通讯》2012 年第 4 期。

[11] 寇冰、陈彤等：《山西省高校档案利用服务评价指标体系研究》，《山西档案》2015 年第 6 期。

[12] 梁孟华：《档案网站信息服务质量评价研究》，《档案学通讯》2012 年第 2 期。

[13] 王灿荣、王协舟：《档案信息服务社会化绩效评价指标体系构建策略》，《档案学研究》2015 年第 2 期。

[14] 董宇、安小米、白文琳等：《档案资源整合视角下的数字档案资源公共服务能力评价指标构建》，《档案学研究》2015 年第 4 期。

[15] 宋雪雁、张岩琛、王小东等：《公共档案馆微信公众平台服务质量评价研究》，《图书情报工作》2016 年第 16 期。

容与结构、信息安全等）①②③；机构与制度（机构属性、制度建设属性、管理手段、管理机构等）④⑤⑥；馆内基础设施（网络建设、网络安全与维护、系统与软硬件性能指标等）⑦⑧；服务人员（组织机制、人员素质、服务态度等）⑨⑩⑪。

　　档案服务评价体系研究有助于评价体系自身的现实构建，加深对评价体系本体意义的理论追问，升华对档案服务评价体系本身价值性、体系性和功能性的理论论证，起到回答"是什么""怎么评"等相关理论问题，形成科学且合理的档案服务评价理论与研究体系。总之，构建档案服务评价体系，可以从实践中探寻科学的评价指标，建立起自身完整的、适合我国档案服务现实的评价理论体系和科学的评价方法，避免因评价指标混乱、繁杂，评价指标选择的人为主观性而破坏评价体系本身的科学性有待论证，使评价结果的可信度大打折扣。

---

①　孙艳丽：《档案信息网络服务的影响因素、评价指标与服务对策研究》，《情报科学》2012年第12期。

②　聂勇浩、苏玉鹏：《档案馆公共服务评价的指标体系建构——基于平衡计分卡和层次分析法的分析》，《档案学研究》2013年第2期。

③　周林兴：《数字环境下档案馆服务绩效评估研究初探》，《档案与建设》2012年第4期。

④　孙玉瑞：《国高校档案网站信息服务评价指标体系构建研究》，硕士学位论文，南京大学，201年。

⑤　寇冰、陈彤等：《山西省高校档案利用服务评价指标体系研究》，《山西档案》2015年第6期。

⑥　邓磊：《基于层次分析法的高校档案利用服务评价体系建设》，《兰台世界》2015年第17期。

⑦　蒋超美、王灿荣：《基于AHP和模糊综合评价法的档案信息服务绩效评价应用》，《兰台世界》2016年第23期。

⑧　杨霞：《社会公众参与的档案利用服务质量评价初探》，《档案学通讯》2012年第4期。

⑨　董德民、赵立、严青云：《基于公众感知的国家档案馆公共服务质量评价模型研究》，《浙江档案》2013年第12期。

⑩　寇冰、陈彤等：《山西省高校档案利用服务评价指标体系研究》，《山西档案》2015年第6期。

⑪　董宇、安小米、白文琳等：《档案资源整合视角下的数字档案资源公共服务能力评价指标构建》，《档案学研究》2015年第4期。

（三）情感层：强化档案服务生态链的价值规范认同

档案服务作为社会生态系统的一个重要子系统，有着自身完整的信息生态链，有明确的主体与客体，有清晰的生态环境。各种相关要素相互影响，发挥着它们各自的影响力，直接规定着档案服务质量评价的向量[①]，因此必须通过档案服务评价体系来约束和改变。当前环境下，档案服务人员价值认同尚未确立，导致无法使档案服务人员以大多数人认可的价值去规范其行为[②]。而档案服务评价体系能强化服务工作人员的服务意识，遵守为人民服务的宗旨，创造良好的服务环境氛围。此外，当前环境下，社会公众档案利用意识尚未明确，社会公众对档案利用意识淡薄，仅在少部分层面利用，没有形成评价意识、监督意识和主体意识。档案利用者作为最有资格的评判者，应重视他们在现有馆藏档案利用服务质量评价中的地位。最后是档案服务部门角色错位，传统档案馆及档案部门存在"官本位"思想，不够重视利用服务工作，难以满足社会公众的利用需求。档案服务评价体系构建过程中，将可以改变档案服务人员相对保守的思维，树立用户本位意识，站到档案服务接受者而非档案服务生产者的角度来思考档案服务评价标准的问题。从整体上把握服务方向和服务定位，从评价体系结果中分析服务趋势和服务水平，强化档案公共服务供给端的价值规范认同，树立优化档案服务质量水平意识，并付诸实践。

① 杨霞：《社会公众参与的档案利用服务质量评价初探》，《档案学通讯》2012 年第 4 期。
② 王家合：《公共服务质量评价中政府组织归因错误现象及其治理》，《求索》2017 年第 2 期。

第二节　评价体系的定性指标分析

定性和定量在正确把握社会发展进程的研究上存在一种互补关系。定性研究作为社会研究的重要方法之一，通过对研究对象进行"质"的方面的分析来洞悉事物之本真，即侧重质性研究。在进行定量研究之前，研究者须借助定性分析来确定所要研究对象的性质。没有定性的定量，必定是一种盲目的定量 [1]。档案服务质量影响因素的定性研究对于档案服务质量评价具有积极的价值，对档案服务质量优化与控制具有关键性的指导作用，包括服务效果、服务效率、服务意识、服务层次、服务反馈、服务资源以及服务技术等档案服务质量评价指标（见图 7-3）。

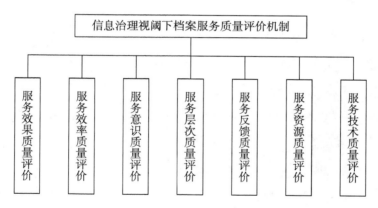

图 7-3　档案服务质量评价机制系统结构

一、服务效果质量评价

（一）内涵阐释

在信息治理领域，服务效果是指信息服务的及时性、信息需求满足率

---

① 张彦：《论社会研究的定性分析方法及其建构》，《晋阳学刊》2018 年第 1 期。

及信息服务效益等①。档案服务效果评价就是对档案资源服务需求满足情况的一种检验与考核，是追求档案服务目标、档案服务过程、档案服务结果相统一的手段，其目的是确保档案服务质量实现预期的设想。可从利用者与服务者的角度来进行分析。一是利用者的角度。主要考察档案服务工作是否有利于档案利用者解决他们所碰到的问题以及他们的体验效果等。二是档案服务者的角度。主要考察档案服务者是否为档案利用者提供了他们所需要的信息，以及他们所提升档案信息服务的速度等方面的问题。如果档案利用者对档案服务者所提供的服务效果评价高，那么本轮服务工作结束；反之，则需要进行"用户需求再认识"环节，重新理解用户的需求，调整服务策略，开展新一轮的档案服务工作②。

（二）价值功能

开展档案服务效果质量评价有多方面的价值。其一，服务效果评价能整体感知档案服务质量水平高低。比如随着社交媒体、互联网等技术的兴起，档案信息传播效果越来越受到重视，它是档案信息传播活动对受众及社会所产生的一切影响和结果。对档案信息传播效果的评价也就是对整个档案服务流程的感知，因为档案信息的传播过程是一个有机系统，涉及"传播者、传播内容、传播方式、受众、信息反馈"等要素，任何一个环节的疏漏和错位都会影响档案信息传播的最终效果。对档案服务效果的评价可以从整体上梳理档案服务流程的科学性，从而据此优化每个环节，发挥档案信息服务的最大价值。其二，服务效果评价能促进档案工作良性发展。从宏观层面来说，提高档案服务能力是档案工作发挥社会作用、为经济和社会发展做出贡献的重要途径③。从档案服务历史、服务现实再到档案服务民生，

---

① 陈锦波：《图书馆信息服务质量评价研究》，《情报探索》2012 年第 6 期。
② 吕元智：《基于小数据的数字档案资源知识集成服务研究》，《档案学通讯》2016 年第 6 期。
③ 杨冬权：《在全国档案局长馆长会议上的讲话》，《中国档案》2010 年第 1 期。

档案服务受众面越来越广，其服务效果也由档案认知（档案服务的知晓性）向档案情感认同转变，档案服务的社会价值也越来越为社会公众所认同。

（三）评价指标

目前学界主要从两种视角对档案服务效果评价展开研究，一是对某些特定的服务内容展开分析。将服务效果评价指标分为用户满意度（服务有效性、服务可得性、服务再利用的意愿程度、服务方式多样性、线上线下服务结合性意见、服务投诉情况）、服务影响力（用户个性化需求关注程度、年度利用人次、年度主管单位、同行评价、用户人数占服务总人数的比例）等[①]；二是以媒介参与档案公共服务效果为对象进行评价研究[②]，如从微信平台服务质量模型出发来评价档案服务效果及档案利用者的满意度[③]。也有学者从价值认知维度出发，将评价指标分为认知效果指标，包括"知晓度"（查阅率、点击率、发行量、收听率等）和"理解度"（信息清晰度、可理解性等）等，这些指标意在对档案信息被接受状态进行最基本的了解；情感效果指标，包括"接受度""认同度"等涉及受众态度和情绪反应及变化的指标；行为效果指标，包括"支持度""信奉度"等能够反映档案信息传播对受众意志、动机及行为产生影响的指标[④]。

---

① 王瑶：《基于用户需求的档案公共服务绩效评估研究》，硕士学位论文，南昌大学，2015 年。

② 赵彦昌、陈海霞：《21 世纪以来我国档案公共服务研究述评》，《浙江档案》2017 年第 7 期。

③ 宋雪雁、张岩琛、王小东等：《公共档案馆微信公众平台服务质量评价研究》，《图书情报工作》2016 年第 8 期。

④ 卫奕、王传宇：《档案信息传播效果研究》，《档案学通讯》2005 年第 5 期。

二、服务效率质量评价

（一）内涵阐释

公共服务与公共利益密切相关，要想实现公共利益最大化，必须建立有效政府[①]。而服务效率的高低则在很大程度上关乎着有效政府能否顺利推进，它分为两大内容：当收益大于投入时就是正效率，当收益小于投入时就是负效率。档案服务作为公共服务的重要组成部分，其服务效率的提升同样至关重要，对档案服务效率评价能有效地改善档案服务有效供给不足、档案服务供给成本过高，以及档案服务供给和档案利用需求不对称等问题[②]。档案服务效率的追求主要表现在：一是档案服务的行政效率。传统社会背景下档案服务流程较为复杂，严重地影响了档案服务效率的提升。二是档案服务的技术效率。将信息技术与档案服务形成有机结合，有利于满足社会公众多元化、个性化以及知识化的档案信息服务需求，有利于促进档案服务效率的提升。三是档案服务经济效益与社会效益的提升。通过档案服务中各种成本的减少，使投入与产出更加科学与合理，使档案服务工作实现更加高效与高质[③]。

（二）价值功能

一是对档案服务效率的关注能加强档案资源的有效配置，使档案资源从效率低的生产单位向效率高的生产单位流动，使有限的资源能得到更有效的开发利用，从而减少资源的浪费，提高档案服务的经济效率。在数字环境

---

① 李文钊、毛寿龙：《中国政府改革：基本逻辑与发展趋势》，《管理世界》2010 年第 8 期。

② 孙德梅、王正沛、孙莹莹：《我国地方政府公共服务效率评价及其影响因素分析》，《华东经济管理》2013 年第 8 期。

③ 何振、易臣何、杨文：《档案公共服务的理念创新与功能拓展》，《档案学研究》2015 年第 3 期。

下，档案资源呈现出爆炸式增长趋势，分散性、异构性、无序性和冗余性等特点极大限制了档案内容的利用，用户对这些分散的档案资源的利用效率较为低下，难以进行全面有效的利用。为提升网络环境下数字档案资源服务效率，档案服务机构应该强化数字档案信息资源的整合，使其更加系统化、条理化以及知识化，形成有效的知识单元与知识集合，满足档案利用者个性化的档案信息资源利用需求[①]，实现提升档案服务效率的目标。二是进行档案服务效率评价有助于提高档案部门的行政效率。如档案信息化建设要求各级档案主管部门积极参与当地政府上网工程和电子政务建设，提升档案服务民生、服务政府部门的效率。为了实现这一目的，档案主管部门不得不尽快建立起与推行电子政务的要求相适应的、高效率的档案工作管理机制和运作模式，尽快接入"一网通办""一网统管"的网络生态系统，提高档案主管部门的工作效率和管理能力，降低行政管理成本[②]。

（三）评价指标

档案服务效率的评价主要包括：一是档案服务的有效性。即是否能够提供有针对性和权威性的档案信息服务，还包括服务的积极主动程度和档案服务的及时性等。二是档案服务的科学性。即档案是否能够提供深入的信息垂直服务。三是档案服务的安全性与稳定性[③]。稳定的档案服务系统必定响应时间就会很短，服务效率当然也就会越高，安全性越高的系统，越能保证系统的稳定运行，为高效的服务质量提供保障[④]。此外，还有学者基于数据

---

①　张卫东、左娜、陆璐：《数字时代的档案资源整合：路径与方法》，《档案学通讯》2018年第5期。

②　桂玉兰：《档案行政管理部门网络化办公的必要性》，《北京档案》2004年第4期。

③　侯振兴、闻燕、袁勤俭：《基于用户视角的数字档案馆知识服务能力评价研究》，《现代情报》2015年第3期。

④　邓君、张巨峰、孟欣欣、宋雪雁：《基于用户感知的公共档案馆服务质量影响因素研究》，《图书情报工作》2016年第16期。

包络分析法构建省级档案网站服务效率评价指标体系（见表 7-1）[①]，找出各省级档案网站之间的效率差异及其原因，为档案网站服务效率的提升提供改进方向。

表 7-1　省级档案网站 DEA 效率评价指标体系

指标		代码	内容
输入指标	安全性	I1	网络安全性是指利用站长工具对网站安全评分
	总链接数	I2	总链接数指网站内链接数之和
	链路完整性	I3	链路完整性指有限连接除以总链接
	访问时间	I4	访问时间是指用户通过搜索引擎访问网站的平均响应时间
	内链量	I5	内链量主要体现一个网站内部的关联性
	搜索引擎收录数量	I6	搜索引擎收录数量是指被各个搜索引擎收录的数量之和
	内容丰富度	I7	内容丰富度指网站网页的数量、网站内容更新速度等
	体验满意度	I8	体验满意度是指用户对网站期望值和用户体验的匹配程度
输出指标	IP 访问量	01	IP 访问量是指访问该网站的用户数量
	SR	02	SR 值可以评价网站的地位
	外链量	03	外链量就是指从外部网站访问到该网站的链接数量

① 黄丽霞、邹纯龙：《基于 DEA 方法的省级档案网站的效率评价研究》，《档案管理》2016 年第 6 期。

三、服务意识质量评价

（一）内涵阐释

档案服务意识是档案服务人员对档案服务职能履行的价值取向以及对实现档案服务目标的精神追求[①]，是档案服务人员不断完善、优化与提升档案服务质量的内在驱动力。它可以推动和指导个人行为方式的选择朝着符合目标实现的方向前进，同时不断修正自己的行为，具有较强服务意识内驱力的档案工作人员能够自发增强责任意识，主动承担起提升档案服务能力水平的责任[②]。它是指导着档案服务人员不断完善与优化档案服务质量的灯塔，强化档案服务人员服务意识的评价有利于提升档案服务工作人员的责任感。

（二）价值功能

档案服务的最终提供主体是人，思想决定行动，良好的档案服务意识将为和谐社会的构建发挥积极价值导向。一是良好的档案服务意识能提高档案工作质量。以"用户为中心"的档案服务意识与信息治理"以人为本"的理念不谋而合，要求档案服务工作必须要不断地完善服务态度，提升服务能力和提高服务效率。在档案个性化服务中，根据档案用户个性化信息需求来定期推送知识型的档案信息，不断优化档案服务的各种功能，最终提升档案用户的满意度[③]。二是科学的档案服务意识能提升档案服务机构的社会形象。长期以来，我国特殊的政治体制造就了特有的档案管理体制，致使档案馆在进行档案信息资源服务的过程中，更多的是本着为史作证、为党政服务的资

---

① 杨聚锋：《新公共服务视野下我国公务员服务意识问题研究》，硕士学位论文，吉林大学，2008 年。

② 唐文文：《基于胜任力理论的公务员公共服务能力评价指标体系研究》，硕士学位论文，浙江大学，2018 年。

③ 楚天舒：《档案馆"用户中心"服务模式的实现途径》，《黑龙江档案》2017 年第 3 期。

政型服务观，导致以档案馆为主体的档案服务机构在社会公众心中仍然是一种非常刻板的印象，不利于档案服务部门的长远健康发展。而科学的档案服务意识，如"以人为本"的服务理念、民生档案服务意识、档案文化服务理念等，能让社会公众意识到档案馆不仅仅是一个社会和国家的政治、经济的见证机构，也是一个反映每个社会公众归属与社会活动的文化服务机构。

（三）评价指标

档案服务工作人员的服务态度，是衡量档案服务意识的一个重要的评价指标，既是服务提供者对待服务接受者所持的一种认知、情感和意向，也是对服务提供者服务言行、服务能力、办事方式、沟通方式等的一种评价。档案服务人员服务态度作为构成档案服务意识的基本要素，涵盖服务时是否积极主动、热情诚恳、礼貌友好、亲切尊重等评价指标。另外，档案服务人员的服务能力，它是档案服务意识优劣的直接体现，关乎档案服务的效率和效益，它较难通过某个具体指标对其作出评价，应更多地站在长远的角度，基于动态性的档案服务实践来做出动态的判定，而不只是从某一次静态的比较中得出结果①。最后就是服务精神，它是档案服务意识的价值凝练，通过内化为档案服务行为准则来不断激励、教育、鞭策档案服务供给者，包括主动服务精神评价、优质服务精神评价、专业服务精神评价等指标。

四、服务层次质量评价

（一）内涵阐释

信息需求是信息服务的原动力，前者决定着后者的发展方向、发展趋

---

① 王立平：《中职学生学习质量提升评价体系建构研究》，《职业教育研究》2016 年第 10 期。

势[①]。根据马斯洛的需求层次理论，不同层次的需求又导致了不同的动机和行为。档案用户也不例外，其需求层次性在很大程度上对档案服务的层次性具有决定性影响。根据相关学者的研究结果，认为档案用户需求可以分为"释疑需要"、"求知需要"以及"决策需要"[②]，相应也就形成了传统档案服务、档案信息服务、档案知识服务等服务层次[③]。

（二）价值功能

不同的服务层次可以使档案信息以一种更加包容、开放的姿态广泛进入社会生活领域，实现档案信息资源价值的最大化。以档案知识服务为例，它强调档案服务要科学地借助于档案信息资源中所蕴含的知识内容，运用于对现实的决策判断，帮助档案利用者解决工作、生活中所碰到各种问题，当然，对档案知识服务层面的绩效评价可以反过来助推档案信息资源的深度开发。应该承认，对于档案知识库建设的评价能有效打破传统的档案服务思维模式，确立面向知识社会的档案服务理念，构建面向决策的档案智库，这就要求档案服务机构在进行面向社会的档案信息资源服务的过程中，要不断地革新档案服务的理念，拓展档案服务的思路，将档案服务提升到档案数据管理与知识服务层面，深度挖掘档案信息资源之间的关联，为社会提供高质量的档案知识[④]。而对于档案信息服务层次而言，它可以满足一些档案信息弱势群体的服务需求。现实中，一部分档案用户存在信息素养较低，在信息搜寻上缺乏目的性、针对性和技巧性以至于无法明确表达自己信息需求[⑤]，档

---

① 周枫、杨智勇：《面向智慧城市的数字档案馆信息服务需求分析——以需求层次理论为视角》，《档案学研究》2016年第4期。

② 马梁：《浅议"以人为本"的档案信息服务》，《科教文汇》（下旬刊）2008年第7期。

③ 吕元智：《面向新型智库建设的档案知识服务工作发展对策研究》，《档案学研究》2018年第5期。

④ 吕元智：《面向新型智库建设的档案知识服务工作发展对策研究》，《档案学研究》2018年第5期。

⑤ 李翠屏：《档案馆知识服务研究》，硕士学位论文，山东大学，2010年。

案信息服务做到了以用户为中心，能帮助其改善搜寻信息不对称的困境。

（三）评价指标

对于服务层次的评价指标确定建立在以具体需求为基础的某个服务模式的要素解构基础之上，否则，宏观定性指标的分析会游离于具体服务层次的解释范围，使后续定量指标的实证研究无从下手。如有学者从用户视角出发，对数字档案馆的知识服务能力展开评价，确立了馆藏资源与服务建设（包括馆藏资源的丰富性、资源内容的精确性与完整性、资源的特色化建设、网络档案信息资源建设、档案编研信息与资源分类、资源更新速度等指标）[1]；用户服务水平（包括吸引用户的能力、效益创造力、提供用户调查和用户反馈服务等指标）；数字档案馆的发展能力（包括知识交流共享能力、知识创新能力和馆员素质的提升能力等指标）[2]；管理与成本（包括馆员激励机制、系统资源建设投入、外部资源的利用、互补性资源链接和运行维护成本等指标）[3]等一级评价指标。采用多因素系统评价的理念，紧密结合档案知识服务能力评价内容、知识服务特性等影响因子，从而使整个评价结构能从理论和实践双重维度对档案知识服务能力做出科学判断[4]，进一步提升知识服务能力。

五、服务反馈质量评价

（一）内涵阐释

---

[1] 杨力、姚乐野：《基于知识管理的数字档案馆服务体系构建》，《档案学通讯》2010年第1期。

[2] 侯振兴、闫燕、袁勤俭：《基于用户视角的数字档案馆知识服务能力评价研究》，《现代情报》2015年第3期。

[3] 胡晓庆：《基于模糊综合评判的数字档案馆档案信息服务质量评价》，《云南档案》2009年第3期。

[4] 侯振兴、闫燕、袁勤俭：《基于用户视角的数字档案馆知识服务能力评价研究》，《现代情报》2015年第3期。

从系统论和信息论的角度出发，反馈作为管理程序中的关键环节，具有很大的质量检测和调控价值，是提升管理效能的关键手段[①]。档案服务反馈不仅能够很好地满足档案利用者需求的作用，同时也具有不断提升档案服务与管理的水平价值[②]。在一个完整的档案服务程序中，档案服务机构通过分析档案利用者的反馈信息，可以了解档案利用者的满意度，把握档案服务质量与档案用户需求之间的偏差，形成一套档案服务者与档案利用者之间有效的"双向沟通机制"。

（二）价值功能

档案服务优化控制的宗旨在于为社会公众提供高效的档案信息服务，然而在当前，档案信息服务更多地局限于服务供给者对用户的单向信息服务输出，忽略了其与档案用户的双向沟通，档案服务部门较少重视档案信息服务的反馈，并且缺乏完整有效的档案用户反馈机制[③]。这种失范行为使得档案信息提供者无法及时了解和关注用户的信息需求，档案用户的信息需求也未能有效完整地传递给信息提供者，在一定程度上割裂了档案信息提供者和用户之间的有机联系。服务反馈质量评价的建立可以有效改变这种客观张力的存在，给予档案用户反馈以合理的现实观照和有力的制度保障，从而实现信息的精准定位和精确查找，对档案服务具有重要的价值功能。一是对于档案用户反馈信息的收集，及时发现利用者需要什么档案资源，档案服务部门缺少何种信息服务，有助于科学地把握用户信息需求多元化的发展趋势，改善被动的服务方式，提高服务质量。二是基于反馈信息的档案服务质量优化

---

① 赵士启：《学报信息反馈的功能、原则与方法》,《湖南师范大学社会科学学报》1991年第3期。

② 史江、李金峰：《档案利用信息反馈工作的问题与对策探讨》,《档案学通讯》2007年第3期。

③ 姚红叶：《信息生态视阈下数字档案馆信息服务研究》,硕士学位论文,南昌大学,2012年。

将有助于构建以用户为中心的"传播—反馈—再传播"档案服务模式，形成良性的治理互动机制。以档案用户感知为档案信息资源服务导向，构建科学的档案用户信息创建行为需求表达机制、推动合理档案资源建设以丰富用户搜寻行为、提升档案利用者的档案信息资源利用行为、规范档案用户信息交互平台合理建构等[①]。

（三）评价指标

目前较为完整的关于档案信息反馈评价的制度研究是综合档案馆用户回访制度，包括完善用户登记制度（掌握大量准确的用户信息、建立用户数据库）、遴选用户回访人员、设计用户回访流程三大体系[②]。通过一系列回访来收集关于档案服务的反馈信息，并在此基础上进行数据的分析综合以构成对档案服务的反馈评价。此外，档案服务的反馈机制指标构建还包括以下内容：反馈平台建设（日常反馈与大型调查平台等）[③]、反馈渠道（实时反馈、电子邮件、网上调查、网站论坛等）[④]、反馈来源（利用者在利用档案活动中的直接反馈、来源于档案部门各工作环节的间接反馈）[⑤]、反馈内容收集（时效性、全面性、主动性）、反馈机制（内容多样性、途径多样性、主体多样性、法律法规的保障性）[⑥]。

---

① 杨乐乐：《基于用户行为分析下档案公共服务研究》，硕士学位论文，南昌大学，2017 年。
② 蒋冠：《综合档案馆用户回访制度建设探析》，《档案学通讯》2011 年第 6 期。
③ 梁孟华：《Web2.0 形态下面向用户的交互式数字档案服务研究》，《档案学通讯》2013 年第 6 期。
④ 张东华、黄晓勤：《媒介运用对档案公共服务的影响及策略研究》，《档案与建设》2013 年第 9 期。
⑤ 史江、李金峰：《档案利用信息反馈工作的问题与对策探讨》，《档案学通讯》2007 年第 3 期。
⑥ 姚红叶：《信息生态视阈下数字档案馆信息服务研究》，硕士学位论文，南昌大学，2012 年。

六、服务资源质量评价

（一）内涵阐释

服务资源即各种形式、各种载体的档案资源，包括纸质档案信息资源，也包括以电子形式的档案信息资源[①]。前者是我国当前档案信息资源的主要存在形式，占据了我国所保存的档案信息资源的绝大部分；后者是到 21 世纪后才开始出现的，并随着信息技术的广泛运用以及网络技术的普及之后，才开始大规模地出现，到 2020 年全球的数字资源将达到 44ZB[②]。

（二）价值功能

档案服务资源的质量与结构在很大程度上关乎档案价值的实现以及实现的程度，也影响着档案工作目的的达成以及达成的效果，最为重要的是它也关系着档案工作系统与外部环境沟通以及沟通效率[③]，是信息治理中最为重要的资源基础。可以说，资源质量的高低在很大程度上决定着服务水平的优劣，如跨媒体知识集成服务的顺利开展离不开以数字档案资源为基础而建设起来的各种档案知识资源库[④]。因为，这种集成服务平台的最底层是各种类型的数字档案资源，如何协调数字档案资源组织之间相互配合和资源之间的相互支持，从而促成数字档案资源各组织、资源的运作能够产生超越各自独立作用的整体效果[⑤]。并提高档案服务的整体质量水平是数字档案资源价

---

①　陈永生：《档案可供利用情况的数据分析——档案充分利用问题研究之一》，《档案学研究》2007 年第 3 期。

②　陈忠海：《公共档案馆理论研究评析》，《档案学研究》2010 年第 1 期。

③　徐欣：《浅谈档案馆档案资源的建设》，《档案学通讯》2006 年第 1 期。

④　梁孟华：《面向用户的数字档案资源跨媒体知识集成服务研究》，《档案学研究》2016 年第 6 期。

⑤　梁孟华：《面向用户的数字档案资源跨媒体知识集成服务研究》，《档案学研究》2016 年第 6 期。

值整合的重要考量，因此必须通过档案服务资源质量评价来提升档案资源建设水平。

（三）评价指标

档案服务资源质量评价在国内已有较多研究，有学者从宏观视角出发将档案资源评价分为四个指标：系统性、开放度、完整性、可用性[①]。也有学者从"档案强国"战略目标出发，为解决"档案资源分散与整合、资源规模发展与资源品质保障、传统档案资源与数字档案资源协同发展"等问题，提出对档案资源的整合、组织、安全管理及科研成果转化等情况进行评估，重点考察档案馆实体资源的日常收集、档案信息组织、档案安全保存、档案科研等情况[②]。

七、服务技术质量评价

（一）内涵阐释

从信息治理视阈看，档案服务中所涉及的技术因素主要包括档案信息服务中需要用到的信息检索技术、数据挖掘技术、数据加密技术、推送技术、安全身份认证技术、信息过滤技术、网页动态生成技术、过程跟踪技术等[③]。20 世纪 90 年代以来，服务相关技术引起了信息学家的广泛关注[④]。应该说，档案服务质量的提升离不开相关服务技术的不断革新与应用，并且技术创新还将在很大程度上影响到档案服务的成本、价格和利润[⑤]。因此，服务

---

① 杨霞：《社会公众参与的档案利用服务质量评价初探》，《档案学通讯》2012 年第 4 期。

② 李海涛：《档案强省评价指标体系的构建思考——以广东省档案强省评价指标体系构建为例》，《档案学研究》2016 年第 2 期。

③ 李昕：《略论个性化信息服务的技术支撑》，《前沿》2007 年第 2 期。

④ ［美］卡尔·夏皮罗、哈尔·R. 范里安：《信息规则：网络经济的策略指导》，张帆译，中国人民大学出版社 2000 年版，第　页。

⑤ 卢小宾：《信息服务技术创新与产业化问题研究》，《中国图书馆学报》2001 年第 4 期。

技术质量评估是构建评价体系不可缺失的维度，也是信息治理和保障信息安全的重要手段。但在现实生活中，不同层面的档案服务技术内涵亦有差异，比如在档案信息化与智慧档案馆的建设过程中，服务技术涉及硬件设施、档案信息资源建设、信息系统与网络建设三大评价内容[①]。

（二）价值功能

随着移动互联网、大数据、云计算等信息技术的快速发展，从信息治理视阈看，当前社会的很多领域均与档案信息关系紧密，如公众日常工作与生活、政府公共决策与管理、社会相关产业发展与完善，呈现出相互促进的趋势。《全国档案事业发展"十三五"规划纲要》指出：面对新技术、新业态、新模式发展，要创新档案利用服务模式，提高档案服务的认知度和用户满意度[②]。而在此过程中，档案服务技术的科学性和社会性，给现阶段我国档案服务机构的业务活动综合组织开展过程带来了显著且深刻的影响，其服务技术的更新应用带来了极高的经济和社会价值。如在档案参与社会治理公共服务能力提升方面，档案信息服务可以利用大数据技术实现政府数据开放利用和数据连续性开放，在建设透明政府和提高政府公信力的同时，还能帮助市民了解并实行他们的权利，增强其参与社会共治的积极性与话语权，有效避免因数据管理不善带来的信息丢失、记忆忘却、个人隐私和国家机密泄露等危机，保障社会治理转型时期的稳定过渡[③]。

（三）评价指标

档案服务技术质量的定性指标大致可包括以下几个方面：一是信息技

① 李海涛：《档案强省评价指标体系的构建思考——以广东省档案强省评价指标体系构建为例》，《档案学研究》2016 年第 2 期。

② 《全国档案事业发展"十三五"规划纲要》，《中国档案》2016 年第 5 期。

③ 安小米：《现代国家治理的云端思维——信息治理能力与政府转型的多重挑战》，《人民论坛·学术前沿》2015 年第 2 期。

术水平，分为网络通信技术（网络通信能力）、系统技术（可靠性、安全性、稳定性）、信息服务技术（个性化服务能力、多样性）、信息检索技术（检索性能、跨馆检索能力）和办公自动化技术（办公计算机管理水平）；二是信息基础设施，分为网络设备（服务器客户终端设备）、网络环境（数字档案馆网站建设）、共建共享文献资源（馆际互借）[1]、业务管理应用系统（数据管理功能、整理编目功能、辅助实体管理功能、安全保密功能、系统维护功能）[2]；三是服务方式水平，分为先进性（是否采用先进的最新的技术手段与用户交流沟通，提供服务）、个性化（依据用户个人需求和习惯采用个性化定制服务）、互动性（用户相应服务的操作技术的互动性，检索方式和技巧的全面性）[3]。

第三节　评价体系的定量指标分析

一、评价模型的建构

（一）构建原则

档案服务能力评价指标体系的构建应该遵循易操作性、科学性和系统性原则。

1. 易操作性原则

档案服务能力评价指标体系在构建中必须考虑到相关指标的可操作性问题，这是首要考虑的基本问题。而且，在设计指标时，也必须要考虑到支

---

① 刘娇月、安璐：《高校图书馆信息化水平评价指标体系研究》，《信息资源管理学报》2015年第1期。

② 郑丽：《档案信息化建设测度指标体系探索》，《档案与建设》2007年第2期。

③ 覃凤兰：《基于知识管理的高校图书馆个性化服务绩效评价指标》，《图书馆学刊》2009年第3期。

撑数据的可获取性，尽量避免数据采集不理想的情况发生[①]，即列入指标体系的评价指标必须考虑数据资料的可获得性以及指标量化的难易程度。易操作性原则还要求档案服务评价体系中的指标具有清晰的内涵表达，其指标间的可比性应该清楚，指标的数量设置要适当。总之，档案服务质量评价指标的设置不宜要求过高，应以易于理解和掌握为标准。

2. 科学性原则

档案服务能力评价指标在进行设计时，所设计的指标要有成熟理论作为支撑与依据，各项指标间要有严密的逻辑关联，还应遵循最简单即最科学的原则。首先是评价指标的选取必须具有科学性，且具有典型代表性，能够真实反映出影响档案服务质量优化的因素特征。其次是评价对象的选择必须具有科学原则，档案服务能力评价中必须要选择合理的研究对象，能够有效反映出影响档案服务质量优化控制的因素种类及类型。最后是分析方法的科学性，档案服务能力评价指标设计中所用的分析方法以及相关分析工具必须是可靠的、合理的，这样才能使指标及权重呈现出科学性，使最终得到的评价结果真实、可靠与可信[②]。

3. 系统性原则

档案服务能力的评价可以说是一个系统工程，各要素之间不是相互独立而是相互关联、紧密联系，评价过程中要做到系统性，并以此为指导来开展相关工作。首先，指标之间必须遵循逻辑关系，使其能够展现内在关系，并呈现出一个完整有机体的特征；其次，指标体系必须具有层次性，指标纵向之间以及横向之间都必须要呈现出继承与支配关系以及连续性特征，从而形成相互联系又相互制约的有机指标体系[③]。

---

①　虞香群：《档案社交媒体应用成效评估指标构建研究》，《兰台世界》2017 年第 11 期。
②　郭馨：《档案馆社交媒体信息服务质量评价研究》，硕士学位论文，西北大学，2017 年。
③　郭馨：《档案馆社交媒体信息服务质量评价研究》，硕士学位论文，西北大学，2017 年。

（二）应用方法

探索性因子分析法在各个学科领域广泛运用，如创新能力评价[①]；交通科技项目评价[②]；图书馆信息服务质量评价[③]；跨境电商平台评价[④] 等。如有学者利用降维——因子分析法对图书馆信息服务质量评价体系进行构建，找到了影响信息服务质量的关键因子。现有研究成果充分表明采用降维——因子分析法来评价档案服务质量问题，具有指标重复率低、指标解释率高等优点，可有效解决档案服务质量评价研究中难以量化的问题。

二、评价指标的测度

（一）指标选取

档案服务评价体系是一个综合机制系统，它通过评价档案服务结果对档案服务过程进行有效反馈，发现档案服务过程中可能存在的问题与短板，有利于改进档案服务模式、促进档案服务质量提升等方面的重要价值。为了更好地体现评价指标的客观性和普适性，基于前文所述的七个大类定性评价层次（服务效果质量评价、服务效率质量评价、服务意识质量评价、服务层次质量评价、服务反馈质量评价、服务资源质量评价和服务技术质量评价）的研究成果，结合信息治理视阈下档案服务特征，将前人研究中的评价指标进行系统性的整合，构建初步评价指标体系；并设计相适应的问卷调查和专家咨询，以进一步对评价指标体系进行删改和补充。基于本次档案服务用户

---

① 任胜钢、彭建华：《基于因子分析法的中国区域创新能力的评价及比较》，《系统工程》2007 年第 2 期。

② 谢素华、林小平、黄崇伟等：《基于因子分析的西部交通科技项目评价指标体系降维处理》，《公路交通科技》2009 年第 4 期。

③ 卢扬、王丹、聂茸等：《基于因子分析法的图书馆信息服务质量评价研究》，《图书情报工作》2016 年第 S1 期。

④ 杨坚争、郑碧霞、杨立钒：《基于因子分析的跨境电子商务评价指标体系研究》，《财贸经济》2014 年第 9 期。

调查结果，结合各位专家学者的咨询，最终确定认为信息治理视阈下档案服务质量优化控制的评价体系可以从以下几个方面来构建，即一级指标 7 个、二级指标 16 个以及三级指标 42 个，如表 7-2 所示。

表 7-2　信息治理视阈下档案服务质量优化控制的初步评价体系

一级指标	二级指标	三级指标	指标描述与解释
服务效果质量	认知效果	真实可靠性	对服务信息的真实性、可靠性的认知程度
		信息可理解性	对服务提供信息的理解程度认知
		信息清晰度	对服务提供信息的清晰程度认知
	情感效果	服务接受度	对档案信息服务的接受程度
		服务认同度	对档案信息服务的认可程度
	行为效果	服务支持度	对档案信息服务的支持和理解程度
		服务信奉度	提供的档案服务的信奉率
服务效率质量	服务安全性	系统安全性	提供服务的系统自身的安全性
		用户信息安全	提供服务过程中对于用户信息的保护
	服务有效性	服务及时性	档案提供服务的时效性
		信息准确性	提供的档案信息与用户需求的关联度
服务意识质量	服务通识	职业认知	对于档案服务岗位的全面了解认知素养
		探究意识	围绕用户需求提升自身服务水平的探究学习意识
		伦理意识	职业伦理道德意识
	服务素养	精神品质	服务的专业、高效等精神
		知识能力	根据用户需求全方位满足各种功能诉求的服务能力
		过程方法	服务过程和服务方法的科学合理性
服务层次质量	传统档案服务	档案阅览服务	在档案室直接查阅利用其需要的档案原件
		档案复制服务	根据现存档案原件重新复制而成的同样形式、同样内容的文件
		档案陈列及展览服务	把可公开的档案实物、图表、照片等按照一定的专题，围绕某一方面问题，集中陈列展览的方式
		档案外借服务	将部分馆藏档案借出馆（室）外，自由阅读的方式

续表

一级指标	二级指标	三级指标	指标描述与解释
服务层次质量	档案信息服务	档案咨询服务	根据档案利用者要求，以档案和档案有关知识，帮助利用者解决档案利用中的难题
		档案检索服务	提供各种检索工具使利用者简捷、迅速地获得切合需要的档案信息，减少查找时间和精力
		档案个性化服务	利用馆藏资源和网络信息资源，通过独特的服务方式，满足特定用户信息需求
	档案知识服务	智库支持程度	开发档案信息资源，为政府决策服务的力度
		知识服务多样性	深入挖掘、整合各种馆藏档案资源，开发各种类型的新型知识产品
服务反馈质量	反馈内容	信息需求满意度	用户对于档案服务具体环节提供信息内容的满意程度反馈
		服务流程满意度	用户对于整个档案服务流程和环节的满意度反馈
	反馈形式	渠道畅通性	档案服务反馈渠道的畅通便捷程度
		途径多样性	档案服务反馈渠道和平台类型的多元程度
服务资源质量	档案资源自身整合	资源系统性	档案资源整合的系统性
		资源完整性	档案资源整合的完整程度
		资源可用性	整合后的档案资源的科学可用性
	档案资源开发利用	档案资源协同性	档案信息资源协同开发程度
		档案信息共享性	档案信息的共建共享能力
		科研成果转化率	档案信息资源在科研成果转化中的贡献力
服务技术质量	信息服务设备	功能稳定	提供档案服务的设备网站等的运行稳定性
		检索准确	设备检索的档案信息与用户需求的契合程度
		响应及时	有效时间内系统和服务器对用户指令的响应效率

续表

一级指标	二级指标	三级指标	指标描述与解释
服务技术质量	服务方式水平	馆际互动性	利用网络式数据库实现档案资源馆际互动与信息共享的能力
		用户信息管理	通过对档案用户详细资料的深入分析，来提高档案服务满意程度
		实体资源管理	对馆藏档案实体资源的有序管理与科学保护

（二）数据收集与样本结构

问卷对象的基本信息以及七个大类评价层次所包含的相应指标，共包括 42 个问题。问卷采用李克特 5 级量表对各项进行测量，对应 1 分（非常不赞同）、2 分（比较不赞同）、3 分（不确定）、4 分（比较赞同）、5 分（非常赞同）。

数据收集过程主要分为两部分：一部分是通过"问卷星"在线问卷调查平台制作问卷，同时借助微信等渠道进行在线问卷，收有效问卷 637 份；另一部分则是通过面谈式咨询及实地走访等方式，历时 3 个月通过走访档案馆，并对受访者（档案馆用户、从事档案工作者等）展开访谈，共回收有效问卷 117 份，如表 7-3 所示。

表 7-3　调查样本描述性统计

描述项目	分类	人数	比例（%）
性别	男	198	31.08
	女	439	68.92
年龄层次	20 岁以下	93	14.6
	20~30 岁	321	50.39
	30~45 岁	150	23.55
	45 岁以上	73	11.46

续表

描述项目	分类	人数	比例（%）
受教育程度	初中及以下	10	1.57
	高中/中专/技校	22	3.45
	大专	45	7.06
	本科	348	54.63
	研究生及以上	212	33.28
职业	学生	318	49.92
	教师	102	16.01
	科研人员	6	0.94
	企事业单位工作人员	139	21.82
	政府工作人员	28	4.4
	专业技术人员	7	1.1
	专职档案工作者	1	0.16
	兼职档案工作者	25	3.92
	其他	10	1.57

　　此外，针对收回的有效问卷，使用 SPSS 22.0 对数据进行统计分析，通过变量均值大小初步判断信息治理视阈下档案服务质量，并基于标准差预判信息治理视阈下档案服务质量优劣性，标准差越大则说明受访者对档案服务质量的评价存在较大波动，或者说受访者对档案服务质量评价意见不一致的程度较高。一般情况下，如果标准差小于 1 时，认为受访者对该评价的一致性程度较高，波动程度较小。对本次结果见表 7-4，42 个观测变量的均值最小值为 3.7436，其余均值均高于此值，甚至较多数变量均值大于 4，即表明受访者对信息治理视阈下档案服务质量优化控制的评价体系中的各个观测变量指标认可程度较高；观测变量"档案检索服务""智库支持程度"的标准差分别均为 1.00844，略大于 1，可接受；"档案信息共享性"的标准差为 1.10867，"科研成果转化率"标准差为 1.24675，将通过后续因子分析来判断该两个观测变量指标的科学合理性。

表 7-4　观测变量描述性统计

观测变量	极小值	极大值	均值	标准差
真实可靠性	2	5	4.4017	0.85157
信息可理解性	2	5	4.4444	0.68788
信息清晰度	1	5	4.2479	0.90883
服务接受度	2	5	4.2137	0.90810
服务认同度	1	5	4.3590	0.82485
服务支持度	1	5	4.3504	0.73480
服务信奉度	2	5	4.4017	0.69555
系统安全性	2	5	4.0684	0.97137
用户信息安全	2	5	4.3504	0.78032
服务及时性	2	5	4.2479	0.79769
信息准确性	1	5	4.2991	0.86368
职业认知	2	5	4.2137	0.83902
探究意识	2	5	4.5214	0.61023
伦理意识	1	5	4.1966	0.84322
精神品质	2	5	4.4957	0.58167
知识能力	3	5	4.5556	0.53247
过程方法	2	5	4.1624	0.88041
档案阅览服务	1	5	4.1795	0.88683
档案复制服务	2	5	4.2222	0.84191
档案陈列及展览服务	2	5	4.0684	0.97137
档案外借服务	2	5	4.3504	0.78032
档案咨询服务	1	5	4.0940	0.99985
档案检索服务	1	5	4.0171	1.00844
档案个性化服务	2	5	4.2137	0.90810
智库支持程度	1	5	4.0171	1.00844
知识服务多样性	2	5	4.4701	0.62385
信息需求满意度	1	5	4.1538	0.90607
服务流程满意度	2	5	4.2479	0.79769
渠道畅通性	2	5	4.1709	0.85390

观测变量	极小值	极大值	均值	标准差
途径多样性	1	5	4.0684	0.97137
资源系统性	2	5	4.4188	0.67261
资源完整性	2	5	4.2137	0.82868
资源可用性	1	5	4.1709	0.86394
档案资源协同性	2	5	4.2308	0.83444
档案信息共享性	1	5	3.9402	1.10867
科研成果转化率	1	5	3.7436	1.24675
功能稳定	2	5	4.0427	0.94132
检索准确	2	5	4.3846	0.70523
响应及时	2	5	4.2735	0.83691
馆际互动性	2	5	4.4017	0.85157
用户信息管理	1	5	4.0427	0.99475
实体资源管理	2	5	4.2393	0.83717

（三）数据分析

采用 L.J.Cronbach 所创的 α 系数进行信度检验，当整体量表的 α 系数大于 0.9 时，则本次问卷量表信度非常好。使用 SPSS 22.0 进行可靠性分析，根据 Cronbach α 系数检验问卷的有效性。根据检验结果，如表 7-5 所示。本书整体量表 Cronbach α 系数为 0.983 > 0.9，表明问卷可信度非常高，可以进行下一步研究。

表 7-5 可靠性统计分析

Cronbach α 系数	项数
0.983	42

本书采用 KMO 取样足够度量数据和 Batrtlett 球形度检验对样本数据进行效度分析。对研究样本进行 KMO 检测得到如表 7-6 所示结果，样本数据的 KMO 值为 0.983，大于 0.8，表明量表适合做因子分析。Batrtlett 球形度

检验显著水平值为 0，近似卡方值为 16781.019，表明原始变量之间可能存在共同因素，适合通过因子分析进行验证，如表 7-6 所示。

表 7-6　KMO 和 Bartlett 检验

取样足够度的 KMO 值	度量	0.983
Bartlett 的球形度检验	近似卡方	16781.019
	df	946
	Sig.	0

可以看出，本书研究数据信度、效度都处于比较理想的数值范围，说明本研究采用因子分析是可行且是合理的。利用主成分分析法，以特征值大于 1，不设定公共因子提取数量为条件，采取最大方差法正交旋转，根据旋转后的因子载荷矩阵结果来确定公共因子。

利用 SPSS 22.0 对研究样本进行降维——因子分析，得到公因子方差，如表 7-7 所示。

表 7-7　各观测变量公因子方差

观测变量描述	初始	提取	观测变量描述	初始	提取
真实可靠性	1	0.935	档案咨询服务	1	0.829
信息可理解性	1	0.841	档案检索服务	1	0.906
信息清晰度	1	0.804	档案个性化服务	1	0.875
服务接受度	1	0.875	智库支持程度	1	0.906
服务认同度	1	0.635	知识服务多样性	1	0.733
服务支持度	1	0.668	信息需求满意度	1	0.754
服务信奉度	1	0.664	服务流程满意度	1	0.869
系统安全性	1	0.894	渠道畅通性	1	0.811
用户信息安全	1	0.867	途径多样性	1	0.800
服务及时性	1	0.869	资源系统性	1	0.756
信息准确性	1	0.665	资源完整性	1	0.799
职业认知	1	0.800	资源可用性	1	0.795
探究意识	1	0.703	档案资源协同性	1	0.851

续表

观测变量描述	初始	提取	观测变量描述	初始	提取
伦理意识	1	0.771	档案信息共享性	1	0.803
精神品质	1	0.754	科研成果转化率	1	0.584
知识能力	1	0.712	功能稳定	1	0.810
过程方法	1	0.770	检索准确	1	0.673
档案阅览服务	1	0.855	响应及时	1	0.655
档案复制服务	1	0.759	馆际互动性	1	0.935
档案陈列及展览服务	1	0.894	用户信息管理	1	0.705
档案外借服务	1	0.867	实体资源管理	1	0.853

根据 Kaiser 准则，各项的平均共同度最好在 0.70 以上，如果样本数量大于 250，平均共同度在 0.60 以上即符合要求[①]。本书研究有效样本量为 637，指标变量共同度最低值为 0.635，最高值为 0.935，平均值为 0.7930，满足平均共同度大于 0.60 的要求，同时也表明因子提取效果较好。以特征值大于 1 为基准提取公共因子，且剔除最高载荷系数小于 0.45 指标，同时遵守因子分析过程中载荷在公共因子上的变量要 3 个以上才合理的原则[②]，采取最大方差法正交旋转，经过多次旋转，共提取出 7 个公共因子，如表 7-8 所示。

在进行因子分析时，萃取后保留的因素累积方差贡献率若能达到 60%，表示萃取后保留的因素相当理想。本研究分析结果显示提取的 7 个公共因子累积方差贡献率为 79.452%。

由表 7-8 可以看出，第一个成分的特征值是 26.199，能够解释原有 42 个变量总方差的 59.543%，累积方差贡献率达到 59.543%；第二个成分

① 李毓秋：《社会统计分析与SPSS应用》，2016 年 3 月 11 日，见 http://wenku.baidu.com/link?url=4DDeo3Faa1OaWMLnIrB9hqS6XiB80hE1eOHpy3wKe3Dk4Gs0opNps81EUvvS6xeAyce8_XiAoJekIoixR9AMyBa6fSnqvDmV9RXj3-8Inra。

② 吴明隆：《问卷统计分析实务——SPSS 操作与应用》，重庆大学出版社 2010 年版，第　页。

的特征值为 1.898，能够解释原有变量总方差的 4.313%，累积方差贡献率
达到 63.855%；第三个成分的特征值是 1.820，能够解释原有变量总方差
的 4.136%，累积方差贡献率达到 67.991%；第四个成分的特征值是 1.553，
能够解释原有变量总方差的 3.531%，累积方差贡献率达到 71.522%；第
五个成分的特征值是 1.351，能够解释原有变量总方差的 3.07%，累积方
差贡献率达到 74.592%；第六个成分的特征值是 1.077，能够解释原有变
量总方差的 2.448%，累积方差贡献率达到 77.04%；第七个成分的特征
值是 1.062，能够解释原有变量总方差的 2.413%，累积方差贡献率达到
79.452%。因此，提取 7 个成分为核心因子，即原有 42 个观测变量可以归
为 7 个维度，这与前述变量初步假设相一致，原变量分类维度得以验证。

表 7-8 公因子解释总方差

成分	初始特征值			提取平方和载入			旋转平方和载入		
	合计	方差的 %	累积 %	合计	方差的 %	累积 %	合计	方差的 %	累积 %
1	26.199	59.543	59.543	26.199	59.543	59.543	8.442	19.187	19.187
2	1.898	4.313	63.855	1.898	4.313	63.855	7.202	16.368	35.555
3	1.820	4.136	67.991	1.82	4.136	67.991	5.74	13.045	48.599
4	1.553	3.531	71.522	1.553	3.531	71.522	4.905	11.148	59.747
5	1.351	3.07	74.592	1.351	3.07	74.592	3.628	8.245	67.992
6	1.077	2.448	77.04	1.077	2.448	77.04	2.81	6.387	74.379
7	1.062	2.413	79.452	1.062	2.413	79.452	2.232	5.074	79.452

为了解释上述 7 个因子的正确含义，同时为验证变量归类是否准确，
此处采用具有 Kaiser 标准化的正交旋转法进行因子负荷旋转，如表 7-9 所
示。可知，根据旋转成分矩阵可以确定公因子，得到观测指标探索性因子分
析结果，本次公因子提取的总体效果较为理想且科学。

表 7-9　观测指标探索性因子分析结果

	1	2	3	4	5	6	7
档案阅览服务	0.746						
档案复制服务	0.746						
档案陈列及展览服务	0.695						
档案外借服务	0.681						
档案咨询服务	0.657						
档案检索服务	0.644						
档案个性化服务	0.635						
智库支持程度	0.615						
知识服务多样性	0.567						
真实可靠性		0.754					
信息可理解性		0.726					
信息清晰度		0.667					
服务接受度		0.667					
服务认同度		0.602					
服务支持度		0.593					
服务信奉度		0.532					
职业认知			0.667				
探究意识			0.602				
伦理意识			0.593				
精神品质			0.532				
知识能力			0.531				
过程方法			0.479				
资源系统性				0.792			
资源完整性				0.792			
资源可用性				0.591			
档案资源协同性				0.591			
档案信息共享性				0.577			
科研成果转化率				0.52			
功能稳定					0.7		
检索准确					0.644		
响应及时					0.608		
馆际互动性					0.574		

续表

	1	2	3	4	5	6	7
用户信息管理					0.559		
实体资源管理					0.545		
信息需求满意度						0.834	
服务流程满意度						0.834	
渠道畅通性						0.717	
途径多样性						0.607	
系统安全性							0.635
用户信息安全							0.597
服务及时性							0.562
信息准确性							0.501

第八章　信息治理视阈下档案服务质量优化控制的实现机制

　　档案服务作为整个档案工作的重要内容，是整个档案工作质量优劣的一个缩影，要坚持科学的服务方向，树立正确的服务宗旨，实现档案服务质量优化并加以控制。从档案服务的形式、理念、流程、机制、价值取向以及服务意识等层面下功夫，为党和国家制定政策提供依据，为社会公众信息权利的保障以及为社会主义社会的经济发展贡献力量[①]。特别是随着社会信息化进程的不断推进，社会公众对档案信息需求出现明显变化。借助信息治理理念、理论、方法与技术推动档案服务转型，实现服务质量优化控制已成为档案事业的重要内容。不仅使档案服务工作得到合理的优化与控制，档案服务质量得到不断的优化与提升，为档案服务的转型提供新思路，而且信息治理技术与档案信息资源的融合，又为档案服务质量的提升提供资源上的保障。

---

　　①　赵颖：《档案工作服务职能的目标定位》，《兰台世界》2017 年第 S2 期。

第一节　档案服务流程的优化控制

按照（国办发〔2015〕86号）精神，国家档案局2016年发布通知要求在全国档案系统开展简化优化档案服务流程活动[①]。从信息治理视阈来思考档案服务的流程，将有利于审视自身流程的缺陷，有助于档案服务流程的重组与优化，减少数据冗余，保持最精练的"精华"部分，有利于提升档案服务整体效率和质量，提升执行力。

一、档案服务流程分析

（一）档案工作内部逻辑服务流程

档案工作准确地说是由一个个环节组成，每个环节都为后续环节打基础。档案服务质量的优化控制过程实际上是一个涉及档案管理工作全过程的系统工程，如图8-1所示。

1. 档案收集工作

它是档案管理工作的首要环节，是档案服务的基础与起点，也是开展档案服务与利用的前提，更是信息治理实现的基础，档案收集工作质量的高低直接决定着档案资料的完整性以及档案资料内容的丰富性[②]。要重视对档案收集人员的教育和培养，保证收集工作的质量，为满足档案利用需求提供支撑与保障，强调每一个工作环节对提升档案服务质量的影响。

2. 档案整理工作

档案整理工作就是按照档案的形成规律和特点，根据科学的理论和方

---

① 《简化优化档案公共服务流程清理各种证明》，《兰台世界》2016年第9期。
② 王耀贞：《浅谈如何抓好档案收集工作》，《兰台内外》2018年第4期。

法，把档案整理成便于保管和利用的有序体系的业务活动①。它是开展其他档案业务活动的重要基础性工作，为实现档案价值创造有利条件，便于保管和利用。在当前环境下，很多档案整理工作被档案中介机构有偿外包。因此，提升档案外包服务质量，使得档案整理标准化、规范化、流程化，将为档案服务环节质量的提升提供保证，也是信息治理过程中值得关注的重要问题。

3. 档案鉴定工作

档案鉴定工作是合理运用档案价值鉴定的原则、标准等，判定档案的保存价值，确定档案保存期限，决定档案"存"与"毁"的业务管理工作。人类对档案存在意义的认知需要不断提升，尽量做到在档案保存认知中强调"以我为主""以人为中心"的档案鉴定宗旨，并在档案价值认知中做到"以历史为视阈"，科学、客观地保存完整的档案②。在条件允许环境下，档案价值鉴定弱化将有助于延伸档案服务内容，扩大档案利用范围，应该说档案鉴定工作的弱化是对档案管理流程的优化，是在信息治理视阈下对档案信息资源的"精益求精"，在减少对档案价值鉴定关注的同时，把更多的精力投放到档案服务工作中，从而实现不断地优化档案服务质量的目标。

4. 档案保管工作

在内外部各种因素影响和作用下，档案不可避免地面临各种被损坏的威胁，确保档案完好的"客观存在"成为开发与利用之前首先要解决的问题，档案保管便成为档案工作的重要环节③。档案安全主要有实体安全和信息安全，在档案保管工作中需要着重保护档案的这两方面安全，将损毁最大限度地减小，这样才能为档案的服务提供长期基础。在对档案进行存储和保管过程中，提供便捷安全的服务，减少不必要的损耗，从而达到优化流程的

---

① 王英玮、陈智为、刘越男：《档案管理学》，中国人民大学出版社 2015 年版，第 86 页。
② 周林兴、吕维：《价值与认知：档案存毁之间的博弈》，《档案学通讯》2016 年第 5 期。
③ 王英玮、陈智为、刘越男：《档案管理学》，中国人民大学出版社 2015 年版，第 135 页。

效果，也是未来实现优化档案服务的一种选择。

5. 档案统计工作

档案统计是了解、认识和掌握档案工作总体情况的一种重要工作手段，基本任务是取得大量的、原始单位的准确、及时、科学、真实材料。它的开展有利于了解案卷数量和状况检查，有利于了解服务对象的利用范围，为档案利用服务提供准确的数据和清晰的方向。从档案统计的数据中，得出的结论和分析能更好地指导档案服务，在这一流程中，应利用数字化手段优化统计流程，有利于提高统计效率、确保统计数据的准确性。

6. 档案检索工作

档案检索是开展档案信息服务的必要条件，也是开发档案信息资源的重要手段，由存储和查找两部分组成，档案工作人员对档案信息进行标引著录，用户进行检索提问。可见，检索是沟通服务提供者和档案利用用户之间的一架桥梁，只有检索工作的前期存储和标引工作做到位，才能使利用者得到良好用户体验。因此要不断地优化检索流程，为用户提供便捷的可视化的检索工具，提高信息检索的查全率和查准率，优化档案服务质量。在信息数据高速增长的时代，信息治理理念、理论、技术与方法的运用显得尤为重要，将成为档案服务工作的优化与提升手段与方式，而且，档案检索对档案信息进行标引分类，其本身就是治理的一种重要表象。

7. 档案编研工作

档案编研是对档案文献进行收集、筛选、加工，形成不同形式的出版物，供社会各方面利用的一项专门工作。作为提升档案价值、促进档案信息传播的有力手段，编研成果是档案提供服务的范畴，在知识成为经济的主流思想下，必须对档案资料进行大力开发和利用，为社会各阶层提供高质量的服务，推动社会进步与发展[①]。只有不断地对档案编研工作进行优化，及时

---

① 宋岗：《档案编研资料开发利用的探究》，《纳税》2018 年第 27 期。

提高编研水平，推动档案编研社会化，才能为利用者提供高质优效的利用服务。

8. 档案利用工作

档案利用即提供的档案服务，是档案工作的最终目标。信息治理视阈下，档案利用工作开展的顺利与否关系到前期档案信息治理成果的好与坏，即前期档案基础工作是为档案利用夯实基础，档案基础工作环节优劣直接影响着档案服务的质量高低以及优化控制的成效。在档案利用中，应优化利用程序，简化烦琐的利用手续，提高治理能力现代化，推动服务能力建设，提供高效服务。

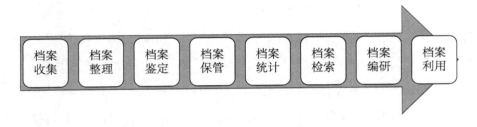

图 8-1　档案工作内部流程

（二）档案工作外部驱动服务流程

档案服务流程除了受到档案工作中前期内部工作问题的影响外，外部驱动也辐射到档案服务流程范畴，档案服务质量优化与提升是一个内外相互推动、相互成全的过程。目的是针对公众的需求，档案服务机构通过搭建服务平台、形成服务模式、构建服务策略等，实现社会公众的档案利用需求（见图 8-2[①]）。

---

① 李凤霞：《流程管理视阈下档案信息服务障碍性因素探析》，《办公室业务》2016 年第 15 期。

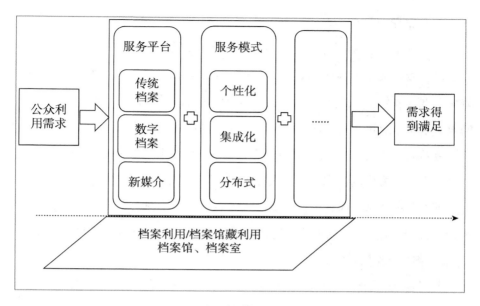

图 8-2　档案服务流程

1. 公众利用需求

　　档案用户需求直接关系着档案利用的主要内容、服务方式以及管理模式。公众用户是档案服务的对象，是档案管理工作的意义所在[1]，更是档案服务工作的价值体现。一方面，对于用户的识别和正确定位直接关系着档案服务优化的价值所在，是档案服务流程外部驱动的首要流程，需要重视对用户需求特点进行分析。当前档案用户利用需求的特点主要有需求内容具有层次性、利用形式具有多样性，档案用户需求的高效化、个性化、精品化和集成化。另一方面，用户的首次利用感受会影响到他下次利用的行为，这就要求档案工作人员在提供服务时必须重视反馈机制，在流程中完善利用反馈机制。因此，要有效掌握公众利用的需求，激发公众的潜在需求，为用户参与治理提供机遇，为档案服务质量优化控制创造平台。

---

　　① 于爱平:《档案用户需求与档案信息资源建设》,《传播力研究》2018 年第 14 期。

2. 档案服务平台

档案服务平台主要分为传统服务平台和新型服务平台。传统服务平台主要是指各级档案馆等实体档案服务机构，新型的服务平台则主要指档案网站、数字档案馆系统、微信平台等。无论是传统平台还是新型平台，从信息治理的角度来看，应实现档案资源的整合与共享达到最优化[①]。当然，实现优化档案服务流程，就需加大档案资源的整合力度，创建协同联动的保障机制，建立多层次、全方位的合作机制，通过制定政策、监督评估、专业指导等手段实现上下联动的共享，提高档案资源共享水平，在平台的开发过程中，通过技术更新，引入最新技术、新方法，研制出更加安全性有效的档案利用共享平台[②]。

3. 档案服务模式

通过服务平台，档案部门为用户提供个性化、集成化和分布式的档案服务，用以满足用户需求。基于对用户需求的了解，搭建起高效利用平台，通过这些平台传递服务理念和服务，这个流程潜在联结档案部门和利用用户。质量优化和流程优化的定位，要求档案服务模式需要协调转变，根据用户正在操作的应用平台及任务内容进行情境感知，自动搜寻用户可能需要的档案知识进行主动的推送、建议，这样用户就可以获得系统自动传递的与工作内容相关的档案知识[③]。为利用用户提供个性化服务，针对个体用户预测需求；推送集体化档案资源，供用户选择；支持多点分布，进行全方位保障，实现档案服务优化控制为最终出发点。

二、档案服务流程实然分析

档案服务传统流程面对新环境、新情况，存在一些影响其发展的因素。

---

① 李凤霞：《流程管理视阈下档案信息服务障碍性因素探析》，《办公室业务》2016 年第 15 期。

② 陈瑞安、王婷：《基于科研档案共享的平台建设研究》，《办公室业务》2018 年第 16 期。

③ 黄波：《大数据时代档案管理服务模式转型》，《办公室业务》2018 年第 20 期。

从信息治理角度出发来考量档案服务质量优化问题，最为主要的是要求档案数据最优化、程序最简化、服务高效化。审视分析档案服务流程问题，查明症结所在，为优化服务流程，优化服务质量，形成问题范本，为路径优化奠定基础。

（一）流程环节待优化

传统档案管理整个流程要经历各自独立的"八大环节"，流程太过于繁杂，档案从收集到利用的周期太长，很容易造成管理过程中的脱节，影响档案服务质量优化与提升。从信息治理视阈出发来考量档案服务质量的优化与提升，首要任务就是加强对档案管理流程的环节控制。

1. 流程周期长

在传统工作条件下，档案管理流程是物化的线性模式，包括收集、整理、鉴定、保管、统计、编研、检索、服务利用等直线式程序，各业务环节单向相连，各部门业务环节也呈现出直线式工作关系。档案服务是档案管理的一个环节，历经前面多个环节处于尾端，加之还要搭建平台等范畴内的服务流程。周期长、流程多给各部门扯皮推诿制造机会，容易产生问题，成为阻碍流程优化的一大因素，容易导致档案信息的流失以及信息噪音的产生。众所周知，在生物界食物链一般不超过5个、6个营养级，因为从生物学的角度来看，各种能量每流经一级，其相应的能量就自然而然地会丢失一部分，食物链越长，导致能量流失就会越多。同样档案信息经过的环节越多，档案信息流失就自然会越多，而档案信息中自然而然也就产生噪声越多，从而使档案信息越失真[1]，严重影响到档案信息的质量，进而影响到档案服务质量的优化与提升。

---

① 徐欣云：《我国档案业务工作环节的生态学考察》，《档案学通讯》2009年第2期。

2. 流程效率低

档案内部工作八大环节中，设计这八大环节的出发点是为了有效合理地实现档案信息资源的有序化、有用化。应该看到，档案编研、档案利用属于档案服务范畴，它的质量与效果在一定程度上将决定于前六个环节的质量与效果，同时，它也是对前面六个环节工作的检验与反馈[①]。因此，八个环节中的任何一个环节如果质量达不到本应该有的标准，或者说如果没有达到其他环节所要求达到的任务。其实这从本质上来看，信息流失的问题也就产生了，而随之产生的信息噪音问题也在不断地增加，从而就会影响到档案服务质量。总之，档案流程越多，周期就会越长，牵扯部门必然也就越多，从而在无形之中严重地影响到效率提升，也就自然限制了档案服务质量提升的空间与可能，阻碍档案服务质量优化的实现。

（二）流程规范待完善

我国档案管理工作八大环节的划分，使得档案工作过于强调劳动分工、制度管理，忽视了人的能动因素，容易使档案工作产生僵化、教条化、效率偏低等问题。

1. 核心流程缺乏

档案服务流程中核心业务流程不清晰，且由于职能设置不合理的制约，导致流程不顺畅。一方面，各部门往往根据自身利益制定考核指标，而不是从整体利用目标去考虑业务流程效果，使得利用的流程不规范、不顺畅。另一方面，因为缺乏核心服务流程，利用者容易迷失。由于档案分类、管理等具有很强的专业性特征，普通社会公众无法理解档案的种种分类及流程，影响到他们的利用体验感，致使利用者产生沮丧及不满心理[②]。流程规范与否

---

① 李凤霞：《流程管理视阈下档案信息服务障碍性因素探析》，《办公室业务》2016年第15期。

② 尚红伟：《高校档案部门档案利用流程优化之研究》，《兰台世界》2014年第17期。

既反映各部门服务质量，又辐射影响利用者心理和再次利用意愿。

2. 流程管控不力

"条块分割"的组织架构下，问题反馈和解决流程不畅通。很多档案部门缺乏有效的问题反馈和解决机制，基层部门发现了问题也很难在第一时间得到解决，当各部门之间利益存在冲突时，沟通协调成本巨大。而由于提供服务的档案资源是在档案前期工作流程的成果，就需要来审视档案工作各个环节的工作状况。此时流程管控显得尤其重要，有力的全程管理整合档案利用效益，推动流程优化。管控流程规范，明确核心流程，能最大限度地实现档案服务质量优化。

（三）人员角色缺位

长期以来的"局馆合一"导致档案馆人员在无形之中产生了一种角色错位现象，虽然在 2018 年底的档案机构改革中，实现了"局馆分设"，但所形成的惯性影响还必将对未来的档案工作人员的角色意识产生影响。

1. 职责分工不明确

档案馆工作人员在档案信息服务中处于主体地位，在 2018 年 11 月我国档案机构改革之前，我国实行的是"局馆合一"档案管理体制，"一个机构、两块牌子"，基于这种机构设置，工作人员易混淆职责。虽然此次档案机构改革后，实行了"局馆分设"的管理体制，实现了"政事分离"运行机制，但应该看到，在档案工作环节中，档案服务机构宣传还不是很到位，社会公众对其功效缺乏相应的认知，再加上社会公众的档案意识欠缺等问题。因此，科学整合档案机构，划分不同机构的具体职能，形成完整且层次分明的管理制度，明确责任和分工[①] 等势在必行。

---

① 张玲菲、孙峰岩、刘万里：《京津冀地区人才档案服务一体化网络平台建设探究》，《科教文汇》（上旬刊）2018 年第 11 期。

2. 业务能力亟待提高

档案服务人员的知识能力、专业素养、工作经验以及个人品质等对档案服务质量有着很大的影响。因此，如果档案服务人员的素质无法满足社会公众对档案服务需求的要求，必然会影响到档案服务质量的提升与完善。而且，随着社会环境的不断变化，以及社会公众对档案信息需求的个性化、知识化等，必然要求对档案业务流程不断地进行优化，对档案服务进行创新，以此来持续完善与提升档案服务质量，从信息治理视阈来看，档案工作建设涉及多学科、多领域、多技术，建设高素质、综合性、业务能力高的档案人才队伍成为档案服务质量提升的时代所需。

3. 工作观念守旧

档案工作人员在体制内的工作环境中容易造成缺乏服务大众的服务观念，他们更多的是坚守传统档案工作思维模式，没有意识到需要根据社会变化发展的需要而不断地转换他们的服务理念，这将不利于档案服务流程的推动。而且，部分档案工作人员缺乏现代信息技术、信息意识、信息理论，难以掌握档案管理信息技术和计算机等技能，不具备较强的信息资源开发和建设能力，导致他们更愿意坚持传统的手动工作流程，主观上不愿意推进档案服务工作的现代化。另外，档案各部门间缺乏合作沟通，档案工作人员缺乏合作与沟通的意识，工作上一环节与下一环节间存在间隙，限制档案服务流程迅速融合，阻隔各环节流程优化的实现，这将造成档案信息特别是数字档案信息资源的冗余现象产生与不断繁重，从而严重地影响到档案服务质量的优化与控制。

三、档案服务流程的优化路径

首先，从信息生态学视角来看。信息生态"主要取决于信息人的信息活动性质与时空占有与适应能力，同时影响着信息人的信息活动效益与效率"①。信息生态链是由信息主体所形成的信息活动构成，档案服务流程作为档案信息传递的一部分，在档案信息生态链中占有重要地位，服务流程的效率影响生态链的效率，服务流程过长，过程多，导致生态链过长，影响信息传递效率。信息生态链理论强调特定信息生态系统中信息主体因信息流转和交换而形成的链式关系，对解决信息污染、数字鸿沟等问题有着独到之处②。基于信息生态学视角，档案服务流程重组，能有效减少因档案信息传递次数多、周期长、效率低等带来的损耗问题，促使档案信息服务上一环节流程与下一服务流程之间无缝衔接，缩短服务时长、服务次数，最大限度提高服务效率，从而对档案整体服务质量进行优化。

其次，从信息治理视角来看。随着国家治理体系内容的不断深化以及治理现代化能力的逐步提升，作为国家治理的一部分，档案治理水平也正在得到改善，信息治理作为具有社会、经济、技术、教育、管理、信息等多学科综合集成的一种管理视角，从管理的理念、机制和工具多维度进行社会协同创新和共同治理，维护数据主权、挖掘数据价值，创新数据应用③。信息治理能优化管理、规范整合，最大限度防止"数据冗余"。档案服务流程与治理水平挂钩，流程的实际运行与治理实施息息相关。基于信息治理视角，档案服务流程重组，进行流程优化，规范档案服务流程行为，实现清除服务"冗余"，更好满足用户利用需求，提高利用效率，从而实现档案服务质量的优化与提升。档案服务流程优化具体可参照以下路径。

（一）重组流程

从信息治理角度出发，档案服务质量的优化与提升，必须要科学地控

---

① 娄策群：《信息生态系统理论及其应用研究》，中国社会科学出版社2014年版，第73页。
② 康蠡、田彬：《档案馆信息生态链涵义、结构与类型探析》，《北京档案》2016年第6期。
③ 安小米、毛春阳：《大数据时代的政府信息治理》，《中国建设信息》2015年第12期。

制档案管理流程，实现档案信息流的顺畅，尽量减少档案信息流经的环节，这样才更有利于档案服务效益与效率的提高。

1.组织结构重组

为保证服务流程优化，对档案服务流程进行创新、重组。首先对组织结构进行重组，形成以用户为中心，以流程为导向，组织边界动态化的扁平化组织结构，实现关注组织结构内部跨部门流程的执行情况和结果目标，着力注重流程型组织中成员之间的关系。针对原有档案管理部门相对复杂组织结构特点，必须要对其进行整合，使他们明确责任分工，强化组织机构间的合作沟通与协同运作，达到高效运转的效果。因此，打破传统职能型组织结构，建立全新的过程型组织机构，使之成为一个档案业务流程简化、组织结构合理、人力资源有效分配、顺应信息化时代发展的档案服务流程模式[①]。

2.服务环节重组

一方面，对现有档案管理环节实行删除、整合、重构等，提高效率和服务水平。如将纸质档案和数字档案资源进行整合，实现"一站式服务"，同时提供流通、阅览、咨询、技术等服务，调整、淘汰传统业务。另一方面，识别核心流程。工作重心也要从侧重整理档案资源环节向以需求为目标的服务环节转变，不断提高档案服务水平和服务意识。强化为档案利用服务的意识，增强档案利用服务环节人力、物力、财力的投资，为档案服务质量的优化与提升获得可靠的保障。并且，在明确档案资源特点的基础上进行利用需求分析，理顺档案服务信息流，尽可能地减少冗余环节和流程间的内耗以及降低产生不必要的噪音情况，创造良好的档案服务和共享的运作环境[②]。

---

① 赵晋劼：《云计算背景下数字图书馆业务流程重组分析》，《才智》2017 年第 9 期。

② 孟歆、徐振杰、李章程：《基于数字化校园的文档管理信息流程重组》，《云南档案》2012年第 10 期。

3.服务手段重组

网络信息技术飞速发展，档案服务流程重组可以融入大数据技术、区块链技术、云计算技术、物联网技术等，转变传统服务手段，提升服务质量。运用信息技术，以自动化、电子化来实现信息合理流动，开展网上借阅等服务，实现档案用户与档案信息的合理匹配，以及提供新型参考咨询服务，在数字档案馆平台上开设邮件咨询、电话咨询、在线咨询等，实现线上服务[①]。

（二）简化手续

《国务院办公厅关于简化优化公共服务流程方便基层群众办事创业的通知》（以下简称《通知》）明确规定，各公共服务部门要开展相关业务活动必须要不断地优化服务流程。因此，作为重要公共服务内容的档案服务，简化档案服务所需的繁杂手续，是符合《通知》所提出的要求。一方面，档案服务机构可以强化与相关部门的共享相关利用者的证明材料，从而实现减少申请人利用手续问题；另一方面，档案服务机构也可探索由档案利用者出具符合档案利用条件的书面承诺书，档案服务机构则强化事后核查与监管，以此来减少档案利用者相关证明材料提供的手续，从而实现办事效率的提升[②]。有些地方的档案馆已开始践行该《通知》的精神，如四川省眉山市彭山区档案馆查阅利用中心现已开通电话等预约查档服务，并在档案馆网站向社会公布相关信息，接受群众监督，取得良好成绩，值得全国同人学习与借鉴。

总的来讲，档案服务流程繁多是阻碍档案服务质量优化的一大因素，从信息治理的视角来看，必须要简化手续，减少冗余流程，激发对档案服务质量的优化与提升。

---

① 赵晋劼：《云计算背景下数字图书馆业务流程重组分析》，《才智》2017年第9期。
② 《简化优化档案公共服务流程清理各种证明》，《兰台世界》2016年第9期。

（三）强化监督

对于档案服务质量优化与控制将具有十分重要的意义，不仅可以减少档案服务过程中的过错，同时也是提升档案服务质量的保证。

1. 内部监督

是指组织机构内部制定监督机制，加大效能评估和监督考核力度，做到坚持思想先行，加强内部自我监督。档案馆领导层要强化对下级工作人员监督考评频率，不定期到档案服务工作一线进行考察与检查。加强档案服务能力和服务作风建设，健全档案管理部门同业务部门之间的问题情况反馈和督促落实机制，建议业务部门设立工作联络人，与业务管理部门加强日常沟通联系 [①]。从社会公众利益出发，积极推进高效便民的档案服务，提升档案服务水平与服务能力，发挥档案主管部门监督的作用 [②]。

2. 外部监督

发动社会公众实现对档案服务工作的外部监督，尽量做到减少服务过程中可能存在的各种服务瑕疵。探索充分运用各种信息技术及相关方法，强化网上监督，使档案服务全流程处于可考核、有追踪、受监督的范围之下，并强化档案服务过程中的现场或在线评价程度，评价好坏直接与档案服务人员考核及档案服务机构形象挂钩。另外，还要完善档案服务中的救济制度，设计合理的投诉举报渠道、科学的反馈渠道，同时，还可以借用媒体的力量，特别是要用活社交媒体，宣扬档案服务理念同时对档案服务流程进行监督，及时发现与纠正服务不到位行为。

---

① 郭庆：《多措并举完善检察机关内部监督机制》，《检察日报》2018 年 11 月 25 日。
② 赵冬梅：《省档案局采取四项措施简化优化档案公共服务流程》，《黑龙江档案》2016 年第 4 期。

第二节　档案服务机制的优化控制

一、档案服务机制优化原则

（一）坚持以人为本原则

档案服务工作中要让公众积极参与到信息治理环节中，强化公众的主人翁意识。坚持"以人为本"的原则主要体现在以下两个方面，一方面要做到"用户第一、服务至上"的以人为本理念，在档案服务中坚持以档案利用者需求为导向的原则，并把其作为档案服务的出发点和落脚点[①]，强化档案服务意识，提升档案服务水平，完善档案服务质量，形成一套具有可行性、合理性、科学性以及可操作性的规范化档案服务机制。另一方面，完善档案服务人员的人才机制建设，创新人才培养机制与手段，把该项工作作为档案服务机构的重要事项来处理，为档案服务人员的成长与能力提升营造良好的工作氛围与环境条件，为推动档案服务机制创新提供人才保障。

（二）坚持反馈原则

反馈是控制论中的一个重要原理，它是把系统输出量的全部或一部分，经过一定的转换，再送回输入端，从而对系统的输入和再输出施加影响的过程[②]。通过反馈档案服务工作所产生的效果并对之进行研究，可以提高档案信息资源开发及服务利用的科学性、合理性、系统性。档案服务生产者和利用者双方互为信源和信宿，互有输入和输出，互有交换与反馈，档案服务工作任何一次档案信息流通，即可看作是上一次档案信息流通后的反馈。这

---

① 庞代国：《高校档案信息服务机制创新的透视与反思》，《资源信息与工程》2017 年第 6 期。
② 孙德成：《浅论课堂教学中的信息反馈原则》，《连云港师范高等专科学校学报》2012 年第 4 期。

样，调整、控制也就从反馈信息产生起始终伴随着整个服务过程，对推动档案服务机制发展产生作用。反馈的发送者是利用者，接收者是档案部门，档案部门根据服务在产生过程中利用者提供准确、及时、可靠、有针对性的反馈经历信息，给档案部门提出意见和建议，对于提升档案服务质量和服务水平、健全档案服务机制、提升治理能力有重要帮助。

（三）坚持理论与实践相结合原则

信息社会的到来以及社会信息化程度的不断深入与拓展，社会公众对档案信息资源的需求会呈现出越来越明显的趋势。而且，由于档案工作涉及社会方方面面，所以档案服务的社会化属性也就属于理所应当的社会性问题。但应该看到，档案服务是一个实践性的领域，不仅要强调对其的理论研究，更要强化注重实践的运用，在实践工作中检验档案服务质量，并在实践工作中来衡量档案服务质量的效果。为了使档案服务机制建构合理且科学，要具有改革创新精神，实现档案服务机制转变，开拓档案服务新领域，不断规范档案服务秩序，提高档案服务质量①。总之，档案服务社会公众的理念、理论与方法不仅要研究，要提倡和宣扬，更要落到实处，要让它在实践工作中得到贯彻。通过档案服务实践工作和档案服务理论创新，使两个方面相互促进、相互成全，从而实现档案服务机制科学创新，紧随信息治理时代档案事业发展的要求与步伐。

二、档案服务机制应然分析

（一）联动机制

档案服务机构应该主动出击，与相关机构之间建立科学有效的联动机制，加强协同治理能力，并充分发挥档案服务机构的优势，不断地优化与完

---

① 李佳佳：《新形势下档案服务工作创新机制研究》，《兰台世界》2016 年第 14 期。

善档案服务质量。如天津档案馆与交通局通过合作，实现了规划验收、竣工备案前的预验收、正式验收等环节与工作流程后，再移交进馆的档案信息资源收集机制，不仅保证项目档案齐全完整，更为重要的通过档案机构所提供的一系列档案服务指导，达到了档案服务质量优化与提升的目的[①]。此外，还需要积极与相关社交媒体平台等建立联动，提供多样化的档案服务方式[②]，同时不应只把档案网站作为自己的服务通道和推送平台，而应充分联动上下级档案馆门户网站，开展档案信息资源的在线信息咨询、在线查询、在线利用以及跨馆出证等服务项目，不断地优化与提升档案服务质量。

（二）参与机制

公众参与机制是实现档案机构提供优质档案服务的具体措施之一，是实现档案服务机构服务性的本质需要[③]，也是信息治理内涵的重要体现。如英国长期保存管理者数字化服务项目引导志愿者从事档案信息资源的标引和排序工作[④]，不仅提升了项目的实施效率，同时也使社会公众在参与其工作的过程中，感受到了档案服务给他们带来的快乐。因为社会公众是档案服务的直接对象，在他们参与到档案服务的过程中，其实也是一个了解他们切身感受，提供了一个完美的表达自己相关意见的机会与平台。通过这种方式在参与档案服务决策时，体现出他们的意愿，更是代表他们的需求，这将有利于推动档案服务水平的提升。而且，公众参与对档案机构服务工作过程和结果的评价，也是推动档案服务事业向前发展所必需的手段与方式，更是扩大公民参与社会治理的重要途径。因此，建立档案服务质量评价标准时，不仅

---

① 陈波：《大数据创新档案管理模式与提升服务能力探析》，《科技传播》2018 年第 14 期。

② 李丽颖：《浅谈社区档案服务机制的创新》，《兰台内外》2016 年第 1 期。

③ 高应爱：《公共管理视角下医院档案管理的机制选择》，《中国城乡企业卫生》2018 年第 10 期。

④ Digital Office of the Future Pilot Project：Phase I Final Report.（n.d.）.Government document.

要考虑到档案资源、管理水平、服务能力、服务手段、服务方式以及服务机制，更应该考虑到社会公众对档案服务工作建设性的意志与愿景。

（三）竞争机制

随着档案机构改革的不断深入，档案服务机构的用人机制在未来将必定会发展一些根本性的改变，原来的工作人员还是实施"参公"体制，而后面新的人员可能就要实施市场化的用人体制，如未来档案服务人员可能是"聘用制"，用工由单向选择改为双向选择[①]。并且，做到根据档案管理组织的功能设置，实行严格考察制度与竞争机制，竞争中促使档案服务人员不断地保持努力学习的压力与动力，不断地完善与提升自己的档案服务水平，使自己在档案服务过程中做到周到热情，成为一名合格的适应未来档案服务需求的多元化人才，在提升自我水平的过程中提升档案服务质量和水平。将竞争机制纳入档案服务机制范畴，档案工作人员的积极性被调动，与激励机制挂钩，创造性被激发，服务热情高涨，增强档案利用者被服务体验感与满意度，以此促化档案社会化服务进程，鼓励更多私立档案馆、特色档案馆、文件中心的建立，实现档案服务质量在一种良好的竞争氛围中不断优化与提升。

（四）调查机制

档案信息资源存在的最终目的是方便人们的使用，满足当事人对档案信息的需求。用户需求是档案服务的指向标，决定什么样的资源被开发以及什么样的档案信息被提供利用，因此档案服务机构必须要主动了解社会需求，大力开展档案信息资源利用的调研，扩大治理主体，推动服务质量的优化。定期或不定期邀请相关社会公众、研究者等进行交流，了解他们的需求，以

---

① 李丽：《浅谈档案管理和档案服务》，《现代农业研究》2018 年第 4 期。

及他们希望的档案服务新方法、新方式等①。因此，档案服务机制的选择必须要在用户需求调查分析的基础上，分析社会公众对档案利用与服务的平台设计需求②。需求分析主要包括：第一，资源内容。分析公众所利用档案的资源内容类别、存储格式以及内容特色，规划档案信息资源整合的内容以及整合方式，寻求档案服务最优路径。通过资源分类、个性化选择等服务内容的分析，提供公众最感兴趣的内容。第二，功能需求。分析公众对平台使用需求、便利程度以及耗时问题，根据需求提供便利、快捷、用户友好界面和利用环境。

（五）共享机制

档案信息资源共建共享对于服务型政府建立起到十分重要的作用，有利于进一步提升政府的办事效率。各级档案服务机构都应该积极地重视档案信息资源共建共享工作，设置专属机构负责对区域档案信息资源的统筹规划、组织、方案设计等相关工作③。针对档案信息资源共建共享中可能出现的相关问题，建立科学的协调机制来处理相关事项，尽量建成档案信息共建共享的责权机制、形成信息发布与接收处理机制。防止"信息孤岛"的产生使档案资源整合与共享成为必然，为利用者提供高效的、广阔的档案服务，使档案服务质量不断地提升与优化。

三、档案服务机制的优化路径

（一）构建多方联动服务模式

构建全方位多方联动的服务机制模式，鼓励各种层级、不同领域的社

---

① 赵菊蓉：《档案信息资源利用与社会化共享服务机制研究》，《兰台世界》2015 年第 20 期。

② 孙俐丽、吴建华：《关于国家数字档案资源整合与服务机制顶层设计的初步思考》，《档案学研究》2016 年第 1 期。

③ 孔峰：《顶层设计视角下的档案信息资源整合与共享机制研究》，《山西档案》2017 年第 6 期。

会公众参与到档案服务模式创新工作中，实现档案服务质量优化与提升。对于综合档案馆而言，其性质决定了其一定要肩负起公共服务的职责，并尽量做到与专业档案馆、企事业机构档案馆以及档案中介机构等形成全方位的交流与合作，弥补各自的短板并发挥各自的优势，使社会组织和公众成为信息治理的重要载体，以共同提升档案服务质量[①]。首先，以社会主体的档案需求为切入点。从制度、政策等层面形成规范、规则，为其他社会组织、个人等参与档案服务提供制度安排，为科学合理的多方联动服务模式提供制度保障，通过档案服务能力的提升优化档案服务质量。其次，联合媒体的力量，充分利用档案网站、微信等社交媒体平台，对档案服务内容、方式、方法等进行广泛的宣传，让社会公众知晓档案服务能提供什么，以及档案服务会提供什么，激发他们利用热情与潜在的需求。最后，联动政府部门做好政府信息公开工作。综合档案馆作为《政府信息公开条例》所规定的法定公开场域，协助政府相关职能部门积极、主动地公开相关政府信息，不仅有利于社会公众知情权的保障，更有利于提升社会公众对档案服务机构的信任度，为档案服务质量的优化与提升提供群众基础。

（二）公布档案服务效果

档案服务机制进行科学优化与控制，对于档案服务效果的增强有很大促进作用，不仅可以大大提升档案服务质量，提高社会主体对档案服务机构的满意度，也有利于重塑档案服务机构的良好形象。档案服务的过程中，通过不断地完善与扩大档案信息利用库的建设，及时公布一些典型的档案利用案例，公布各种相关利用数据，如利用人次、利用卷次、利用形式等，以及各种档案利用类型所占的比例数据等[②]。一方面展示档案服务机构提供利用

---

① 陈波：《大数据创新档案管理模式与提升服务能力探析》，《科技传播》2018 年第 14 期。
② 吴玲、周波：《档案服务机制创新的思考》，《四川档案》2003 年第 4 期。

具体实施情况；另一方面给利用公众提供示范，激发社会各界利用档案资料的积极性。此外，档案服务机构还应借助各种信息技术、网络平台等公布相关利用信息及典型利用案例，扩大档案服务工作的社会影响，提升档案部门社会知名度，增强服务意识，提升档案服务质量与水平。

（三）融入公共服务体系

档案服务要打破传统服务思想、服务理念以及服务模式，不仅要以社会公众当前的档案利用需求为主要导向，更要注重对社会公众潜在的利用需求挖掘，不断丰富档案信息资源的服务渠道，为社会公众知情权的实现提供最为有力的保障[①]。要紧随我国公共服务体系建设的步伐与思路，积极推动档案信息资源与档案服务共建共享，构建全面的档案资源体系，合理的开放制度，消除档案服务机构与社会公众之间的各种隔阂，通过各种有效合理的方式吸引社会公众自觉地走进档案服务机构，接受档案服务并传播档案服务，使档案服务机构真正成为融决策参考、学术交流、咨询利用、展览教育、社会课堂、文化休闲等为一体的公共服务场所[②]，成为推动服务型政府建设的主要力量，形成社会自上而下治理模式的新范式。总之，优化档案服务机构服务机制的目的就是要最大限度地发挥档案服务的社会文化教育功能，为社会公众提供更加优化的档案服务质量。

（四）创新多元技术服务方式

借助于各种信息技术，创新档案服务方式是推动档案服务机制优化与控制的关键点之一，通过创新档案信息服务的载体与渠道，使社会公众在档案利用过程中能够更加方便、快捷得到满足，从而实现档案信息服务质量的

---

①　陈波：《数据创新档案管理模式与提升服务能力探析》，《科技传播》2018 年第 14 期。
②　刘凤江：《刍议档案馆公共服务体系建设》，《兰台内外》2018 年第 4 期。

优化与提升。一是借助各种社交媒体平台，如微信平台、QQ 平台以及 APP 等，消除"数据孤岛"现象，实现档案数据的共建共享，让社会公众不受地域限制便能方便地利用到所需档案信息。运用于信息治理理论、方法与技术，对提供给社会公众利用的档案信息资源进行深度挖掘，不仅满足大众化的利用需求，也可以满足个性化、知识化的精细需求。二是简化档案利用手续，查找工具的智能化、"傻瓜化"，快捷的下载、打印等服务等[1]，为社会公众获取档案提供便利条件。三是档案服务机构应该积极地开展主动服务，定期或不定期地在社交媒体平台、档案服务机构的门户网站等推送最新的档案信息动态，积极引导、主动拉动档案利用需求。

（五）健全档案利用制度

档案服务机构必须要制定详细的、具有可操作性的档案利用制度，对具体的档案公开发布的形式，档案利用原则、方式、手续等都必须进行详细的规范。开展档案利用过程中，要注意档案资源的特殊性，开展档案利用时要注重对档案的保护。另外，还要完善相关保密制度，着重注意保护档案信息的内容安全，防止个人隐私信息泄露及涉密档案泄密。制度要明确规定档案服务机构在提供档案服务之前，要对所有涉密档案信息资源，包括国家秘密、商业秘密以及个人隐私信息等，根据政策法规进行严格审查。此外，各级利用单位以及利用公众，不得在业务和规定之外使用和收集相关信息，以防信息泄露和不正当利用。总之，健全利用规章制度，不仅是信息治理视阈下档案服务质量优化控制的外在诉求，有利于督促档案部门提供优质服务，同时也有利于保障档案资源安全。

---

① 王成琴：《基于"供给侧"改革理念下的档案信息供给机制的优化》，《北京档案》2016 年第 10 期。

第三节　档案服务共享的优化控制

一、档案服务共享平台治理

档案服务共享平台就是对档案信息资源进行科学的组织、整合，纳入统一平台、提供统一检索入口，通过共同建设，共同享用相关档案信息资源，为用户提供集中、系统、全面的档案信息服务[①]，实现以档案信息服务高效利用为目的的一种档案服务质量优化控制机制。因此需要明确其建设要求、运行程序和建设原则，打造一个开放、高效、便捷的档案服务共享平台。

（一）共享平台建设要求

档案信息资源服务共享平台建设是一个涉及很多方面的系统工程，需要方方面面的参与，构建的出发点就是在进行档案服务过程中要求不断创新档案服务机制，不管是在档案资源选择层面、信息技术运用层面还是在服务手段设计层面，都要求以档案用户为工作中心[②]，并以此为出发点建设档案信息资源服务共享平台，如"馆室一体化"以及"馆际一体化"建设，目的都是提升档案信息资源共建共享水平[③]。但也应该看到，在当前数字档案信息海量产生的前提下，如果还是按照传统的管理方式来开展相关服务活动，将会导致相关问题的不断出现，为了尽量避免在新环境下出现新的问题，要

---

① 云南省档案局课题组：《国家档案局优秀档案科技成果奖项目——基于网络的社会档案共建共享机制与方法研究》，《云南档案》2018 年第 10 期。

② 吴加琪：《多主体参与的区域档案信息资源共建共享机制研究》，《浙江档案》2016 年第 6 期。

③ 《抢抓新机遇 开创新局面——中共浙江省委办公厅、浙江省人民政府办公厅〈关于加强和改进新形势下档案工作的实施意见〉》，《浙江档案》2014 年第 7 期。

加强对档案服务共享平台的治理，使其以更加科学的方式为社会公众提升优质的档案信息服务。

1. 宏观层面

档案服务共享平台建设涉及很多利益主体，建设过程中首先要有详细、科学、合理的计划方案，对档案服务共享平台运用机制、运行主体、运行方式等安排到位。并且对档案信息资源共享范围、共享方式、共享内容等进行具体详细的规划，还要在宏观层面设计好平台实施、运营及治理的指导与监督机制，为档案服务共享平台开展高效、科学的档案服务提供保障。

2. 中观层面

根据档案服务行业具体情况与特征，鼓励相关成员机构之间积极参与到档案服务共享平台建设，敦促他们紧密联系，在网络搭建、资源建设以及服务开展等方面形成密切配合。明确各自责任与义务，实现共建共享的实际操控主体或责任主体，明确档案服务平台共建对象和共享内容，设立联动机制负责日常事务的日常运行与协调管理。在档案行业内完成共建共享工作操控，并对相关问题进行严格控制，强化档案服务共享平台治理，包括治理理论的运用、治理技术的跟进以及治理方式的完善，推动档案服务共享平台建设，实现提升档案服务质量的目的。

3. 微观层面

各档案服务机构根据宏观层面的政策制度与精神，以及中观层面的具体整体计划与实施路径，在具体考虑各种实际情况基础之上，完成自身档案信息资源建设与整合。并不断地根据档案用户需求，把相关意见、建议等反馈信息提供给负责日常运营与协调管理的负责机构，为档案服务平台的治理与优化提供来自于用户的心声，实现档案服务平台的不断完善，实现依靠档案服务平台优化与提升档案服务质量的目标。

（二）共享平台运行的程序

构建档案服务共享平台是实现档案服务共享的关键，然而，从当前我国档案信息资源整合的现状来看，我国各档案管理机构所保存的档案信息资源并未能得到科学有效的整合与利用，"孤岛"现象还非常明显[①]，严重地制约了档案价值的发挥，制约了档案服务价值的实现。从信息治理视阈来审视这个问题，档案服务共享平台的搭建以及通过强化服务精神、转换服务理念、完善服务方式和充分运用信息技术，实现不同档案服务主体在统一平台上进行相关操作并开展相关业务活动，完全能够有效地解决"信息孤岛"问题。

1. 数据标准一体化

档案服务共享平台通过设计一站式、一体化整体架构，对档案信息资源的采集、分类、整理、著录等都是采用相同标准，不管是由哪个档案服务机构来处理，都必须要遵照相同参数来设计其数据格式、接口、元数据体系等。从而形成了一个标准的数据一体化平台，即从目录的采集、数据的接收、信息检索以及登记、利用等功能，都是基于相同技术参数，实现了真正意义上的数据一体化，为档案服务质量的优化与提升奠定了数据保障基础。

2. 服务运行一体化

档案服务共享平台作为一个促进档案服务质量优化与提升的支撑性平台，在运行过程中，必须明确各主体职责与义务，做到科学合理地分配权利与义务，通过齐心协力、通力合作，维护它的良好运转与科学推进。如绍兴市按"统一平台、属地管理"的理念整合区域内 6 家档案馆，开展馆际档案共建共享工作[②]。在档案资源整合基础上，实现档案服务运行一体化，大大

---

① 吴加琪：《区域档案信息资源共建共享实现机制研究——以浙江省档案信息资源共建共享工作为例》，《档案与建设》2016 年第 6 期。

② 吴加琪：《多主体参与的区域档案信息资源共建共享机制研究》，《浙江档案》2016 年第 7 期。

地提升了档案服务效率，优化了档案服务效果，实现了档案服务质量优化与提升的目标。

（三）共享平台建设的原则

档案服务平台共建共享建设必须遵循一定的原则，以此来实现维持平台的可持续发展，为搭建共建共享平台指明方向和明确界限，达到档案服务质量优化的目标。

1. 人本理念原则

不断提升档案服务能力是档案服务共享平台建设的根本目标，建设过程中要突出体现人本理念，绩效评估核心指标和主要判定依据则是社会认知度和人民群众的满意度。在做好以社会公众利用需求为导向，参考群众意见，搭建共建共享档案服务平台的过程中，要积极地培养档案服务人才，充分发挥档案人才作用，为档案工作人员提供优良工作环境，共享工作资源，推动档案服务平台建设科学推进。

2. 平等互利原则

保证参与档案服务共享平台建设的主体拥有相对平等权利，承担对等义务，只有这样，才能保证参与建设的各方保持可持续的积极性，实现档案服务质量的持续性提升与优化。而且，还要保证档案服务提供者与档案服务获得者享有同等权利，即服务者与被服务者是平等的，档案服务提供者在服务于档案用户的过程中，要本着真诚服务态度尽量提供完美档案服务，赢得档案用户信任并满足他们的需求。同时档案用户在接受档案服务过程中，也要尊重档案服务者，理解他们、体谅他们，总之，各方都要以平常的心，在平等互利的原则下提供服务与接受服务，共同把档案服务质量优化与提升。

3. 安全可靠原则

档案服务共享要考虑信息安全因素，尤其是个人隐私信息和涉密信息，因此，必须要看到共享是有限范围的，有权限控制的。档案服务共享过程要以不损害国家、集体和个人利益为前提，保护各方利益。另外，必须要保障共享平台的安全性，防止病毒入侵，防止档案信息的被篡改。只有这样，才有可能提供真实、完整、准确内容的档案服务，提供的档案服务质量才有保障。

二、档案服务共享模式治理

（一）基于服务方式划分

基于服务方式划分可以分为：集中式、分散式。概括地说，一个完整的档案服务共享系统包括资源、服务、门户三个层次，如图 8-3 所示。

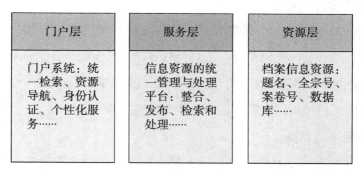

门户层	服务层	资源层
门户系统：统一检索、资源导航、身份认证、个性化服务……	信息资源的统一管理与处理平台：整合、发布、检索和处理……	档案信息资源：题名、全宗号、案卷号、数据库……

图 8-3　档案服务共享系统

1. 集中服务模式

档案资源集中在某些大型档案机构，用户有利用需求时，先向所辖区档案部门提出利用请求，当所辖区档案部门无法满足档案用户提出的利用需求时，由所辖区档案部门以用户角色向集中型档案部门提出利用服务，集中型档案部门无可争议地成为传统档案信息资源的存储中心。

2. 分散服务模式

通过"资源分散存储，目录集中检索，服务分布提供"[①] 的办法来开展

---

① 李安：《国外几种信息资源共建共享模式及其对我国的启示》，《情报理论与实践》2004 年第 1 期。

相关工作。当然，分散服务模式下，也不是完全分散，如在资源层、在服务层则多采用分散与集中结合方式，资源肯定是分布在不同档案服务机构之间，服务也是由不同的档案服务机构来提供，只是检索服务等集中在统一资料库，以相同方式开展。另外，在门户层则是完全采用集中式管理，通过统一的门户网站对外提供统一标准的档案服务。

（二）基于服务区域划分模式

基于服务区域划分模式：全国性、地区性。一是系统共建，全国共享；二是区域性共建，全国共享[①]。

1. 全国性共享模式

全国性共享模式是全国各领域、各系统档案部门通力合作，首先完成其本领域、本系统的资源建设以及平台的建设，其次就是各个领域、各个系统之间实现数据的标准化接口，使档案数据能够实现无缝流动与衔接，最后就是其网络平台建设以直线性为主，并实现横向数据流动。

2. 地区性共享模式

地区性共享主要是以区域内所有档案服务机构为整合对象，联动区域内档案部门，整合档案信息资源，组建档案服务共建共享平台，形成地区性的共建共享模式。建立全国性系统内的共建共享网络是为了提高国家档案服务的整体保障能力；建立地区性跨系统的共建共享网络是为了提高地区档案服务的整体保障能力[②]。当然，地区性的共享系统是全国性共享系统的基础，如果地区性的共享系统都无法实现，那么全国性的共享系统也就不可能实现了。

---

① 高波：《文献信息资源共建共享模式新论》，《中国图书馆学报》2002 年第 6 期。
② 高波：《文献信息资源共建共享模式新论》，《中国图书馆学报》2002 年第 6 期。

（三）基于服务平台划分模式

基于服务平台划分模式：大数据平台、网络平台。在数据环境下，未来的档案服务很多将是基于大数据来开展，借助于大数据的支撑，充分运用网络平台来建构档案知识服务体系。

1. 基于大数据平台

随着数字资源的快速增长，基于大数据平台建设档案服务共建共享模式将成为未来的一种趋势。利用大数据平台提供服务是与档案服务机构当前所提供的借阅服务相对应的一项服务，其目的是将保存的档案信息资源有效地提供给合法的档案用户，重点在于服务的有效性以及档案用户的合法性。借助于大数据平台，能够有效地提升档案信息资源利用效率和服务效率，并且针对档案用户个性化、知识化的需求提供专题性服务，达到优化与提升档案服务质量的目标。

2. 基于网络平台

把各档案服务机构网络连接起来，建成档案服务资源网络，实现档案服务共建共享的效益最大化。通过建立与完善人、机、环境整合的档案信息资源共建共享模式，实现跨地域、跨时间的治理，不仅提升了档案使用效率，而且使档案产生了增益[①]，对档案机构服务质量水平提升有极大的优化与提升作用。

三、档案服务共享治理的优化路径

档案服务共享治理由于参与主体众多、涉及领域广泛，实际操作过程中指向性、协调性和灵活性要非常明确。因此，可从培养多维度共建共享服务理念、完善共建共享服务配套保障、增强共建共享基础技术投入、建立健

---

① 吴静、伍硕：《我国大学城信息资源共建共享模式研究》，《中国矿业大学学报》（社会科学版）2006 年第 1 期。

全共建共享法规标准等方面进行优化，提升档案服务共享治理能级。

（一）培养多维度共建共享服务理念

"互联网+"时代，档案服务工作再也不可能是停留在"老死不相往来"的状态之中，多维度多角度的共建共享将是未来档案工作的发展方向与趋势，也是多元协同治理的重要方式。一是档案服务机构领导应该率先垂范，重视档案服务质量，通过各种有效的方式，激励与激发档案服务人员的服务热情、服务态度以及服务能力与服务水平，鼓励档案服务人员创新档案服务方式，形成科学的共建共享档案服务理念，以及有效地培育档案服务共建共享的服务氛围。二是档案服务人员要自觉地、积极地、主动地学习各种信息技术、互联网技术，做到不断的提升自己的业务能力与服务能力，借助于信息治理理念、理论、方法与技术来处理海量数字档案信息资源，不断优化档案服务共享模式，实现档案服务质量的可持续优化与提升。三是积极地引导社会公众参与到档案服务共享平台建设与治理中，通过集思广益的方式，"倒逼"档案共建共享服务的创新[1]不断深入，促进档案服务质量的持续优化与提升。四是强化档案服务人员的服务意识，大力培育服务理念、服务精神以及服务态度，通过以整合档案资源为基础，以档案用户为中心，让档案更好地为现实服务、为社会服务。

（二）完善共建共享服务配套保障

档案服务质量提升除了要求在档案服务过程中实现共建共享以提升服务能力外，还必须要完善配套的设施设备及相关措施的保障。一是明确档案共建共享服务的资金保障标准。建立科学、有效的政府资金配套标准以及相

---

① 赵芳红：《"互联网+"时代档案信息资源共享服务的优化路径》，《山西档案》2017年第3期。

关保障机制，引导专项建设资金导向作用，吸引社会资本的积极参与。当然，针对专项经费的使用，要设立科学的监管制度，形成问责督促机制，实施全流程的跟踪监控管理，使专项经费真正发挥落到实处。二是完善档案共建共享服务平台建设激励政策。档案服务共享平台的建设与治理是一个长期的可持续过程，要有相关激励政策的支撑与保障，否则很难保证其可持续性提升。要推动相关部门将此工作纳入政策倾斜范围，并与绩效评价结果挂钩，在激励政策的刺激下，各相关主体的参与意愿将会得到明显的提升，沟通和合作意识也将会得到有效的改善，服务质量、服务效率必将得到持续的有效推进。

（三）增强共建共享基础技术投入

加大对信息技术的投入力度，不断提升档案管理系统的功能，完善档案利用网络，落实档案服务远程化功能的实现，力争实现"一网通办""异地查询""异地出证"等。同时，关注云计算、区块链、数字人文、知识图谱等新技术的运用，以及系统安全防护、终端设备防护等。借助现代信息技术建设档案服务共建共享服务平台是档案服务质量优化与提升的重要内容，也是促进信息治理能力现代化的有力手段，因此，必须要不断加大基础性技术投入。

（四）建立健全共建共享法规标准

完善相关法律法规标准，为档案服务共享平台建设的有效推进提供法律依据。一是强化相关法律法规建设。档案服务共享平台虽然对于传统档案服务理念来看是一个新生事物，但是从信息治理视阈来看，它是当前信息技术发展的必然趋势，更是优化与提升档案服务质量的必然选择。必须要敦促相关部门根据档案服务共享平台建设的需求推进档案信息利用方面的法规内容，为档案服务共享平台的实现提供法律依据与保障。二是强化相关标准体系建设。档案服务共享平台建设由于涉及众多的社会主体以及不同类型的数据格式等，存在着众多的数据接口需求衔接。要强化对标准体系的建设，包括平台建设标准、数据格式标准、数据接口标准、元数据标准、著录格式标准、数据库标准等。强化对标准体系的建设与治理，是保证档案服务共享平台顺利推进并实现可持续发展的重要保障与关键所在。

第四节　档案服务方式的优化控制

一、档案服务方式的选择策略

（一）传统型档案服务方式

主要有档案阅览服务、外借服务、宣传服务以及陈列展览服务等。

档案阅览服务是最为常见的传统型档案服务，社会公众只需持身份证、工作证或学生证等相关有效证件就可以到各综合档案馆等档案服务机构免费利用到已开放的档案信息资源。

档案外借服务是档案利用者需要把档案借出档案服务机构，是一种存在较大风险的档案利用方式，也是比较少选择的一种利用方式，一般情况下，档案服务机构不太会采用这种服务方式。

档案宣传服务是指档案服务机构借助相关媒体向社会公众揭示或报道档案信息资源，引导社会公众到馆利用相关档案信息资源的一种利用方式。如通过出版档案全宗指南、组织沿革等，向社会推荐、宣传档案文化产品，激发社会公众利用热情与利用兴趣，不仅提升档案服务机构的影响力，也有利于完善与提升档案服务品质。

档案陈列展览服务是以更直接、直观的方式，引起社会公众兴趣，服务社会公众的一种档案利用方式。档案陈列展览根据不同时间节点或社会热点事件，按照某一历史事件或历史故事等主题，组织档案陈列展览活动，供社会公众参观，展示历史真相。

（二）智慧型档案服务方式

主要包括档案编研服务、档案情报服务、档案定题服务、档案检索服务和咨询服务等。

档案编研服务是指档案服务机构根据其馆藏特点与特色，结合社会需求特征，有针对性地对档案信息资源进行加工处理。如为配合苏州市国际丝绸旅游节活动，苏州市档案馆编研出版的《苏州丝绸档案汇编》[①]；中国第一历史档案馆将清代档案编纂工作纳入清史工程的框架之内，加大编纂出版力度，编纂出版了包括《清代中南海档案》《庚子事变清宫档案汇编》《清宫普宁寺档案》《清宫热河档案》《清代军机处电报档》等 8 个专题 300 余册档案汇编；辽宁省档案馆为了满足史学研究的需求，影印出版了一批价值珍贵、有一定影响的大型档案史料汇编[②]。总体来看，一个单位档案编研水平的高低在很大程度上反映出其整体档案服务水平质量的高低。

档案情报服务是指档案服务机构通过分析蕴含在档案信息资源的相关信息，满足相关主体决策需求的一种档案服务方式。档案服务机构由于保存了大量档案信息资源，可以说它也是一个典型的情报服务机构，通过将单位在履行职能活动过程中所形成的分散、零散科研信息，经过科学收集、整合、加工、分析等程序，使之升值为科研情报产品，为科学研究、技术创新等战略决策和战术选择提供支撑服务[③]。

档案检索服务是指档案服务机构按照一定的档案标识系统与途径，根据档案利用者利用需求查找出所需要档案信息的一种服务方式。当前，档案

---

① 卜鉴民：《档案信息服务方式及变革》，《中国档案》1999 年第 7 期。

② 管先海、刘夏楠、葛昱彤：《档案编研—为谁编研—档案编研基本问题思考之一》，《档案》2018 年第 9 期。

③ 杨婷：《高校图书馆科研竞争情报服务研究》，硕士学位论文，云南大学，2012 年。

检索服务借助信息技术开展现代化智慧检索，不仅大大地提升检索效率，也极大地提升了档案的查全率与查准率，对档案服务质量的优化与提升具有十分重要的积极作用。

档案定题服务又叫档案跟踪服务，指档案服务机构根据档案利用者的利用需求，围绕某一主题从所有馆藏档案中选择相关档案信息资源，定期、主动地向档案用户提供相关档案信息资源的一种方式[①]。确定需要提供给档案用户的服务内容，然后对档案用户进行服务追踪，根据追踪结果和服务分析对服务整体进行效果反馈。档案定题服务的服务过程比较完善，能充分体现用户的动态，对于开展个性化档案服务方式活动具有参考借鉴意义。

档案咨询服务是指档案服务人员为档案利用者提供档案专业知识解答的一种专门性档案服务，这种服务一般都是针对某一个具体的人或某一个具体的事项。可分为事实性咨询、检索性咨询、指导性咨询；一般性咨询和专题性咨询；书面咨询、口头咨询和电话咨询[②]。档案服务机构接受咨询问题时，要建立咨询记录，然后研究分析问题，进行档案材料查找，针对材料对问题进行答复，最后建立咨询档案。

二、档案服务方式的优化保障

（一）完善的领导机制

档案服务方式实施需要领导层对档案部门进行管理，提出服务要求，敦促档案部门主动开展档案服务方式转型和升级，以适应用户利用需求和社会发展变化。健全的领导机制体现了上层领导对档案服务工作的高度重视，不断完善的档案服务工作领导长效机制，为档案事业及档案服务的健康快速发展提供可靠保障。一是完善领导组织结构。领导的组织结构既可以是隶属

---

① 卜鉴民：《档案信息服务方式及变革》，《中国档案》1999 年第 7 期。
② 王英玮、陈智为、刘越男：《档案管理学》，中国人民大学出版社 2015 年版，第 252 页。

的纵向关系，也可以是平行的横向关系，它一般包括直线式组织结构、职能式组织结构、混合式组织结构和矩阵式组织结构，领导组织结构的合理化有利于保障档案服务方式的运行，针对档案部门特点，对领导组织结构进行合理设置并在运行中不断地完善。二是合理设计领导层次与跨度。档案部门领导层次设置要符合《档案法》及国家档案局相关规定，跨度合理，要以有利于档案服务质量优化与提升为前提。三是科学配置领导权限和责任划分。领导权限和责任划分的中心内容是建立严格的自上而下的领导行政法规和岗位责任制，对不同领导机构、部门之间以及领导者之间的权责做出明确的规定。只有做到了权责分明，并合理运用，以及对不合理、不合法权力使用进行问责追究，才能有利于推动档案服务在权力透明的情况下保持良性运行，才能保障治理目标的有效实现。

（二）科学的"一站式"服务战略

档案利用者在利用档案信息资源时，只要在档案服务共享平台统一检索口录入需要检索的相关信息，系统就会根据设定推送出与利用者感兴趣的档案信息，满足档案用户的利用需求。首先，各个档案服务主体必须要加大保障力度，强化对服务基础设施的投入，并且要求随着信息技术的不断发展及时做好相关设施的更新换代工作。另外，还要不断强化"一体化"环境下标准的建设，使各档案服务机构之间能够真正实现档案信息资源的互联互通。科学的"一站式"服务，将使档案服务机构在提供档案服务时，形成无缝对接程序，即档案用户在完成上一环节操作后，系统自动转接下一环节，无须用户分段多次进行重复操作，节约系统和用户时间，提高办事效率，服务一站到位，真正实现档案服务质量的优化与控制。

（三）完善分散与整体的结合度

档案服务机构要形成分散与整体相结合的机制，明确分工，做到相互配合，确保不同的档案服务主体都能发挥其最大的价值，以此实现整体效益的最优化与最大化。所以，在进行指导与协调过程中，对不同性质、不同级别的档案服务机构有所区别，通过科学、合理的协调，使不同档案服务机构之间实现连点成线、结线成面的档案服务网络，形成全领域、多维度的立体式档案服务体系[①]。通过这种"拉网式"档案服务体系的布局，将使档案服务机构可以产生联动效益，及时了解与掌握社会公众所需的服务态势，准确把准社会公众需求脉搏。尤其是借助互联网、广播电视网和移动通信网的跨网络、跨终端服务，为社会公众提供快捷的移动终端服务[②]，将档案服务分散到各部门，利用现代化的档案服务方式，极大地发挥了资源的整体效益，为档案服务质量优化提供了基础与条件。通过内部分散功能，再进行外部整体整合，从而形成完整的服务体系，保障服务方式运行的完整高效，全方位保障档案服务质量的优化与提升。

（四）完善经济激励手段

资金支持是服务运行的基础和前提，由于档案服务共享平台服务模式涉及众多不同的服务主体，各个主体所提供的服务数量、质量还是会有很大的差别。必须要有相应的成本补偿和奖励制度来进行规范，并以此来调动各档案服务机构的积极性，实现档案服务共享平台服务模式的可持续发展。做好激励制度的设计，才有可能使各档案服务机构不断地推出共享成果，并不断地优化共享成果。总之，建立经济激励机制，让每个参与的社会主体都有追求自身目标的机会，使其客观效果达到制度所要实现的目标[③]，实现档案

---

① 伦宏：《我国图书馆舆情信息工作的现状与服务方式创新——区域性图书馆舆情信息工作联盟构建设想》，《图书情报工作》2014 年第 1 期。

② 李金芮、杨蕾：《国外公共数字文化资源整合项目服务方式调查分析》，《图书与情报》2015 年第 1 期。

③ 田国强：《经济机制理论：信息效率与激励机制设计》，《经济学》（季刊）7 年第 2 卷第 2 期（总第 6 期），第 38 页。

服务质量达到满足档案利用者需求的目标，实现可持续的优化。当然，档案服务质量优化治理中，因为众多社会主体的参与，服务主体可以有多种选择，在给定的制度约束下，鼓励服务主体通过权衡利弊做出既对自己最有利的行动路径，同时又实现档案服务质量优化控制的目标。

三、档案服务方式的优化路径

（一）开展多样化的服务内容

随着社会进步和市场经济的发展以及治理要求的提出，档案服务机构在做好传统的档案服务的基础上，尽量多提升延伸性、扩展性等服务质量，使档案服务内容更加多元化、多样化。

1. 明确特色服务

在开展延伸性、扩展性服务时，要注意所提供服务的特色性，因为有些档案服务机构所提供的相关服务，如知识获取、文化休闲、信息传播等，并不是档案服务机构所特有的服务范围，其他相关服务机构也可以提供某一种或几种，如图书馆、博物馆可以提供文化休闲服务，情报所、图书馆等可以提供知识获取服务。因此，档案部门在明确服务范围时，要根据自身特色，尽可能提供多样化特色服务，如针对当前民营企业快速发展势头，其所形成的大量档案信息资源急需得到科学管理与开发利用，档案服务机构可以此作为一个特色服务点，开展民营企业档案业务培训，指导他们挖掘档案中所蕴含的价值，为企业发展创造效益[①]。

2. 考虑特殊服务

在提供日常基本档案服务外，还要依据自身资源优势，发挥其专业服务机构的特长，提供一些具有针对性的特殊服务项目，如针对中小学生暑期有出游的情况，档案服务机构不仅仅可以对他们开展传统的爱国主义教育，

---

① 师伟伟：《以多样化服务形式做好企业档案指导工作》，《山东档案》2013 年第 5 期。

还可以开展"研学旅行"服务项目，让他们把档案服务机构作为他们旅行途中的一站，实现"寓教于乐"的目的。

（二）完善个性化的服务方式

随着信息技术广泛地运用于档案服务工作，为档案服务机构完善个性化的档案服务提供了条件与基础，再加上当前数字化档案信息的大量产生，更能够满足社会公众便捷化、高效化的需求，这就要求档案服务机构不仅要做好传统档案服务工作，更是要根据档案用户的不同需求不断地完善个性化的服务方式，创新服务手段，提高档案信息利用率。

1. 个性化推荐服务

个性化推荐服务的开展，需要档案服务机构在日常档案服务过程中用心关注不同用户群体的利用习惯、利用行为以及利用偏好，对不同档案用户的利用需求都做到心中有数。然后根据他们的兴趣及特点，向他们推荐他们感兴趣的档案信息资源，或者寻找具有相近需求的用户群然后相互推荐浏览过的信息[1]。个性化推荐服务能够使档案用户快速、准确地找到他们所需要的档案信息资源，大大地提升档案用户的利用效率，减少他们的时间成本，是一种"信息找人"的档案服务模式。总之，利用先进的信息化技术手段，在专业化服务和共享中心的基础上，提供个性化主动服务，便捷性较高，专业化程度较高[2]，有利于进一步提升档案用户对档案服务质量的认可度与满意度。

2. 个性化信息空间

在当前信息存储空间技术不断发展的社会背景下，档案服务机构完全可以让渡出部分网络信息存储空间，提供给那些档案用户"常客"，使他们

---

[1] 李金芮、杨蕾：《国外公共数字文化资源整合项目服务方式调查分析》，《图书与情报》2015 年第 1 期。

[2] 王永梅、张颖：《基于服务特征矩阵的档案共享建设实践》，《中国档案》2018 年第 4 期。

在利用网络档案信息资源时，根据他们自己的喜好与需求生成一个能够实现自我控制的档案信息集成库，使其成为档案用户获取、学习与交流于一体的一个个性化的信息空间。它能够有效地存储档案用户的各种使用记录以及其相关的个性化检索日志性信息，有助于档案用户高效地获取与系统地管理信息[①]。因此，强调将个性化信息空间等相关服务纳入档案服务范畴，有利于切切实实地优化与完善档案服务质量，并使档案服务质量优化措施得到良好的控制。

（三）采用现代化的服务方式

信息技术的高速发展有效地消融了知识分享可能存在的壁垒，"智慧地球"理念所引发的智慧城市建设热潮[②]。而档案服务智慧化正是基于现代化信息技术建立起来的，它寄托着社会公众对档案信息资源利用便捷化、智能化、高效化的美好愿望。因此，档案服务过程中要不断地开拓视野，善于把各种先进科学技术运用到档案服务工作，借助技术力量提升与优化档案服务质量。

1. 运用 APP

APP 作为一款当前环境下运用得非常广泛的软件，在很多服务行业发挥着很大的作用。它使各种利用者不受时间、空间限制，实现随时随地的接受服务，它符合当前社会公众对档案信息资源利用需求，使档案利用者实现随时随地查阅档案信息资源，大大地方便了档案利用者以及提升了他们的利用效率，并且极大地降低了他们的时间成本与经济成本。当前，如美国国家档案馆"历史上的今日档案"APP 程序；辽宁省档案馆所运用的

---

① 李金芮、杨蕾：《国外公共数字文化资源整合项目服务方式调查分析》，《图书与情报》2015 年第 1 期。

② 吴薇：《面向智慧时代的档案信息公共服务方式研究》，《兰台世界》2014 年第 S5 期。

APP 程序 [①]，都取得了不错的效果。总之，APP 能使用户随时随地利用档案，查阅相关信息，进一步提升用户利用体验，优化档案服务质量。

2. 利用二维码技术

它已成为当前社会上最为广泛使用的一项新技术，极大地提升了各行各业的办事效率，为各行各业服务质量的优化与完善提供了最为科学有效的服务方式。可以通过对档案服务机构所提供的馆藏宣传图册以及在档案复制件等采用二维码技术，利用它的"阅读引擎"功能，链接档案检索入口或平台，从而使社会公众迅速地获得他们所需要的各种档案信息资源，为社会公众提供更加便捷、合理与高效的具有个性化、知识化的档案信息检索服务。如辽宁省档案馆拟与百度百科合作，对展览复制件应用二维码，使社会公众可以更加方便地了解展品更多内容 [②]，开创了一种全新的档案服务方式，为档案服务质量的优化与提升提供了一种全新的思路。

第五节　档案服务主体关系的优化控制

一、档案服务主体多元化的设计

（一）管理机构

档案主管部门即各级档案局，当前属于党的组织序列，但行使政府组织的社会管理职能。政府一直充当"守夜人"的角色 [③]，提供并维护公共事业和公共设施是他们当仁不让的职责所在。传统社会环境下，档案主管部门存在着社会管理职能错位的问题，未能彰显其对档案服务事业的宏观调控职

---

①　吴薇：《面向智慧时代的档案信息公共服务方式研究》，《兰台世界》2014 年第 S5 期。

②　吴薇：《面向智慧时代的档案信息公共服务方式研究》，《兰台世界》2014 年第 S5 期。

③　亚当·斯密：《国民财富的性质和原因研究》（下），商务印书馆 1988 年版。

能[①]，应该看到档案主管部门为本行政区域内保存社会档案的所有单位与机构一视同仁地提供服务和帮助是其义务和责任。而且，档案信息资源共建作为一种国家行为，提供相应的管理职能也是档案主管部门的行为，因此，档案主管部门要做好全局性的统筹规划、公平公正地协调各方利益，充分发挥指导与监督职能，从宏观层面领导各主体有序参与档案信息资源服务工作中来，不断扩大治理主体，并为他们提升优化档案服务提供指导。

（二）保管机构

随着信息技术的发展，海量的数字档案信息资源正在涌现，呈现出种类多、增长快、来源广的特征，对档案管理机构的服务模式、服务能力、服务水平、服务手段以及服务方式等都提出了更高的要求。因此，档案管理机构在当前大数据环境下，面对不断产生的海量数字档案信息资源要有"大档案观"意识，充分运用信息治理理念、理论、方法与技术，对海量数字档案信息资源进行科学有效的分类、整理、管理及开发利用。并且，在采集过程中兼顾国家、社会、家庭、个人等不同层次社会主体所形成的档案信息资源，使档案馆所拥有的档案信息资源能够更加具有反映当地人文性、地方性、平民性功能，更加完整地勾勒出时代发展、社会转型、人民幸福[②]社会事实。而且，从信息治理的理念出发，档案保管部门要树立以"服务为中心"的思想，始终坚持"资源中心"为宗旨，不断地提升档案服务与用户需求的匹配度，提供个性化、增值型服务，不断地优化与提升档案服务质量。

（三）社会公众

伴随着现代信息技术的发展及广泛运用，使更加人性化的服务理念及

---

①　黄淮萍：《从管理到服务：档案行政管理的价值旨归》，《南方论刊》2012 年第 8 期。

②　罗吉鹏：《大数据环境下档案信息资源共建主体研究》，《山西档案》2018 年第 2 期。

个性化的服务内容让公众参与共建成为可能，并且使社会公众参与档案服务的能力和参与水平显著提高。档案信息资源能否得到有效的利用及档案服务质量能否满足社会公众的需求，在很大程度上依赖于档案服务机构所拥有的馆藏数量、质量，以及档案服务机构所能提供的利用环境、所能提供的服务内容，当然还有他们所能提供的服务方式。因此，档案服务机构为了优化与提升其所提供的档案服务质量与效果，要让社会公众积极地参与到档案服务工作中，吸引那些经常来档案馆接受档案服务的社会公众成为档案普及性知识的传播者与传递者，以及档案相关业务工作的信息咨询者[1]，从而从社会公众的视角来服务社会公众，使档案馆更加接地气，提升其亲和力，彰显档案馆的公共性特征，有效地为档案服务机构档案服务质量的优化与提升提供相关建议与信息。

（四）第三部门

第三部门[2]主要是指社会体系中社会团体、人民团体、中介组织、群众性组织及行业协会等，它是社会自组织和自服务的重要载体[3]，它们有着非常擅长对社会弱势群体提供公益性服务的经验[4]。"第三部门"作为一种档案服务机构主体的存在，符合信息治理的理念，即由过去单一管理型主体，转向多方协调参与的模式。因此，档案服务有效供给的实现，需要大幅度提升其效率、效益和质量，"第三部门"的参与充分发挥了它在档案服务中低成本、高效率、贴近需求、针对性强等服务优势，开启了多元化主体供给模式。

---

[1] 赵春兰：《面向社会公众的档案服务工作》，《黑龙江档案》2013年第2期。

[2] 邓朴、石正义：《公共服务市场化的主体多元性探析》，《四川大学学报》（哲学社会科学版）2006年第2期。

[3] 张彬：《参与式互动：第三部门在政府改革中的积极作用》，《理论月刊》2008年第2期。

[4] 夏志强、付亚南：《公共服务多元主体合作供给模式的缺陷与治理》，《上海行政学院学报》2013年第4期。

二、档案服务主体间关系的重构

主体关系重构必须遵循相应的逻辑结构（如图 8-4 所示），信息治理视阈下档案服务主体间关系的重构主要依据对权力、契约、信任和问责机制等建构主体间"平等的关系""竞争的关系""合作的关系"等。

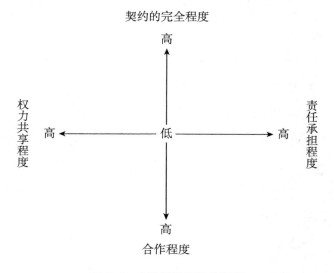

图 8-4　主体间关系结构逻辑

（一）平等关系

从治理角度探讨各主体之间的关系与从管理角度探讨各主体之间关系有很大的区别，管理强调的是主体之间的管控与服从，而治理强调的是主体之间的协调、合作与配合，凸显的是一种主体之间的平等关系。

1. 地位平等

主体之间是一种水平状态的来往关系，档案主管部门、档案保管部门、公众以及第三部门之间来往平等。对档案服务而言，必须要求档案主管部门在转变职能的变革中，将部分非核心权力在法律法规制度允许情况下放给其他相关主体共享，促使档案服务主体以及服务对象主体获得平等关系，并在这种平等关系范围内履行相应的社会职能。

2. 机会平等

档案服务体系中各参与主体均应获得相对平等的参与机会，才能够更好地吸引多元化的主体参与其中。当然在整个建构过程中，档案主管机构和档案服务机构属于理所应当的主要推动者与组织者，起到重要的主导作用与牵引作用。如在档案服务共享平台建设中，参与主体可以是档案主管机构、档案服务机构、社会公众或其他档案服务中介企业等。档案主管机构可以从宏观层面进行制度设计与指导，档案服务机构可以成为具体事项推送的主导者，而社会公众可以积极地向他们提供相关需求信息以及相关意见、建议，而档案服务中介则可以为档案服务共享平台建设提供技术、人力等支持，并成为该平台的具体建设方。总之，在档案服务开展过程中，通过不同主体之间的相互配合，实现科学准确的分工、互补，并在一定条件下相互替代[1]，使各档案服务主体获得机会上的平等。

3. 规则平等

在实行制度设计过程中，要有针对性地对社会公众、企业和社会组织等的要求进行区别对待，因为他们所面临的条件、环境有很大不同。提供同样档案服务，需要对同一类型的组织同等对待，适用同样的规则，以保证各方在平等条件、规则下参与到档案服务中。当然，针对不同性质的组织提供同类型的档案服务时，为公平则应该根据实际情况区别对待。总之，只有在规则上建立一种相对平等的关系，才能在档案服务主体之间营造一种平等的竞争环境[2]。此外，规则制定需要吸收各主体意见，规则制定要体现各主体意志，尊重参与各方的意愿，为规则上施行平等提供基础和保障，促进服务

---

① 黄耀南：《浅析公共服务主体多元化》，《南方论刊》2008年第1期。
② 关琼：《治理视角下政府购买公共服务的主体间关系研究》，硕士学位论文，吉林大学，2014年，第30页。

的公平化，强化服务意识，保证参与方获得规则的平等，这也充分体现了治理理念的关键点。

（二）竞争关系

档案服务质量优化与提升最大动力是来自档案服务主体的服务意愿，但因为档案服务在估价或评价上比较困难，导致在对档案服务绩效评价时缺乏非常准确的约束。如果档案服务主体在档案服务提供的过程中没有竞争或竞争不强，就更容易导致档案服务效率低下，档案服务质量难以优化与提升。所以，必须要营造良好的档案服务环境，鼓励多元主体进入档案服务领域参与到档案服务提供的竞争中来，并通过对档案服务的主体比较选择和对契约的治理建立彼此的竞争关系。而且，为了使这种竞争关系更加合理与科学，档案主管机构要进行科学指导与监督，对每个参与的社会主体资质、能力等进行充分了解。严格选择标准，促使相关信息公开化、透明化，并且尽量扩大社会主体的参与范围，保证竞争的公平性，从而选择出适合的供给主体[①]，并与之签订符合法律法规要求的合约。基于合约手段促进各主体之间的竞争关系，通过竞争关系激励主体间的服务动力，使信息治理理念真正落到实处，为档案服务质量优化与提升获得可持续性的动力。

（三）合作关系

良好的合作关系将更有利于工作的有效推进，档案主管部门、档案保管部门、社会公众、第三部门等应建立良好的合作关系，其目的就是使对档案服务质量控制达到最大优化。这种合作关系，可以是为了解决同一个问题之间的合作，大家团结一致共同把某一个档案服务工作做好，如合作编撰一

---

① 陈帆：《基于契约关系的 PPP 项目治理机制研究》，博士学位论文，中南大学，2010 年，第 5 页。

部档案文献汇编、拍摄一部纪录片等。也可以是不同的服务主体根据服务流程各自完成一段相关任务的合作，即为了完成同一任务，而各自完成各自分内事务，如在提供档案管理系统建设过程中，可能有服务主体从事前期功能需求分析、有的从事系统方案设计、有的从事系统实施等。当然，也可以是同一类档案服务由不同的参与主体来完成，任务形成互补供给。总之，档案服务主体多元化的参与，使档案服务主体之间形成一种竞争、博弈、合作、互补关系，实现良好合作关系的构建，并最终使档案服务质量优化措施在可控制的范围之内。

三、档案服务主体定位的优化路径

（一）档案服务主体角色的优化

随着国家法治化进程的不断推进，社会公众的信息权利意识正在不断地觉醒，档案服务作为最基本的保障社会公众知情权的一种方式，要为社会公众提供他们所需要的档案信息，并且把握信息治理化带来的机遇，成为档案信息整序者、加工者和问题反馈者，并随着社会环境的变化不断地调整自己的定位，提供更加优良的档案服务。

1. 档案信息整序者

当前以各级综合档案馆为主体的档案服务机构，更多的是承担着保管的角色，并没有过多地参与到档案信息资源的整理、加工等过程中去，他们更多的是担任着指导者、监督者的角色，未能成为真正意义上的档案信息整序者。因此，为了使档案服务质量得到保证，并能为社会公众提升优化的档案服务，应该充分运用信息治理的理念，多鼓励档案服务机构积极地、合理地参与到档案信息整序工作中去，而不仅仅停留在指导者与监督者的层面，更应该下沉到实际的操作层面，成为真正意义上的档案信息整序。才能使档案服务机构更加了解所保存的档案信息资源，了解社会公众的需求，从而为档案服务质量的优化与提升打下基础。

2. 档案信息加工者

档案服务人员不仅仅是档案信息资源的保管者，更是档案信息的加工者，或者说是档案信息组织者。一方面，要积极利用现代化的开发编研手段，加强各主体之间的合作与沟通，编撰各种档案"精品"为社会公众提供专题、定题等相关服务。另一方面，应该加强对档案信息资源元数据的加工，编撰快捷、科学有效的检索工具，把最有价值、社会公众最急需的各种档案信息揭示出来并传递给档案利用者，为社会公众提供最优质的档案服务质量。

3. 档案服务问题反馈者

档案服务事业长期处于封闭状态，封闭期制度和限制利用施行，严重影响到公众信息知情权、文化参与权的实现[1]。应该看到，这不是档案服务事业发展的常态，为社会公众提升优化、高效的档案服务才是档案服务事业未来发展的方向。档案服务主体必须转变思路，完善档案服务意识、服务水平、服务方式以及树立正确的档案服务宗旨，在优化档案服务的同时承担起档案服务问题反馈者的职责，建立公众参与和反馈平台[2]，让公众参与进来，不断完善相关法规制度，确保公众参与档案服务建设活动能够始终沿着规范化、制度化轨道健康发展[3]，实现从管理到治理的升级。

（二）档案服务主体职能的优化

档案机构要时刻牢记自己的职能并做好相应定位，做到有所为有所

---

[1]　马岩、孙红蕾、郑建明：《公共数字文化的服务主体职能》，《图书馆论坛》2015年第10期。

[2]　车琳：《档案服务的目标定位与创新》，《信阳农业高等专科学校学报》2006年第3期。

[3]　胡燕、杨桂明：《从"顾客"到"参与者与建设者"——关注档案公共服务语境下档案馆公众角色的定位》，《档案学通讯》2017年第6期。

不为，合理且科学地履行自己的职能，不断根据社会环境变化进行优化与调整。

1. 档案信息资源立体化的采集

随着政府信息公开工作的持续推进与不断深化，社会公众对档案利用的意识及需求呈现出了快速增长势头。档案服务机构应该充分发挥其专业优势，充分利用其在管理和保管档案信息方面的天然条件，扩大档案信息资源的采集范围，全面准确、及时地收集社会各主体所形成的档案服务信息，不仅要全面收集来自于政府机关在履行社会职能活动中所形成的档案信息资源，也要收集来自于其他社会主体（如普通公众、个体工商户、私人企业、民间团体等）所形成的档案信息资源。使档案信息资源的收集工作呈现出一种立体化态势，并利用现代技术对所有的档案信息资源进行加工与处理，为档案服务质量优化提供保障，促进其社会价值的实现。

2. 档案信息资源科学化的整序

为了满足社会公众的利用需求，档案服务机构要对所有的档案信息资源进行整序，进行登记并编制分类指南等，为社会公众提供专业的检索服务，使提供利用的档案信息符合利用者的利用需要。另外，还需要档案服务主体对信息内容进行深加工，进一步加强档案信息的开发和利用，除了能够检索到相关档案信息外，还能为公众提供相关档案知识服务。如在网络上公开部分档案目录加快查询和检索的速度；与相关部门积极配合，将重大事情活动或事件中形成的档案及时数字化并归档，以便于有关部门的宣传和利用[①]。总之，对档案信息资源进行科学化的整序，不仅便于档案检索，更是使档案信息资源的传递效率更高、更具有特色，更有利于优化与提升档案服务质量。

---

① 赵颖：《档案工作服务职能的目标定位》，《兰台世界》2017 年第 S2 期。

3.档案信息资源的安全

数字档案信息资源环境下，为了实现档案信息资源的长久保存，档案服务主体在利用档案信息提供服务的过程中，要注重保障档案信息资源的安全。一是从档案信息内容而言，科学地处理好保密与开放利用的关系，在可能的情况下，做好档案信息内容的审查以及分级，以更好地提供档案服务。二是从技术角度来看，数字环境下，数字档案信息资源的大量产生，由于其易删除、易修改等特征，导致其安全问题尤其突出。因此，档案服务机构要加大其技术的运用力度以及进行职能的优化，进行科学有效的治理，保证数字档案信息资源安全，使档案服务质量的优化与提升在可控制的范围之内。

第六节 档案服务技术安全治理的优化控制

信息技术的运用是影响档案服务质量的主要内部因素之一，而技术的安全防控与管理是优化控制的重点工作，也是信息治理视阈下档案服务质量优化控制的题中之义。一方面，在现代信息技术发展背景下，档案服务不断使用或嵌入越来越多的技术，借助信息技术辅助档案管理工作，改善并优化档案服务的手段。另一方面，档案服务技术的管理是优化档案服务的保障，尽管"技术流"发挥作用明显且被档案服务业界所提倡，但是其存在的安全风险却是不可忽视的，安全控制俨然成为一项刻不容缓的工作 [1]。

一、档案服务技术安全治理的认知

随着信息技术的广泛运用，档案服务机构在档案服务工作中渐趋重视技术的使用，包括互联网、云计算、大数据、区块链、社交媒体嵌入等，它们赋予了档案服务机构活力，为档案服务优化赋予了信息化、数字化、立体

---

① 范园园：《浅议档案风险及安全管理》，《兰台世界》2009 年第 12 期。

化的内涵。

（一）技术理论研究扩大了档案服务视野

随着技术手段的深化，技术理论成为档案学术研究的有机构成部分：第一，西方档案服务运用技术的探讨。分析了国外电子文件（档案）技术与应用方面的研究文献，评析了国外学者在传统载体档案数字化技术、原生数字档案的归档和利用、云技术的应用三个方面的研究成果[①]。探究国外档案工作及应用热门技术、技术应用覆盖档案工作各环节[②]。第二，档案技术工具演进对档案工作的影响探讨。分析了人类社会发展的政治逻辑与档案工作发展的关系[③]，对其进行了一次较为系统的梳理[④]。第三，引入信息技术研究方法。从知识生态学视角揭示档案学知识网络的内在特性和演化规律，以档案学领域引文网络、知识元网络为主要研究对象，对档案学科、档案价值取向、档案知识体系做出理性分析[⑤⑥⑦]。第四，智慧档案馆或数字档案馆的技术理论研究。从组织关系论视角出发，通过重构企业职能、落实新管理模式、智选变革时机，分析新技术环境下企业智慧型档案管理发展路径，并在

---

① 王萍、郭秋言、宋雪雁：《境外近年电子档案技术与应用进展》，《档案学通讯》2014年第4期。

② 黄霄羽、管清潆：《新闻视角评析近期国外档案工作技术应用的特点》，《中国档案》2018年第7期。

③ 丁海斌：《论社会制度与档案工作》，《档案学研究》1997年第2期。

④ 丁海斌、吴仁：《论档案技术工具的演进及对档案工作的影响》，《山西档案》2004年第4期。

⑤ 丁家友：《知识生态视野下档案学知识网络计量研究》，硕士学位论文，武汉大学，2015年。

⑥ 丁家友、聂云霞：《数字档案资源生态安全的演进路线探析》，《档案学研究》2016年第2期。

⑦ 王新才、丁家友：《大数据知识图谱：概念、特征、应用与影响》，《情报科学》2013年第9期。

此基础上构建基于企业需求的智慧型档案管理策略[①]；探索了大数据技术与智慧档案馆融合发展的运营模式，并对大数据技术能够加快智慧档案馆技术升级、带动管理与服务模式的创新等作用进行了解析[②]；研究了国内数字档案馆和智慧档案馆的发展情况，对智慧档案馆和数字档案馆的关系进行了重点研究，尤其是从核心技术、管理对象、理念重心和服务模式四个方面进行了详细的对比分析[③]，如图 8-5 所示。

图 8-5　档案技术变革研究热点

（二）技术实践变革提高档案服务质量与效率

科学技术是第一生产力，随着生产力提升，与之对应的生产环节获得极大的提升，技术实践变革不断优化档案服务，从"流程管理—业务重组—服务利用"等方面提供便利。一是使传统档案流程更为凝练化，档案传统流程更为优化。借助文本挖掘技术、数据关联技术等对档案信息内容以及外部形态特征进行有效的捕获，将其存储在档案管理系统之中，更好地协助归档整理工作。二是档案业务环节更为扁平化，减少人力物力能耗。如在档案著录环节，嵌入语义描述与标注，使得档案检索更加科学、方便；在档案业务

---

① 吕豪杰、郭亚军、李甜：《新技术环境下企业智慧型档案管理研究——基于组织关系论的视角》，《浙江档案》2018 年第 10 期。

② 何夏昀：《大数据应用视域下的智慧档案馆建设》，《山西档案》2018 年第 3 期。

③ 李月娥、刘淑妮、周晓林、贾玲：《从数字档案馆到智慧档案馆的发展探要》，《山东档案》2018 年第 3 期。

管理环节中，传统流程环节得以获得扁平化模式构建，减少信息噪音的出现机会。三是技术运用使得档案用户需求多元性、个性化得以满足。如交互式设计的档案网站，使得其呈现出视觉体验的扁平化[①]，将更多元的档案信息内容呈现在同一界面供用户选择。此外，档案用户通过网络社交媒体，突破时空限制获得档案信息服务，极大地提升了档案服务的效率，也提升了档案服务质量。

（三）技术支持使档案服务优化变得更可靠

为了保障档案服务优化在技术控制方面的顺利开展，先进且可靠的技术支持尤为重要。一是在物理技术安全防范方面。注重档案实体或虚拟保存的物理环境、机房、计算机设备、数据介质的安全可靠。二是加强对数据安全技术的运用。计算机网络的开放性，为计算机网络信息带来威胁，信息被攻击、被篡改、被窃取等现象，为档案馆电子文件等管理带来较大风险[②]。同时，云计算的广泛使用也使得人们不再像过去一样对计算机资源遥不可及，但是随之产生的云端服务与运用使得数据安全和个人隐私矛盾显得越发重要，特别是关乎网络隐私信息的保护措施，必须严格保护执行，切实保护云计算环境下的数据安全和用户的隐私不被泄露[③]，因此，必须要加强相关安全技术的运用，如数字签名技术、数字印章技术、可信时间戳技术、PKI技术（Public key infrastructure）、口令技术等。三是系统安全技术的运用。包括操作系统安全设置、防火墙技术、入侵检测技术、病毒防治、物理隔离等。总之，信息技术持续的深入使用，不仅为档案信息在传输、流转、传

---

① 聂云霞、龙家庆：《面向用户需求的档案信息服务"扁平化"模式建构》，《档案与建设》2018 年第 5 期。

② 莫宏爱：《计算机网络安全中的信息保密技术》，2018 年 12 月 19 日，见 http://kns.cnki.net/kcms/detail/10.1108.TP.20181213.1123.276.html。

③ 韩静：《云计算环境下隐私保护的现状和对策》，《电子技术与软件工程》2018 年第 22 期。

播、利用等环节提供了强大的技术支持，确保档案信息的可持续利用，同时也为档案服务质量的优化与提升提供了最为可靠的保障条件。

二、档案服务技术安全治理的优化路径

为了达到有效适应信息技术时代的目标，推进信息技术在档案治理实践中得以实现，提升与优化档案服务质量，需要不断加强信息技术的全程管理和风险管理。档案管理部门要从实际出发，加强技术准入监管，在确保技术安全的前提下灵活嵌入和整合利用，使得信息技术作用得以充分展现和凝聚升华。

（一）纵向视角：加强对档案服务技术运用的全程控制

运用于档案管理中的信息技术主要集中于技术的研发和规划，即档案技术运用的前端活动。以电子文件（电子档案）管理活动为例[①]，国际上对电子文件趋向于统一管理、集中管理、全程管理，我国也提出了电子文件管理相关原则[②]。

一是在技术全程管理的总体布局方面。档案服务技术总体布局与安排要以文件生命周期理论为基础，参考电子文件管理的国内外相关经验，充分考虑相关技术开发伦理原则、更新迭代原则等。

二是在技术运用的中间环节上。注重技术的维护与升级，在实践中优化档案技术管理，加强对电子文件管理的全过程业务进行梳理、归纳、整合和优化[③]。兼顾技术嵌入环境下的全方面需求，构建完善的电子文件全程管理模型，确定满足电子文件全程管理的业务需求。

---

① 冯丽伟：《电子文件全程管理标准体系建设研究》，《档案学研究》2014 年第 3 期。

② 与大陆地区相同，台湾地区也要求档案管理应以统一规划、集中管理为原则，因此，中国政府重视开展电子文件全程管理标准的研究工作。

③ 冯丽伟：《电子文件全程管理标准体系建设研究》，《档案学研究》2014 年第 3 期。

三是把握技术的生命周期原理，在档案业务中针对不同机构环境下档案管理需求，及时引入、更新或淘汰相关技术，包括格式的更新与优化、安全技术规范、优化数据封装等。通过强化信息技术在档案治理活动中的全程控制，为档案服务质量的优化与提升提供了可靠的保障与基础。

（二）横向视角：重视对档案服务技术运用的风险控制

技术治理中不仅要考虑流程管理，更要考虑到在技术运用中的风险问题。风险主要来自社会因素、内部因素和自然因素。随着"互联网+"、云计算等相关技术的广泛运用，各种新的安全隐患不断出现，档案服务人员要时刻注意管理中可能存在的各种风险，并做好相关的防范措施。注意相关风险影响因素，保证档案服务的质量。一是技术团队因素——档案技术部门设置要科学。保证档案技术部门人员配备的合理性、技术引进的科学性以及技术革新的适当性。以此保证数字档案信息资源的真实性、完整性与可靠性，保障档案服务质量的优化与提升。二是技术资源基础因素——档案信息系统功能要科学。在归档环节或是生成过程中，相关技术基础必须保证牢靠，档案管理信息系统必须保证稳定性以及兼容性，必须要能够堵住黑客或病毒入侵的缺口，保障档案信息化管理的顺利开展，保证档案服务质量的优化与提升。三是自然不可抗因素——受到非人为环境的外在威胁。自然灾害常常会给信息系统造成破坏，因此异地备份、异质备份显得尤为重要。特别是随着数字档案信息资源的大量产生，以及电子文件管理"单套制"的推进，必须要重视对相关技术的运用与管理。充分运用信息治理技术做好风险防控，为档案服务质量的优化与提升提供最为可靠的支撑与保证。

第七节　档案服务反馈系统的优化控制

档案服务是档案机构的重要职责与基本业务，质量的高低，直接影响到档案用户的体验。为了更加优化档案服务体系，做到不断地提升档案服务质量，需要不断完善档案服务反馈系统的优化控制。从信息治理的角度着手，找出现有档案服务过程中的经验与不足，以用户反馈的意见为导向，不断优化与提升档案服务质量，使档案用户获得良好的体验。

一、档案服务反馈系统的构成与功能

档案服务反馈作为评价档案服务质量的一种手段，对于完善档案开放方式、加大档案宣传力度、注重档案用户黏性等具有重要作用。

（一）档案服务反馈系统有机组成

档案用户对档案服务质量感知是对档案服务质量的一种外部评价，不仅仅是用户对服务提供者的一种感知，同时服务提供者也会对用户具有一定的认知，在双方的共同作用下，才会出现感知共鸣[①]。档案服务反馈系统如图 8-6 所示。

1. 互动双方：档案用户和档案服务机构

档案用户在接受完档案服务机构所提供的档案服务后，自然就会形成相关的反馈信息，包括评价、意见及相关建议。档案服务机构成员根据提供的信息建议，完善档案服务内容和提供利用方式，再次面向用户展开新一轮的服务。在新一轮服务实践过程中，档案服务机构既是检验校正后的效果，

---

① 郭磊：《档案利用反馈信息收集与服务质量探讨》，决策论坛——"基于公共管理学视角的决策研讨会"论文，2015 年，第 1 页。

也是对档案用户建议的支持；档案用户则增进了对档案服务利用的黏性，改善原有"冰冷库房"的印象。

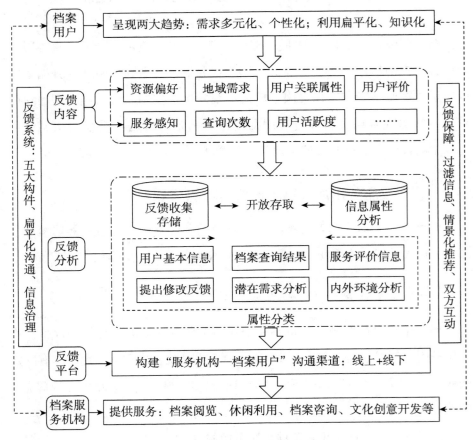

图 8-6　档案服务反馈系统模型

2. 档案服务反馈内容

档案用户所反馈的各种内容信息对于档案服务机构来讲具有非常重要的研究价值，有利于指导档案服务机构更加准确地把握与了解社会需求的趋势与方向。包括服务内容的评价、服务对象的满意度与体验感、用户关联属性的测度等。

3. 档案服务反馈分析

采集到相关反馈信息后，进行科学合理的属性分析，及时了解社会公众对档案服务质量的认知，并详细了解档案用户的体验评价。如基于用户基本信息得知，不同年龄结构、知识水平的人群对不同的档案资源偏好是有层次、有差异的，从而测算潜在社会需求，为进一步的档案服务提供情报参考。

4. 档案服务反馈平台

档案服务反馈平台可以是实体的形式，如设置的意见簿、意见收集箱，以及档案服务前台服务人员所收集的相关反馈信息，也可以通过档案网站、社交媒体等所采集的档案用户反馈信息。如"档案微信平台"为例，国内微信社区已经形成了高校档案微信平台、企业档案工作微信平台、省（地、市）档案业务职能部门微信平台等，不同平台面向的用户各有不同，提供的推送内容也各有千秋。例如"国际档案理事会ICA"是由高校师生群体组成，面向高校档案院校师生和对外国档案业务、理论研究感兴趣的人群，推送相关主题的信息。

5. 档案服务反馈保障

完善的反馈系统有利于促进档案服务相关制度、政策的不断完善，直至达到最优的状态[①]。而且，通过反馈信息系统的不断完善，能够促进档案服务机构不断地深化对档案服务理论的研究，并以此来指导档案服务实践创新工作，实现档案信息资源的有效增值[②]，为档案服务质量的优化与提升提供帮助与支持。

---

① 周美玲：《我国综合档案馆档案利用信息反馈机制建设研究》，硕士学位论文，福建师范大学，2016年，第17页。

② 刘宇：《档案信息增值研究》，硕士学位论文，辽宁大学，2007年。

（二）档案服务反馈的功能

档案服务工作的出发点与归属是为社会公众提供最为优质的档案服务质量，满足社会公众工作、学习以及休闲娱乐等各个层次上的需求，而档案服务反馈系统对于档案服务质量的优化与完善具有非常积极的促进作用。

1. 有利于促进档案利用工作进一步发展

因为反馈信息是来自于接受服务的社会主体，对于档案服务质量的高低以及档案利用工作开展的科不科学、合不合理及成果如何，他们的体会最深，他们是最有发言权的。因此，档案服务反馈工作不仅有利于促进档案服务质量的优化与提升，更有利于促进整个档案利用工作的进步，推动档案工作与档案事业及时地跟上时代发展的步伐。

2. 反馈工作对档案服务具有反向激励作用

随着公共服务体系建设的不断完善与深化，作为公共服务体系重要组成部分的档案服务系统也会越来越完善，其评价体系也会越来越科学与合理，特别是在把反馈功能 [1][2] 纳入档案服务评价体系之后，许多职能部门把"用户投诉""用户评价"作为年度考核指标之一 [3]，引起越来越多的档案服务机构重视起反馈工作，并主动完善与安排好该项工作，无形之中对档案服务质量优化与提升带来积极的促进作用。

3. 科学界定服务主体责任

反馈工作有助于使各服务主体之间的责任问题得到科学合理的界定。档案服务工作过程中，良好的反馈渠道有利于分清楚在档案服务过程中谁有作为、谁无作为，谁在为服务对象认真服务、谁又是在推诿扯皮，从而有效地防止出现所谓的档案服务"真空地带"，确保反馈起到真正的促进档案服

---

[1] 宋雪雁、张岩琛、王小东、孟欣欣、邓君：《公共档案馆微信公众平台服务质量评价研究》，《图书情报工作》2016 年第 16 期。

[2] 杨霞：《社会公众参与的档案利用服务质量评价初探》，《档案学通讯》2012 年第 4 期。

[3] 董长春：《档案馆人力资源管理研究》，硕士学位论文，四川大学，2005 年，第 48 页。

务质量优化与提升的目的，并使档案服务质量优化制度与措施真正地落到实处。

二、档案服务反馈系统的优化路径

（一）档案服务反馈系统的优化模式

《档案法》等法律，为档案利用提供了相应的制度保障，并随着我国档案服务反馈的实践运行，形成一系列运作模式（见表 8-1）[1][2]，何种模式更有利于档案服务质量的优化，成为最优化模式，需要根据不同的社会环境与不同的需要来进行判定与选择。

表 8-1　档案服务反馈一般模式

序号	反馈模式	相关特征	反馈主体	优点	缺陷
1	直接反馈	用户在利用档案过程中对服务的要求、意见，直接向档案服务机构提出建议、批评与评介	档案用户服务机构	扁平化面向档案用户	存在繁杂意见、虚假信息、缺少专门反馈渠道
2	间接反馈	反馈内容则来自档案利用者利用档案后所取得的效益。档案工作者在工作中遇到的各种问题以及学者的学术研究等	档案用户档案平台服务机构	由平台负责信息整合，减少冗余信息存在	许多重要信息会被作为信息污染而处理、清洗
3	混合反馈	直接反馈与混合反馈相结合	三者	嵌入技术控制信息治理思维	技术有待升级

通过上述档案反馈的模式可知，档案服务反馈系统的参与主体主要是"档案用户—档案评价第三方平台—档案服务机构"等。不管采用哪种档案服务反馈模式，都要根据所涉及具体问题、不同主体来选择，并且，对于所获得的反馈信息必须保证是一手信息，尽量不要出现人为干预的情况。因为

---

[1]　周耀林、张露：《论档案利用的信息反馈工作》，《档案管理》2013 年第 4 期。

[2]　杨晓东、杨卓娟：《高等学校课堂教学信息反馈模式研究》，《中国高教研究》2011 年第 10 期。

这样才能实实在在地有助于相关工作人员发现档案服务过程中所存在具体的、有针对性的问题，并对档案用户的要求、意见以及建议进行科学有效的把握，从而形成有效的信息反馈，使档案服务人员据此调整他们的档案服务方式、服务手段以及完善相关的服务环节，在完善档案治理服务反馈系统的过程中使档案服务质量得到最大限度的优化与提升。

（二）档案服务反馈系统的优化策略

把握档案反馈系统各环节的作用，形成良性的信息治理体系，促进信息的精准化、知识化、集成化、有序化流动，为用户提供优质的档案信息服务。

第一，逐步优化档案反馈信息的采集过程。以优化传统的档案反馈过程为例，档案服务部门需要设立利用者意见箱，并要注意利用者意见箱存放位置的选择。一方面，不要放置于被人监视的地方，以免给意见投放者带来心理压力；另一方面，又要放置于方便投放的地方，而不是放置于很难找到的地方，只有这样，才能更好地开展反馈信息收集工作。

第二，重视"档案利用反馈表"的设计与利用。过去存在"重视设计与打印，忽略了填写与管理"的现象，为了开展后续回访工作，有必要细化该环节的检查与监督。如"回访调查"可以采用电话、E-mail 等方式，也可以采用面对面的方式进行交流，实现对档案用户满意度的掌握，为优化档案服务质量提供方向。

第三，强化档案网站的互动。在条件允许的情况下，开设并利用好网站的"留言与回复"功能，一方面优化该界面设计，使其放在显眼位置，使用户能够及时参与互动。另一方面，做到留言有专人监管、运营和及时回复。如果档案用户提出的建议和提出的疑问迟迟没有反馈，档案网站成为"自我娱乐的空壳"，将严重影响到档案服务的公众认可度，从而影响到档案服务质量的评价与认定。

第四，需要拓宽档案反馈的渠道。传统的调查问卷、面谈反馈在快捷化、界面化的工作生活中逐渐被扁平化、数字化、立体化的方式所替代。档案服务部门可以利用社交媒体平台如"档案微信公众号"，以及网络渠道，如问卷星等社会化网络问卷方式，优化档案用户需求和服务质量评价的方式，以此来实现对档案服务质量的优化。

第八节　档案服务资源治理的优化控制

档案服务质量优化控制的关键在于档案资源的丰富性、独特性与智慧性。审视并回归信息治理视阈下档案服务质量优化过程，可以看出，档案服务质量优化的源头最终是落着于档案资源层面，即其终点是档案资源，也是创新档案资源开发的起点。因此档案资源的采集显得尤为重要，并且与档案资源整合是相辅相成的关系，如图 8-7 所示。

一、档案服务资源采集模式的优化选择

做好档案信息资源采集是档案服务资源治理的基础性工作。根据以往档案资源采集工作实践来看[1]，主要包括以下几种模式。

1. 自采模式

基于档案馆自身职能与辐射范围，将定期进馆档案资源进行收集，这是档案馆资源的主要来源。在采集过程中实现"丰富馆藏资源，优化馆藏结构，实现自我增值"的目标。随着馆藏资源的增加，档案来源的完整性能够更好地反映档案资源的采集情况。

---

[1]　首小琴：《我国档案馆口述档案资源采集模式及其比较》，《北京档案》2018 年第 6 期。

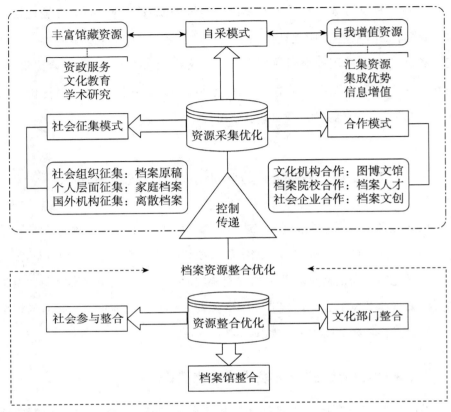

档案资源采集—整合优化互动

图8-7　档案资源采集—整合运动模式

2. 社会征集模式

面向社会公众开展的档案资源征集也是主要方式之一，即向社会机构、社会组织征集或购买具有保存价值的档案资源，以求完整地反映时代面貌，为后世留下宝贵的档案资源。因此，"藏于民"档案资源也是来源之一，具有个性化、社会化、大众化的档案资源等特征。

3. 合作模式

由于财政支出、人员队伍结构、地域时空限制等问题，仅靠档案馆一方力量来收集档案资源是远远不够，这时需要开展合作模式开展档案征集。

文化群落部门，如图书馆、博物馆、文化宫等，都与档案馆存在一定的联系，因此也会收集到部分的档案资源，可以互通共联打造"文化服务全域式"服务。

二、档案服务资源整合治理模式的优化路径

档案资源整合与档案征集相辅相成，要向档案用户提供优质档案服务，获得优质的体验感知，必须经过一系列的档案资源整合过程。而档案信息资源整合可以在档案征集过程中同步进行，即在征集过程中对其标引著录，根据其来源或单位背景，归入对应的档案全宗。这体现出档案资源整合治理的"扁平化"思维，突破了以往收集整理过程的烦琐环节，减轻了人力财力负担。针对不同来源、不同种类、不同载体的档案资源，采取与之对应的整合治理模式，力求档案资源的集成性、科学性、知识性。

（一）档案馆整合治理

档案馆拥有自成体系且相对稳固的档案信息资源接收渠道、接收方式等，从一定程度上来讲，有效地保障馆藏资源的固定来源[①]。但馆藏档案资源来源广泛，数量较多，在统一领导、分级管理的档案工作系统中，借助档案馆间的协同发展和沟通交流机制，能够实现纵向跨等级联通和横向跨区域共建共享，从而最大限度地维护档案资源历史原貌和有机联系，为多元化、个性化及精准性档案知识服务提供坚实的物质基础。并且新一轮机构改革后档案馆公共文化服务职能日益凸显，档案馆治理整合更多强调以问题意识和用户需求为导向，紧紧围绕为党管档、为国守史、为民服务的职责使命，将资源整合的重点聚焦于"发展所需、基层所盼、民心所向"[②]，治理整合方向

---

① 罗军、毛纳：《公共服务视角下档案馆馆藏资源整合探究》，《北京档案》2016 年第 5 期。
② 陈海玉、万小玥、赵冉、彭金花：《机构改革后地方档案馆资源整合特点及思路探究》，《档案与建设》2019 年第 11 期。

和目标更加明确,档案资源的集成性和知识性得到进一步提升,如酒泉市档案馆通过加大进馆档案接收力度、档案信息化同步实施以及扩大进馆档案接收范围,加强馆藏档案资源前端整合,以期更好地为新时代中国特色社会主义经济社会发展服务[①]。

(二)文化部门整合治理

图书馆、博物馆等其他文化部门开展的档案资源整合治理,带有科学知识组织和文献遗产保护性质。由于其隶属于不同的行政管理系统和服务体系,加之地域分布不均和档案资源储备相对有限,对整合治理的标准度和完成度要求较高。文化部门整合治理能够依托其自身历史底蕴、管理经验和技术优势,保障档案资源的长久保存和合理开发,增强档案资源整合治理过程中的有序性和安全性,避免整合治理造成的档案资源损坏、丢失等问题,同时将档案资源整合治理成果融入该领域研究对象和知识体系之中,实现对文化记忆的同步整合,形成"双向整合治理"的鲜明优势和地方特色,如上海市图书馆利用数字人文方法和关联数据技术,建立盛宣怀档案知识库,利用时空分析法、社会关系分析法和可交互的可视化技术展示大规模档案资源,除提供查询档案的检索功能外,还可从"关系""时空""人物""公司"四个维度探索档案资源,同时重组盛宣怀家族自 1850 年至 1936 年记录的 17 万余件档案的目录数据[②],使其成为该时期上海地区经济社会发展历史的重要补充。

---

① 刘学斌:《酒泉市档案馆加大进馆档案资源整合力度》,2020 年 3 月 31 日,见 http://www.chinaarchives.cn/2020/0331/126891.shtml。

② 上海市图书馆数字人文团队:《盛宣怀档案知识库使用说明》,2020 年 6 月 12 日,见 http://dhblog.library.sh.cn/zh-hans/node/2。

（三）社会参与整合治理

充分吸纳企业、民间团体、公民等社会力量参与档案资源整合治理，具有主体多元化和过程开放化特征，适用于国家级工程项目、重大突发事件等具有广泛影响力社会现象出现、发展过程中产生的档案资源的整合治理，有效减轻档案馆整合治理工作量，为其开展更广范围档案资源整合治理提供巨大便利。通过签订合作协议、建立整合治理机制以及准许志愿援助等途径，充分调动社会公众的参与意识和权利意识，为其搭建参与和监督档案管理与资源整合的平台①。最终实现优化资源结构、精简整理流程、更新组合技术和加强监督反馈等目标，提升档案资源整合治理的效率和水平，实现"以面圈点、点面联动"，达到扁平化档案资源整合治理的最佳效果。

第九节　档案服务自律性的优化控制

信息治理视阈下档案服务质量的优化驱动力是内外兼容的，外部环境来于他律，即国家宏观经济、文化环境下对档案服务提出严格的要求与标准，通过规范文化服务和信息产业建设，促进社会公共文化服务均等化、多元化、规范化。内在环境则是自律的表征，即档案服务机构对自我行为的约束、自我服务准则的制定、自我业务标准的规范等。

一、档案服务自律性的治理规范

档案服务质量优化的自律性治理规范主要涵盖了概念层、表征层、行为层和伦理层四个层面（见图8-8）。

---

① 杨润珍、傅电仁：《国有档案资源整合机制与形式》，《北京档案》2009年第6期。

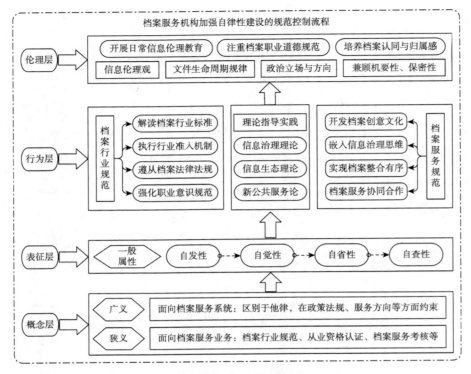

图 8-8 档案服务质量优化之自律行为规范

（1）概念层：档案服务自律行为解析

自律的阐述大多来自法治视角、社会治理视角。如法律自律论认为"自律既彰显人性的光辉，又能凸显法律的权威和尊严"[①]。广义上的自律是为了区分"他律"，即面向档案系统而言的相关规范，如在政策法规方面加强立法的约束，将档案信息公开纳入政府信息公开条例等。狭义的自律在于具体执行的某项档案业务活动，如档案法实施办法的出台、档案从业资格认证体系的建立、基层档案业务部门的年度考核规范等。

（2）表征层：档案服务自律优化的特点

一是自发性，是从档案系统自身出发，对自身行业规范与业务进程进

---

① 徐立：《法律自律论》，《中国法学》2014 年第 6 期。

行审视。二是自觉性，档案服务机构或是档案从业（服务）人员应当参考档案法律规范来约束自我行为。三是自省性，针对不同的档案服务类型，参考相关的指标，校对自身服务建设偏差，增强档案服务意识、提供高质量档案服务。四是自查性，在自查自纠中发现档案服务过程中存在的问题，源自于从业者出于自我保护目的产生的集体性自我规范[①]。

（3）行为层：开展档案服务自律活动的具体过程

首先是理论层面的指导，包括信息治理理论、信息生态理论、新公共文化服务论等理论的支撑。其次是档案行业规范行为，包括了解档案行业标准，对每一项规范进行释读与践行；执行行业准入机制，对新入职档案服务者进行综合素质评价，采用"聘任制＋合同制"相结合，减少选人用人不当造成的不良后果；遵从档案法律法规，在着手开展某项具体档案业务操作过程中，保持"人人守法"的责任意识；强化档案职业意识规范，档案职业肩负"为党管档，为国守史，为民服务"的责任，需要牢记时代使命，在学习习近平新时代中国特色社会主义思想核心要义和创新思想的同时，还需要认清当前档案服务利用的环境，审时度势做出正确的行为。最后是档案服务规范实践，包括开发档案创意文化、嵌入信息治理思维、实现档案资源有序整合、档案服务协同合作等。

（4）伦理层：自律服务的升华与实现

伦理约束是弥补强制性法律、标准规范的不足。许多失范行为是难以单凭"法律规章"来控制的，需要档案服务从业人员自身素质的约束。如认识信息伦理观和尊重文件生命周期理论，坚持正确的政治立场与方向，兼顾档案工作的机要性与保密性。为了培育档案服务工作者的伦理道德，需要在日常工作中加强信息伦理教育，培育档案事业的认同与行业归属感。

---

① 胡娟：《高等教育行业自律：美国经验与中国探索》，《清华大学教育研究》2014年第2期。

二、档案服务自律性的优化路径

从信息治理视阈下审视档案服务自律性的优化路径与提升策略，可以从思想观念转变、增强法治思维、提升责任意识，构建约束机制、保障档案服务工作的操作规范以及开展档案服务从业者的伦理道德教化与培训等处着手。此外，档案机构及其工作人员要不忘初心，始终做好档案为党、为国家、为人民服务宗旨。

（1）增强档案服务法治思维和责任意识

随着法律发展，法律由义务本位转向权利本位，其制定越来越多地经过民主的立法程序，成为内在于公民自身之物，具有自律性质[①]。档案服务应积极转变传统道德规范自律观，树立法律标准自律观，将遵守档案法律法规和行业标准视为档案服务的内在要求而非外在约束，实现法律精神与档案服务理念的深度融合，增强档案服务实践的法治思维，并贯穿于档案服务系统建设和业务活动全过程。同时，充分激发道德本源力量，培养档案服务责任意识，培养主动关注和积极参与解决社会问题的责任意识[②]。以社会责任引导档案服务方向选择和价值追求，以岗位职责端正档案服务态度呈现、方式提供和成果产出，提升档案服务的自发性、自觉性、自省性和自查性，最终形成内部自律性档案服务文化。

（2）保障档案服务理性认知和规范实践

实践理性对于意欲能力的规定便表现为对偏离法则的任意现象的"命令"，这种命令即为实践理性的"自律"[③]，高质量档案服务的生成往往带有较强的主观能动性，需要内在强制命令作为其活动原则。因此，档案服务自

---

① 徐立：《法律自律论》，《中国法学》2014 年第 6 期。
② 周林兴：《文化强国战略下公共档案馆的社会责任及实现机制研究》，《档案学研究》2014 年第 4 期。
③ 王建军、李冰：《康德的理性自律与胡塞尔的生活世界》，《高校理论战线》2013 年第 2 期。

律性养成应当充分发挥档案协会的领导作用，以科学基础理论、档案行业准则和档案服务规范为依据构建行为约束机制，建立合格、畅通、实时的互动交流反馈系统，高低搭配、内外兼顾统筹规划档案服务发展轨迹，增强档案服务者的自我控制、自我调节和自我评价能力，减少违法行为和违规现象的产生，保障其理性认知能力和规范实践水平，使档案服务这辆"高铁"永远行驶在正确的方向和道路上。如某档案馆制定四项服务制度：档案馆服务承诺、首问负责制、限时办结制和责任追究制，引导档案人员形成敢于负责、高效务实的工作作风，在确保规范性的同时不断提高档案服务质量和效率[①]。

（3）坚守档案服务品质初衷和道德底线

档案服务主要以信息服务和知识服务两种形式展开，面对互联网复杂环境下带来的利益诱惑和安全威胁，档案服务信息伦理建设至关重要。开展信息伦理教育，使档案从业者充分认识文件运动过程和信息伦理组成，尽力排除外界众多因素的干扰，时刻保持内心的独立性和自控性。在习近平新时代中国特色社会主义思想和社会主义核心价值观的指引下开展档案公共服务，切实保护档案信息安全和用户个人隐私，坚守社会公德和职业道德底线，回归公益性文化服务初衷，铸牢档案服务自律性和创新性的高尚品质，如某档案馆在道德讲堂开展信息安全形势与警示教育活动，为馆内职员讲解网络信息安全知识，宣贯有关网络信息安全制度，对工作生活中涉及网络安全的事项进行自查提醒[②]，从而促进档案信息伦理观的形成、巩固和深化，为地方特色档案服务品牌的建立奠定坚实基础。

---

① 中国矿业大学档案馆：《档案馆四项服务制度》，2020年6月12日，见 http://arch.cumt. edu.cn/_web/search/doSearch.do?locale=zh_CN&request_locale=zh_CN&_p=YXM9OTcmdD0yNjkmZD04Mz cmcD0xJm09U04m。

② 郑州市档案馆：《郑州市档案局馆开展网络信息安全形势与警示教育活动》，2020年6月12日，见 http://www.hada.gov.cn/html/News/1_106807.html。

主要参考文献

图书

[1]［古希腊］亚里士多德：《政治学》，吴寿彭译，商务印书馆 1965 年版。

[2]（汉）班固撰：《汉书》，（唐）颜师古注，中华书局 1962 年版。

[3]（晋）王弼等：《老子注》，中华书局 1954 年版。

[4]［美］卡尔·夏皮罗等：《信息规则：网络经济的策略指导》，张帆译，中国人民大学出版社 2000 年版。

[5]［美］E. S. 萨瓦斯：《民营化与公私部门的伙伴关系》，周志忍译，中国人民大学出版社 2002 年版。

[6]［美］T. R. 谢伦伯格：《现代档案——原则与技术》，黄坤坊等译，档案出版社 1983 年版。

[7]［美］戴维·比尔曼：《虚拟档案：第十三届国际档案大会文件报告集》，中国档案出版社 1997 年版。

[8]［美］弗兰克·戈布尔：《第三思潮：马斯洛心理学》，吕明等译，上海译文出版社 1987 年版。

[9]［美］马克卢普：《美国的知识生产与分配》，孙耀群译，中国人民大学出版社 2007 年版。

[10]［美］麦克尼尔：《新社会契约论》，雷喜宁等译，中国政法大学出版社 1994 年版。

［11］［美］特里·L·库伯：《行政伦理学：实现行政责任的途径》，张秀琴译，中国人民大学出版社 2001 年版。

［12］［美］詹姆斯·N·罗西瑙：《没有政府的治理》，张胜军等译，江西人民出版社 2001 年版。

［13］［美］珍妮特·丹哈特等：《新公共服务理论——服务，而不是掌舵》，丁煌译，中国人民大学出版社 2004 年版。

［14］［英］亚当·斯密：《国民财富的性质和原因研究（下）》，郭大力等译，商务印书馆 1988 年版。

［15］Altheide D L, *An Ecology of Commucation*：*Cultural Cormats of Control*, Hawthorne: Aldine de Gruyter, 1995.

［16］Davenport T H, Prusak L, *Information Ecology*：*Mastering the Information and Knowledge Environment*, New York: Oxford University, 1997.

论文

［17］Akerlof G, "The Market for 'Lemons': Quality Uncertainty and the Market Mechanism", *TheQuarterly Journal of Economics*, Vol. 84, No.3（1970）.

［18］B. Gatos, S.L. Mantzaris & S.J. Perantonis, "A.Tsigris.Automatic page analysis for the creation of a digital library from newspaper archives", *International Journal on Digital Libraries*, Vol.3, No.1（2000）.

［19］Caudle, Sharon L, "Strategic Information Resources Management: Fundamental Practices", *Government Information Quarterly*, No.1（1996）.

［20］Cook T. "Evidence, memory, identity, and community: four shifting archival paradigms", *Archival Science*, Vol. 13, No.3（2013）.

［21］Corse R. "The nature of the firm", *Economica*, No.11（1937）.

［22］Denhardt R B, Denhardt J V, "The New Public Service: Serving Rather than Steering", *Public Administration Review*, No.6（2010）.

［23］Ellispeterson S, Callahan M, "rototyping as a Process for Improved User Experience with Library and Archives Websites", *Code4lib Journal*, No.18（2012）.

［24］安小米、白文琳、钟文睿、孙舒扬：《数字转型背景下的我国数字档案资源整合与服务研究框架》，《图书情报工作》2013 年第 24 期。